浙江省高校重大人文社科攻关计划规划重点项目

"职业教育专本研衔接研究：模式与路径选择"

（2021GH027）研究成果

职业本科教育研究丛书编委会

职业本科教育研究丛书

职业教育专本研衔接

模式与路径

吴向明　王　兴◎著

ZHEJIANG UNIVERSITY PRESS

浙江大学出版社

·杭州·

图书在版编目（CIP）数据

职业教育专本研衔接:模式与路径 / 吴向明,王兴著.—杭州:浙江大学出版社,2023.12

ISBN 978-7-308-24577-7

Ⅰ.①职… Ⅱ.①吴… ②王… Ⅲ.①职业教育—研究—中国 Ⅳ.①G719.2

中国国家版本馆 CIP 数据核字(2023)第 251415 号

职业教育专本研衔接:模式与路径

吴向明　王　兴　著

策划编辑	吴伟伟
责任编辑	宁　檬
责任校对	陈逸行
封面设计	雷建军
出版发行	浙江大学出版社
	（杭州市天目山路148号　邮政编码310007）
	（网址:http://www.zjupress.com）
排　版	杭州晨特广告有限公司
印　刷	广东虎彩云印刷有限公司绍兴分公司
开　本	710mm×1000mm　1/16
印　张	17
字　数	300千
版印次	2023年12月第1版　2023年12月第1次印刷
书　号	ISBN 978-7-308-24577-7
定　价	78.00元

序

    由长三角产教融合与职业教育发展研究院职业本科教育研究中心统一规划,浙江工业大学职业技术教育学院、浙江广厦建设职业技术大学科研团队撰写的"职业本科教育研究丛书"即将出版。作为职业本科教育研究中心学术委员会主任,我很荣幸为该丛书撰写序言。

    职业本科教育作为新时期我国现代职业教育体系的重要组成部分,是相对于普通本科教育提出的,是我国职业教育专科层次与专业学位研究生层次之间的重要衔接。加快发展现代职业教育是党中央、国务院作出的重大战略部署。2018年底,教育部发文在全国开展本科层次职业教育试点工作,职业本科教育成为填补我国职业教育"空白"之举。2022年5月1日正式实施的新修订的《中华人民共和国职业教育法》(以下简称《职业教育法》)规定,职业学校教育分为中等职业学校教育、高等职业学校教育,后者包括专科、本科及以上教育层次。为推进高等职业学校教育发展,除了设立本科层次职业学校,《职业教育法》还鼓励在普通高等学校设置本科层次职业教育专业,在专科层次职业学校设置本科层次职业教育专业。在统筹推进职业教育与普通教育协调发展、推进职业教育向更高层次发展的进程中,需要一套新理念、新思路、新方案来支撑新实践的探索。建立符合职业教育特点的考试招生制度、人才培养模式、课程体系、教师队伍、产教融合与校企合作及教学质量评价体系等系统化工具包,是推进职业本科教育发展的先手棋。围绕以上系列问题开展深入研究,从理论上解释、分析并引领实践改革,需要职业本科教育大胆尝试与创新。

职业本科教育是一个包含多种办学形式的新事物。职业本科教育研究丛书聚焦职业本科教育这一现代职业教育体系中的"领头羊"，围绕改革试点发展创新中的重大、典型问题进行研究，以类型教育视角，深入探讨了体系构建、制度完善、评价改革、课程创新、教师团队创建、学生生涯发展等多个改革与创新发展的要素，丰富了职业教育界对举办职业本科教育的认识。该丛书有几个创新点：

第一，类型教育的研究视角创新。职业本科教育的人才培养及院校建设应遵循职业教育的基本规律，在院校管理模式、人才培养模式、课程体系、师资队伍建设、产教融合、校企合作等方面进行全新探索。例如，应建立适合职业本科教育的评估体系，对政府管理、学校办学、教师教学、学生学习、用人单位选人用人等进行全方位的评价。围绕职业本科教育的类型特征，职业本科教育研究丛书倡议建立涵盖党委和政府、学校、教师、学生、用人单位五大评价对象，五类改革相互关联、相互支撑的系统协调的教育评价体系和机制。通过梳理和分析国际上有关职业本科教育和评估标准的理论与实践研究，提出我国职业本科教育评估标准体系的构建规划和标准发展路径。在与普通本科教育、应用技术型本科教育评价标准比较研究的基础上，结合国内职教本科试点院校的实践案例，联合行业企业共建专业、课程、产教融合、人才培养质量评价标准，力求为职业教育本科的高质量发展提供政策建议与理论支撑。

第二，理论探索与实践应用相结合的研究方法创新。作为一个新事物，职业本科教育发展是在实践中寻求规律，是理性认识指导改革实践的统一。对职业本科教育进行研究，既要分析借鉴国外典型的职业本科教育的实践模式及经验，又要立足我国高等职业教育改革与发展的实际；既要对职业本科教育的理论基础进行探究，更要考量我国职业本科教育改革进程中各个院校的探索与实践。因此，职业本科教育研究的挑战恰恰需要站在理论与实践的高度统一的视角，去分析、解决问题。职业本科教育研究丛书以历史唯物主义观为指导，分析了我国高等职业教育发展的历程及政策演变，呈现了国外典型实践模式，梳理了理论基础，对专业设置、产教融合、质量保障等系列问题进行了理实一体的分析。更具实践价值的是在第一时间较为全面地呈现了第一批试点院校的实践创新与改革举措。丛书既对职业本科院校的课程建设进行了理论分析,也强调了课程开发的新范式、新方法的应用。丛书作者开展理实一体研究的这一方法,体现了职业教育研究者的基本素养和职业操守,是难能可贵的。

第三,"数智"时代的研究内容创新。伴随着产业革命的推进,发达国家纷纷提出工业4.0等经济与社会发展新口号、新目标。我国提出的《中国制造2025》方案也系统描绘了未来社会的蓝图,指出通过技术迭代推动产业转型升级。新工科、新文科等学科建设规划不断提出,专业群、专业集群等专业建设思路大为推广,"数智"课程、未来教学空间等新概念成为适应"数智"时代教育教学改革的新方向。职业本科教育有必要也必须适应这些新要求,职业本科教育研究也应体现这些新趋势。职业本科教育研究丛书多处强调数字化、智能化对课程建设及改革的影响,提出职业本科院校的课程体系应打破传统课程方案,按照"数智单元"为载体推进院校课程综合改革。丛书提出新时代教师发展要以"抱团"为使命,突出团队建设中的智慧特征,强调以"数智"手段搭建教师交流与整体发展的桥梁,系统推进教育教学创新。丛书强调以新时代岗位变化及职业能力要求升级为切入点,强调产教融合多方协同助力学生发展,以"新劳动"的要求引领学生生涯发展。

该丛书从最初设计到第一批出版历经3年时间。丛书设计及出版本身就是一个难度大的系统工程,其设计需要学术上有高度,指导实践上有力度,丛书之间有映衬度,诸如此类问题都需要在开展职业本科教育学术研究中充分考量。这不禁让我想起这项研究工程的缘起。受浙江工业大学职业技术教育学院吴向明院长和浙江广厦建设职业技术大学校领导的邀请,我本应参加于2021年6月10日举行的长三角产教融合与职业教育发展研究院职业本科教育研究中心成立仪式并参加中心学术委员会委员受聘仪式,但很遗憾因公务没能成行。后来获悉,该活动受到国内首批22所职业本科院校及浙江大学、浙江省教育科学研究院等多家机构的支持和积极参与。更为可喜的是,在职业本科教育研究中心成立之后,中心便组织多家力量同心同力围绕职业本科教育这一新事物开展了系列研究。从当前出版的几册专著看,职业本科教育研究中心学术团队的初衷正在达成。

作为新生事物,职业本科教育中有很多问题值得研究。当前出版的丛书关注了这一新事物产生、发展过程中的一些问题,目前还未能全面覆盖或深度解答职业本科教育尤其是职业本科院校实践中的所有问题。我知道，这套丛书的设计是开放的。随着实践创新不断推进，相信会有更多的研究人员加入这一行列，会有更多研究成果涌现，为我国职业教育高质量建设与发展做出更大贡献。

是为序。

华东师范大学终身教授

前　言

　　职业教育是建设教育强国、人力资源强国和技能型社会的重要力量,是与普通教育具有同等重要地位的教育类型。职业教育专本研衔接指专科层次职业教育、本科层次职业教育与研究生层次职业教育之间构成有机联系,在学制、考试招生、专业设置、培养目标、课程体系、教学内容、教学评价等方面两两衔接、相对分工以及技能技术逐层递进的一种有机结合模式,三者互相渗透,实现较高的教学质量和办学效益。职业教育专本研衔接是支撑产业升级,服务国家战略与区域地方经济社会发展,培养高层次人才的重要通道,对完善现代职业教育体系,推动全民终身学习和建设技能型社会具有重要作用。

　　我国高等教育毛入学率在2019年达到51.6%,标志着高等教育进入了普及化阶段,高等职业教育规模已占高等教育的"半壁江山"。党的十九大报告指出,我国社会主要矛盾已经转化为人民日益增长的美好生活需要和不平衡不充分的发展之间的矛盾,表现在高等教育层面是人民的教育需求从"有学上"转变为"上好学"。党和国家高度重视职业教育,尤其是党的十八大以来出台了系列重大政策制度。2014年,国务院印发的《关于加快发展现代职业教育的决定》提出"探索发展本科层次职业教育"。2019年,国务院印发《国家职业教育改革实施方案》,提出"加强专业学位硕士研究生培养","开展本科层次职业教育试点"。2020年,教育部等九部门印发《职业教育提质培优行动计划(2020—2023年)》,强调"稳步发展高层次职业教育",全国迄今共有32所本科层次职业学校,开启了职业教育的新征程。但2021年职业本科招生只有4.14万人,专科起点本科招生1.51万人。无论规模还是学科专业数量,专科高职已不能满足学生发展的需要。职业教育专本研衔接为职业学校学生提供了多通道成长、可持续发展的有效途径。

从职业教育的内部规律看,职业教育是指受教育者获得生产劳动或职业发展所需要的职业知识、职业技能与职业道德的统称,是一种具有鲜明企业行为与经济行为特点的教育形式。产教融合、校企合作是职业教育的基本办学模式,也是职业教育鲜明的类型特征。推动实现职业教育与产业的协同发展,符合职业教育自身科学发展的内在需求,是职业教育特殊性的表现和本质属性的理性回归,是职业教育遵循经济社会发展规律、主动适应时代需求和社会发展进步做出的必然选择。职业教育发展必须服务人的全面发展,服务区域地方经济社会的发展,服务国家急需。从职业教育的外部环境看,当前,我国正处于深化供给侧结构性改革的关键时期,对技能型、应用型、创新型人才的需求已发生结构性改变,特别是随着新一代信息技术、大数据、人工智能、新能源、节能环保、生物医学、新材料等新兴产业的兴起,对于高层次应用型人才的需求日益迫切。"双循环"经济发展新技术、新模式、新态势要求职业学校专业设置与产业结构高度匹配,支撑产业转型升级与服务区域经济社会发展。作为与产业经济联系最紧密的职业教育,需要改善职业学校与企业人才供求之间的结构性失衡,改变职业学校高层次技术技能人才培养滞后于产业技术发展的现状,学历层次提升的最直接途径是扩大本科及以上层次教育的招生规模。专升本、中本一体或本硕连读是目前职教高考制度下比较有效的职业教育专本研衔接模式,不仅可以实现职业教育多形式衔接,而且可以推动培养一批战略性新兴产业所需的长学制高层次技术技能人才。

世界银行的《2019年世界发展报告》指出,世界主要制造业国家都希望将经济增长模式向各产业科技生产前沿移动,以占据全球价值链上技术、价值的优势位置,一体化、科技驱动式的经济体对各级教育层次人才培养的重视与日俱增,培养具备关键能力的复合型技能人才,成为各国职业教育改革的主要目标。纵观美国、英国、德国、澳大利亚等国家的专本研衔接模式、职业教育层次衔接保障机制框架与职业教育体系衔接政策可以发现,发达国家都通过不同程度建立国家资格框架或学分互认制度框架,促进学位证书与职业资格证书融通,促进社区职业教育与学校教育融通,有效推动职业教育体系层次衔接,在公平与质量基础上为学生提供更多的选择机会。我国职业教育各层次衔接模式可以大致分为中高职衔接、专本衔接、本硕衔接、中本衔接、中高本衔接等,各种衔接模式基本遵循优化职业教育类型定位,加快推进国家职业资格制度建立,建立健全职教高考制度,完善"文化素质+职业技能"考试招生办法目标等。经过多年的建设,我国已完成中等职业教育和高等职业教育层次的体系建设,但在各层次的理念、目标、课程体系、考核评价等方面衔接不畅,合作主体间缺乏深层次共建共享。促进职业教育专本研衔接,要按照"经费绩效是基础、技能培养为主线、课程衔接为中心、校企合作为支撑"的协作原则,完善职业教育考试制度,畅通专本研衔接渠道;强化"双师型"教师队伍建设,提高高层次技术技能人才培养质量,政校行企协同推进体系化人才培养模式建设改革。

党的二十大报告提出,统筹职业教育、高等教育、继续教育协同创新,推进职普融通、产教融合、科教融汇,优化职业教育类型定位。现代职业教育应打破高层次技术技能人才成长发展的"天花板",培养支撑产业体系、市场体系、收入分配体系、城乡区域发展体系、绿色发展体系、全面开放体系等建设所需的高层次技术技能人才,为我国加快建设世界重要人才中心和创新高地、顺利实现国家战略目标提供重要支撑。中共中央办公厅、国务院办公厅印发的《关于深化现代职业教育体系建设改革的意见》提出"建立健全多形式衔接、多通道成长、可持续发展的梯度职业教育和培训体系",重点推进"以中等职业学校为基础、高职专科为主体、职业本科为牵引,建设一批符合经济社会发展和技术技能人才培养需要的高水平职业学校和专业",深度发展中高职贯通培养、中本衔接培养,扩大应用型本科学校的招生规模。职业教育专本研衔接可推动职普协调发展、相互融通,让不同禀赋和需要的学生能够多次选择、多样化成才。职业教育专本研衔接既是现代职业教育体系建设改革中类型教育的模式探索,又是拓宽学生成长成才通道,培养大批经济社会发展需要的高层次技术技能人才的重要路径。

职业教育专本研衔接既涉及政策制度层面,如国家资格框架与职教高考制度,又涉及专本研各相应办学主体,职业教育跨界特征同样影响专本研人才培养质量。由于受研究视野和研究水平的限制，本书有关职业教育专本研衔接的理论基础与路径创新存在不足之处，希望能与读者交流，共同推进职业教育内涵式高质量发展。

目 录

第一章　现代职业教育体系的历史逻辑

职业教育是指为了培养高层次技术技能人才，使受教育者具备从事某种职业或者实现职业发展所需要的职业道德、科学文化与专业知识、技术技能等职业综合素质和行动能力而实施的教育，包括职业学校教育和职业培训。现代职业教育是服务经济社会发展需要，面向经济社会发展和生产服务一线，培养高素质劳动者和高层次技术技能人才并促进全体劳动者职业可持续发展的教育类型。教育部等六部门印发的《现代职业教育体系建设规划（2014—2020年）》指出，加快发展现代职业教育是党中央、国务院做出的重大战略决策。建立现代职业教育体系，是促进现代职业教育服务转方式、调结构、促改革、保就业、惠民生和工业化、信息化、城镇化、农业现代化同步发展的制度性安排，对于打造中国经济升级版，创造更大人才红利，促进就业和改善民生，加强社会建设和文化建设，满足人民群众生产生活多样化的需求，实现中华民族伟大复兴的中国梦具有重要意义。

随着新型工业化的推进和科学技术的发展，现代职业教育体系越来越成为国家竞争力的重要支撑。国际金融危机以来，美国、日本、俄罗斯、印度等国家都将完善现代职业教育体系作为增强国家竞争力，特别是发展实体经济的战略选择，力求在新一轮国际竞争中建立稳固、可持续的人才和技术竞争优势。本章将梳理现代职业教育体系的历史发展脉络，探讨职业教育发展历程，并提出职业教育专本研衔接的学制与学历层次制度逻辑，为加快构建纵向贯通、横向融通的中高本硕一体的现代职业教育体系，以及培养更多的高层次技术技能人才、能工巧匠和大国工匠，提供历史逻辑与现实参考。

第一节　职业教育是经济发展的产物

亚当·斯密在《国富论》中提出劳动分工理论,认为分工可以提高劳动生产率,进而促进经济增长,即社会分工的结果导致成年人从事不同职业时表现出非常不同的才能,劳动者的熟练程度在工作中不断得到训练,反过来,劳动生产力指向或应用的任何地方所体现的技能、熟练性和判断力的大部分,促进了劳动生产力上最大限度的改进。①随着产业分工愈发细化与市场范围不断扩大,劳动分工开始演化出不同的职业类型,劳动力在职业岗位上接受相应的训练成为提高劳动生产率的重要途径。学徒制作为现代职业教育的雏形,自古希腊、古罗马时期发端,到文艺复兴时期达到顶峰,再到宗教改革后在资本主义生产方式变革和民族国家兴起的冲击下走向没落,经历了前学徒制时期、契约式学徒制时期、行会学徒制时期和行会学徒制与学校教育相结合时期等重要发展阶段,为真正意义上的学校职业教育的产生与发展奠定了重要根基。

一、前学徒制时期

职业教育的起源可追溯至人类社会发展早期,其产生与发展是社会经济不断发展、劳动逐渐分工的结果。

早期,在社会还没有产生劳动分工的远古时代,社区或部落的成员(包括成人和儿童)都平等地参与获取食物的活动,这也是原始社会早期人们生活最主要的目标。年轻人通常通过直接参与氏族公社的集体活动,比如狩猎、采集等,来习得前几代人积累的生活经验,掌握各类生活技能。

随着社会的发展,人们开始有意识地制造并使用生产工具,社会经济活动也逐渐独立化和专门化,致力于提高生产效率的劳动分工开始出现,农业、畜牧业和手工业逐渐分化,家庭开始成为社会生产劳动的基本单元。仅仅通过生产生活实践让年轻人习得劳动技能逐渐不能满足社会生产的需要。于是,便出现了现代意义上的教育工作者,他们往往由家族中最受尊敬

---

①斯密. 国富论[M]. 唐日松,译. 北京:华夏出版社,2005.

和睿智的长辈担任,向年轻人传授各种生存知识与技能,关心年轻人的精神成长和道德发展,致力于让年轻人为生产生活做好准备。由于这一时期职业流动性较低,家族内部的技艺传承便可满足家庭生产需求,因此这一时期的技艺传授以子承父业的形式呈现。

二、契约式学徒制时期

随着社会经济的逐渐发展,以家庭为基本生产单元的手工业作坊规模不断扩大,传统的子承父业的技艺传授模式难以满足生产需求,技艺传授的对象便扩展到血缘之外的人,开始出现按照招收养子以签订带有租赁性质契约的形式来招徒授艺。技艺传授逐渐超越宗亲和血缘关系,子承父业的形式逐渐向形式化的契约式学徒制方向发展。

在古希腊、古罗马和古埃及,由于城邦经济发达、小手工业作坊较多,并出现了武器匠、建筑匠、鞋匠、木匠、铁匠等行业,因此在奴隶和自由民阶层契约式学徒训练较为普遍。契约式学徒训练的主要特征包括:首先,以亲子或养子的家庭关系为基础,不存在自由人广泛缔约的可能;其次,这是一种靠私人契约约束的师徒关系;再次,契约上一般会明确规定师徒双方的责任与义务,比如师傅需要教会学徒某一方面的技艺,学徒则需要听从师傅教导、为师傅服务,甚至支付给师傅一定酬金;最后,这种契约仅仅是一种私人之间的承诺,而且带有一定的随意性,不能被称为真正的制度。契约式学徒训练的发展为行会兴起后行会学徒制的发展奠定了重要基础。

三、行会学徒制时期

在11世纪至16世纪盛行的行会是商人和手工业者为维护本行业利益而建立的一种互助合作组织,[1]是学徒训练制度化的重要组织基础。11世纪,城市逐渐兴起,贸易规模不断扩大,商品经济逐渐发展起来,手工业技术分化日益加剧,商人和手工业阶层开始组织起各类行会,以一套专业的内部规章制度协调商业和手工业活动,维护商业和手工业秩序,保证行会成员的切身利益,对社会经济活动产生了重要影响。因此,在这一时期,学徒训练逐渐与行会结合起来,逐渐正规化、合法化和制度化,传统的学徒契约也逐

---

[1] 孙祖复,金锵. 德国职业技术教育史[M]. 杭州:浙江教育出版社,2000.

渐成为行会组织规范的重要内容。

行会学徒制的主要特征体现在两个方面:其一,国家参与监督干预,学徒契约逐渐正规化与合法化。行会学徒制仍然延续了契约式学徒训练的做法,但是契约条款的制定与执行受行会控制,而行会规范契约的法律依据则通常来自赋予行会权力的王室宪章或国家权力机关,因此契约具备一定的公信力,内容也更加细化,一般包括时间、当事人、协议约定和违约制裁等,契约还需要公证人担保。其二,学徒训练管理体制逐渐完善。在晋升机制方面,行会明确规定了从帮工到学徒再到师傅的三级人员划分体制和晋升机制,在完成一定年限的帮工期和学徒期后晋升为师傅需要通过师傅和行会共同的身份认定与考核。在学徒训练环节,行会会对师傅的收徒资格、学徒数量、教学与履约情况进行严格监督,提高训练质量,避免滥收学徒的现象发生。

行会学徒制开职业教育之先河,并形成了独具特色的人才培养模式。其培养目标明确,即培养能生产高标准产品的工匠和能引领行业发展的师傅。培养内容也围绕这一目标进行,除读、写、算等初级知识和宗教知识外,多以本行业技能和道德规范为主。培养过程则是典型的"做中学",师徒即师生,作坊即教室,做工即学习,学徒一般入住师傅家,生产、生活和学习高度融合。此外,以精益求精、诚信、敬业、互助、友爱为核心的行会道德准则也深刻融入学徒培养过程中,体现了行会学徒制的鲜明特色和培养优势。但囿于行会的封闭性,对人的培养仍以技术培训为主,忽视了人文精神和科学知识等方面的塑造,行会学徒制具有一定的时代局限性。

从根本上来说,行会学徒制由盛转衰与社会生产力和生产方式的变革密切相关,而行会制度的没落则是其衰落的直接原因。这一切都是在宗教改革的大背景下发生的。宗教改革之前的文艺复兴时期是行会学徒制发展的黄金时期。以新兴资产阶级为代表的人文主义者愈加重视体力劳动,而行会也在新兴资本主义生产方式的推动下不断改组合并、扩大规模,对城市的掌控力不断增强。在这一时期,行会学徒制呈现出空前繁荣的状态。行会门类不断扩展,学徒数量不断增加,学徒的身份优势也逐渐凸显出来,越来越多的人参与竞争学徒机会,包括商人和绅士家庭的孩子。

宗教改革之后,传统封闭的行会制度由于不能适应社会发展的需要而走向没落。从经济方面来看,随着科学技术的进步,资本主义生产方式的改进,贸易市场规模不断扩大,带有封建阶层性质和封闭垄断特性的行会在一定程度上成为阻碍资产阶级规模扩大和获利的桎梏,难以满足商品市场的需求。从政治方面来看,资产阶级的力量不断增强,新型城市不断增多,民族国家逐渐兴起,政府也逐渐干预行会学徒制的发展。

行会的封建保守使得从帮工到学徒再到师傅的晋升机制逐渐失灵,师傅与帮工、学徒之间逐渐产生阶层分化,建立在团结、友爱、互助等宗教信念上的师徒关系逐渐弱化,进而演变成为雇佣关系,行会学徒制的教育功能不断淡化,再加上行会逐渐衰落,越来越多的年轻人开始与行会外的雇主建立雇佣关系进行工作。随着民族国家的兴起,国家权力日益强盛,政府开始干预行会学徒制的发展,行会学徒制自此开始与学校教育相结合。

四、行会学徒制与学校教育相结合时期

文艺复兴和宗教改革之后,政府开始取代行会对学徒制进行监管,并出台相应法规规范学徒训练。例如,英国为安置流浪者、维护社会稳定,颁布了《工匠、徒弟法》和《济贫法》,建立"教区学徒制",要求孤儿、贫苦儿童必须参加学徒训练。但此时的学徒制已经与行会学徒制有了根本区别,师徒关系演变为雇佣关系,更多是为了维护社会稳定、满足雇主对大量廉价劳动力的需求。

随着人文精神逐渐在人们生活的方方面面体现,各领域的知识也开始空前丰富起来。资产阶级和市民阶层不再满足于由教会控制的神学教育,要求增加教育机构、扩充教育知识。世俗皇权的加强也要求普及教育以维护社会稳定,世俗学校教育开始发展起来。在此背景下,行会学徒制开始与学校教育结合,带有职业教育性质的城市学校及行业学校成为培养各行各业技术人才的主力。

行会学徒制最初是与城市学校开展的普通教育相结合的。西欧国家的城市学校大约在11世纪文艺复兴时期便已产生,这源于市民阶层对于实用知识的需求日益增加。12世纪之后,行会或私人学校为市民阶层子女开办的学校都被称作城市学校。年轻人进入城市学校后首先接受普通教育,学习基本文化知识,接下来会进入相应的工厂或作坊担任学徒,习得相应技

能。除城市学校外，由行会兴办的行业学校也在政府的支持下开设职业技术教育课程，教授相应职业的技艺技能。

第二节　现代职业教育的演化与特征

真正意义上的现代职业教育产生于西方工业革命之后，自此之后的职业教育便鲜明体现出区别于传统职业教育的现代性。何谓现代化？一般而言，现代化是发展社会学的一个重要概念，指通过将工业生产方式引进工业化以前的社会而出现的经济增长和文化变迁过程，其特点是由各种传统型社会向现代型社会过渡。①具体来说，现代化始于工业革命，在这之后传统农业社会开始向现代工业社会转变。随着贸易市场的不断扩大、新兴资产阶级力量的不断壮大，自17世纪起欧洲许多国家便纷纷爆发资产阶级革命，推翻封建王朝的统治，进而建立资本主义国家。政治现代化进一步推动了经济现代化，深刻的工业革命随之爆发，资本主义经济体系确立起来。政治和经济的现代化随之带来了社会和文化的现代化，国民的文化水平和生活水平日益提高，世俗教育也得到加强。其中，与经济联系十分密切的职业教育亦迈入现代化阶段，现代性也成为职业教育的固有属性。

现代职业教育的产生是社会生产力和生产关系产生巨变的结果，其现代性特征也随着社会生产力和生产关系的发展而不断演化。

一、17世纪至18世纪是现代职业教育的孕育与萌芽期

17世纪至18世纪，英法等国的思想家纷纷展开关于职业教育的论述，在这些职业教育思想的推动下产生了一批早期职业教育机构。例如，英国医学家、经济学家培蒂在培根新哲学影响下提出建立"语言工厂"和"实业专门学校"；英国政治家弥尔顿主张建立一种教授自然科学和人文科学的学校，学生广泛学习各种语言、数学、地理、航海、工程、音乐、体育等科目，学生

---

①中国社会科学院文献情报中心，重庆出版社．社会科学新辞典[M]．重庆：重庆出版社，1988.

的学习内容接近生活实际、具有实科倾向;英国哲学家、思想家、教育家洛克提出了劳动学校计划,这是专门为贫穷儿童展开的学校计划,儿童通过劳动进行学习和生活;英国早期劳动教育思想的倡导者贝勒斯提出了建设工业学校的构想,主张教学和体力劳动要结合起来;著名经济学家亚当·斯密则在《国富论》中阐述了教育对于经济发展的重要意义,并强调职业教育在英国工业生产发展中的意义。

进入18世纪,众多法国启蒙运动思想家在抨击封建的旧教育制度的同时,纷纷提出了职业教育思想。例如,法国著名启蒙思想家狄德罗就指出学习应该走出书本与生产生活实践相结合;启蒙思想家孔多塞也指出,所有公民都应该接受知识教育、技术教育和普通教育,如此才能锻炼职业技能、开发天赋、履行社会责任。总之,在资产阶级革命和启蒙运动的推动下,越来越多的思想家提出应当建立包括职业教育在内的国民教育体系,培养职业人才应当是教育的重要任务之一。

上述思想文化领域对于职业教育的思考,最初并未获得官方的关注,却为职业教育的发展奠定了重要的思想基础,而18世纪60年代的第一次工业革命则直接推动了职业教育在欧美各国的生根发芽。工业革命带来了生产力和生产方式的大变革,人们的生产生活方式发生巨变。机器大生产逐渐取代手工生产,生产力水平显著提升,生产方式发生重大变化。这便对劳动力的文化素质、技能技术水平提出了全新要求,而传统强调简单职业训练的学徒制逐渐显现出其不能适应现代化生产的弊端而遭到淘汰,培养大批掌握一定技能的专业技术工人成为社会的迫切需要。在此背景下,建立全日制职业技术学校成为欧美各国的普遍举措,现代职业教育就此萌芽。

这一时期,在资产阶级革命、启蒙运动和工业革命的推动下,世俗教育规模不断扩大,专注于职业技术训练的学校逐渐兴起,但盛行了上百年的学徒制仍然是职业教育的重要形式,且由于欧美各国的历史传统、国情等方面的显著不同,学徒制和世俗教育相结合的职业教育也呈现出国别特征。具有深厚学徒制传统的英国将学徒制作为"济贫"的重要方式,使其与面向贫穷儿童的初等教育相结合,兴建各类具有职业教育功能的初等学校,为工业生产培养技术工人。法国的学徒制随着行会的衰落逐渐消失,取而代之的是注重技术培养的高等专科学校,大大满足了国家对于工业和军事人才的需求。德国则是在强化学徒制功能的同时大力发展现代职业学校:一方面,政府加强对学徒制的监管,强调学徒制与现代教育相结合;另一方面,政府大力兴办星期日学校、普通劳动学校、实科学校等,大力培养职业技术人才。

总之,这一时期是现代职业教育的孕育与萌芽期。传统学徒制逐渐与世俗教育相结合,强调职业训练的同时开始加强普通教育。与此同时,现代职业学校也在各国逐渐兴办起来,为19世纪现代职业教育的发展打下了重要根基。

二、19世纪现代职业教育的发展

随着科技的飞速进步和生产力的快速发展,新兴资本主义国家的实力纷纷增强,为争夺国际贸易市场,各国也开始展开综合国力的较量,这很大程度上表现为工业发展水平的竞争。尤其是19世纪中期后,第二次工业革命使人类进入到电气时代,电力的发明为工业生产注入了强大动力,除英国、法国、德国外,美国、日本等国家也相继完成资产阶级革命,工业获得快速发展。随之而来的便是资本主义国家间日趋激烈的竞争。除硬件工业设备外,工业发展水平很大程度上取决于技术工人的数量和文化、技术技能水平。因此,大力发展职业教育、构建现代职业教育体系成为资本主义国家的重要任务。

最早完成工业革命、经济获得空前繁荣的英国在18世纪末到19世纪便展开了技工讲习所运动,拉开了英国面向底层民众展开职业教育的序幕,由此促进了英国学校职业教育的发展。但第二次工业革命后,美国、日本等国家的崛起让英国感觉到自身的工业优势地位岌岌可危。在此背景下,英国出台了《技术教育法》,为职业教育提供法律保障,并开设工艺学校和专门学校这两类正规职业教育机构。

德国职业教育也是在这一时期获得空前发展,为后来的"双元制"职业教育奠定了重要基础。19世纪,德国工业抓住第二次工业革命的浪潮进入飞速发展期,并延续一贯重视学徒制的传统构建现代职业教育体系。一方面,大力推动职业教育高等化,建设高级专科学校和工科大学;另一方面,大力发展与传统学徒制紧密相连的实业补习学校,这类学校也逐渐加强与企业创办的训练工厂的合作。

美国职业教育的发展很大程度上受到欧洲各国的影响。英国的技工讲习所传到美国,促进了美国成人职业教育的发展。在此基础上,农业教育、工业教育和商业教育在美国也全面发展起来。随着《莫里尔法案》的颁布,大批以农业和机械教育为主的赠地学院建设起来,推动了高等职业教育的发展。

总之,19世纪欧美资本主义国家的职业教育随着工业文明的进程而不断发展壮大起来,逐渐实现文法学校和实科学校并存的局面,职业教育逐渐和初等教育、中等教育、高等教育、成人教育相结合,职业学校的规模不断扩大,数量大大增加。现代职业教育在全球范围内不断发展壮大起来。

三、20世纪现代职业教育体系的建立

20世纪前半期,世界主要资本主义国家间的竞争日益激烈,各国均加快步伐建立现代职业教育体系以满足工业生产和经济发展对高水平技术工人的大规模需求。例如,英国以初级技术学校、商业学校及各类私立职业学校为代表的初等职业教育和以多科技术学院、城市学院为代表的高等职业教育均进入全新的发展阶段。此外,英国还建立了国家职业资格证书制度以引导和规范职业教育的发展。不断对外扩张的德国提升了职业教育的社会地位,企业和职业学校合作的"双元制"模式得到进一步巩固,高等职业教育所涉及的行业进一步扩展。法国涵盖初等、中等和高等教育的职业教育体系也建立起来。美国的中高等职业教育体系不断完善,职业教育机构的数量显著增多,规模也不断扩大。

20世纪后半叶,第三次科技革命的浪潮袭来,其是以原子能、电子计算机、空间技术、生物工程等方面的发明和应用为主要标志的革命。科学技术方面的突破带来的是生产力的显著提升,数字化、智能化背景下工业机器人逐渐取代流水线工人,一大批全新产业群和经济增长点出现。全新的工业生产方式对工人提出了全新的要求。因此,世界各国均在职业教育体系、办学模式、专业设置、人才培养模式、教学模式等方面进行改革,并引入市场机制,使职业教育更好地满足产业需求和应对国际压力。

总体而言,随着全民教育、终身教育理念的盛行,世界各国均致力于打通不同层级、不同类型职业教育间的屏障,打破普通教育和职业教育之间的

藩篱,力求推动本国职业教育向纵向贯通、横向融通、立体交叉、开放衔接的大职业教育体系方向发展。

在现代职业教育发展的近四个世纪的过程中,其现代性鲜明地凸显出来,并随着时代发展不断得到丰富、完善。它体现了职业教育现代化过程中所呈现出来的一些新特点和新性质,如人道性、民主性、理性等,是现代职业教育区别于传统职业教育的本质属性。具体而言,首先,这种现代性体现在人道主义精神上。教育最根本目的是促进人的全面和谐发展,现代职业教育不再局限于技术训练和技能培养层面,而更要为人的全面发展、终身发展打下充分的知识和技能基础。一方面,职业教育贯穿于各级各类学校中。大力加强中小学生的职业意识培养和劳动教育等,同时面向大学生广泛开展创新创业教育、职业生涯指导等就业教育,提升其就业能力。另一方面,职业教育改革发展基于终身教育理念。显然,经济社会发展和现代科技进步催生了新职业、新工种、新岗位,对专业和技术技能的要求也在不断变化和提高。单一的学校教育已经不足以满足快速变化的社会对技能的需求。其次,这种现代性还体现在其自身体系的科学性层面。现代职业教育不再像传统学徒制一样游离于正式学校教育之外,而是被纳入正规教育体系当中,具有一定的层级性和类型特征,并与其他类型教育相互打通。现代职业教育具备专门的教育机构,拥有一定的办学模式,在专业设置、人才培养模式和教学模式中均体现了专业性。最后,这种现代性还体现在促进社会的健康公平发展方面。职业教育不仅仅追求经济效益,还致力于为社会提供高层次技术技能人才,促进当地经济社会的良性发展。

第三节　新时代我国现代职业教育体系的构建

一、我国现代职业教育的发展历程

在中国,职业教育这一概念最早源于洋务运动时期清政府对西方实业教育的引入。19世纪60年代,这场以"自强"为旗号的清政府自救运动引进了西方的军事装备、工业生产机器和科学技术，与此同时也引入了实业教育，以西艺替代原来的封建教育内容。例如，左宗棠开办福州船政学堂、李鸿章开设天津电报学堂等。这一批实业学校为近代中国培养了一批实业人才，也为后来中国民族资本主义企业的诞生奠定了基础。中日甲午战争后，早期改良派和维新派更加认识到实业教育是民族自救的重要武器，是国家富强之根本。在此背景下，一大批农工商实业学校在全国范围内建立起来，实业教育在中国正式成长起来。

职业教育在中国的真正萌芽则是在中华民国成立之后。国家政治制度的巨变下，教育的彻底改革势在必行。在实业救国思想的影响下，众多思想家、教育家纷纷提出要发展实用主义教育，其中最有影响力的当属黄炎培。黄炎培强调教育内容应当适应社会的发展需要，应当加强教育同现实生活的联系，并且还指出实用主义的"实"包含知识、技能和道德等各方面。在此背景下，中华民国政府在学习西方的基础上逐渐开始了职业教育领域的本土化探索，确立了职业教育制度。

自新中国成立以来，中国职业教育在学习中不断探索，在迷失中不断重建，在改革中不断发展。早在抗日战争期间，解放区的职业教育就已经呈现出一定规模，并出现制度化趋势。新中国成立后，国家处于百废待兴的状态，大量技术人才的培养尤为重要，因此职业教育的发展便成为重要任务。在这一时期，职业教育在学习苏联的过程中获得发展，初步建立起中等专业教育制度和技工教育制度。但是"文革"时期，农业中学、技工学校和中等专业学校被认为是教育不平等的表现，是对工农阶级的歧视，一律停办，只留下普通中学。改革开放后，党在教育方针上开始拨乱反正，逐步恢复中等专业教育和技工教育，并开始兴办职业技术师范学院和短期职业大学，农村职业教育也得到改革发展。1985年，中共中央颁布《关于教育体制改革的决定》，职业教育迎来了发展新阶段。中等职业教育规模不断扩大，初步建立起初等、中等、高等三级职业教育体系，高等职业教育获得长足发展，中等、高等职业教育逐步实现协调发展。

21世纪以来，中国职业教育规模趋于稳定，开始注重提升质量，步入内涵式发展阶段。截至2020年底，全国共有职业学校1.15万所，其中，中等职业学校9896所，高等职业学校1468所，在校生2857.18万人；中等职业学校招生600.37万人，占高中阶段教育的41.70%；高等职业学校招生483.61万人，占普通本专科的52.90%。共计5452万人接受高等学历继续教育，累计约3.2亿人获得社区教育培训。高等职业教育已成为我国高等教育普及化发展的重要力量，对调整高等教育结构、改善人才供给状况具有重要作用。在服务国家战略上，全国职业学校每年培养1000万名左右的高层次技术技能人才。现代制造业、服务业和战略性新兴产业等领域的一线新增从业人员中，职业学校毕业生占70%以上，职业教育社会认可度显著提升。千家万户通过职业教育实现了拥有第一代大学生的梦想，"职教一人、就业一人、脱贫一家"成为阻断贫困代际传递见效最快的方式之一。尽管21世纪以来职业教育得到了快速发展，但由于长期投入少、底子薄，当前职业教育还不能完全适应经济社会发展的需要，结构不够合理，质量较差，办学条件薄弱，体制机制不畅。加快发展现代职业教育，加快构建中国特色、世界水平的现代职业教育体系，已成为教育政策顶层设计的关键内容。

二、我国现代职业教育体系的探索历程

我国职业教育体系的发展是一个逐步认识和不断演变的过程，按照国家政策制度划分，大致可以分为三个阶段。

第一阶段：建立职业教育体系。1985年，具有较强的前瞻性与科学性的《关于教育体制改革的决定》第一次明确提出了建立职业教育体系，并清楚阐释了职业教育体系应该具有与行业配套、与普通教育相沟通、从初级到高级的合理结构。

第二阶段：持续探索现代职业教育体系。2002年，国务院印发《关于大力推进职业教育改革与发展的决定》，首次提出了构建特色鲜明、自主发展、灵活开放的现代职业教育体系，使我国职业教育体系从本质上更进一步，被赋予了新的时代内涵。2005年，《关于大力发展职业教育的决定》提出了

"中国特色"现代职业教育体系,充分体现了我国职业教育改革发展的方向;同时进一步强调要满足人民群众终身学习的需要,充分凸显了职业教育的发展目的。2010年,中共中央、国务院印发《国家中长期教育改革和发展规划纲要(2010—2020年)》,提出了建设中高职协调的现代职业教育体系,进一步明确了职业教育体系建设的目标。

第三阶段:建立中国特色、世界水平的现代职业教育体系。"十三五"以来,党和国家更加重视职业教育,日益凸显了职业教育在国家现代化建设中的战略地位。2014年,习近平总书记强调,必须高度重视、加快发展职业教育,坚持产教融合、校企合作,坚持工学结合、知行合一,要营造劳动光荣、技能宝贵、创造伟大的时代风尚,促进人人皆可成才、人人尽展其才。①《关于加快发展现代职业教育的决定》则具体描述了现代职业教育体系的建设,努力达到中国特色基础上的世界水平,探索出一条中国特色、世界水平的现代职业教育发展道路。同年6月,《现代职业教育体系建设规划(2014—2020年)》较系统地对职业教育做出了规划:"到2020年,形成适应发展需求、产教深度融合、中职高职衔接、职普相互沟通,体现终身教育理念,具有中国特色、世界水平的现代职业教育体系,建立人才培养立交桥,形成合理教育结构,推动现代教育体系基本建立、教育现代化基本实现。"规划提出分两步走的建设目标:(1)2014—2015年,初步形成现代职业教育体系框架。从教育理念、重大政策到人才培养层次和专业结构更加科学,从中高等职业教育衔接、产教融合体制到现代职业学校制度均能趋于完善,进一步提升职业教育服务国家发展战略的能力,进一步增强职业教育吸引力。(2)2015—2020年,基本建成中国特色现代职业教育体系。除初步达成体系框架的基本目标外,进一步强调社会力量广泛参与,建成一批高水平职业学校,大幅提升各类职业人才培养水平。同时,规划按照终身教育的理念,提出建立服务需求、开放融合、纵向流动、双向沟通的现代职业教育体系框架(见图1—1)。

---

① 习近平就加快发展职业教育作出重要指示[N].人民日报,2014-06-24(1).

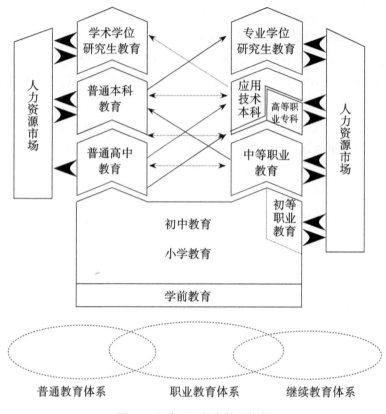

图1-1 现代职业教育体系框架

现代职业教育体系框架初步勾画了职业教育的类型特色,职业教育与普通教育、继续教育的交叉融合关系,为中国特色、世界水平的现代职业教育体系建设奠定了坚实基础。

三、新时代我国现代职业教育体系建设

纵观国内外职业教育发展史不难发现,职业教育的发展与国际国内经济社会的发展紧密相连,与工业发展进程息息相关。随着2013年德国汉诺威工业博览会首次提出"工业4.0"概念,人类历史上第四次工业革命的帷幕被正式拉开。这意味着人类社会正式由计算机及信息技术主导过渡到物联网、大数据、机器人及人工智能主导。在人工智能和数字技术的推动下,经

济社会的产业结构势必会出现重大调整,智能化工业生产对劳动力的素质和技能水平提出了更高的要求。在"中国制造2025"战略背景下,向中高端迈进的产业升级对职业教育提出了新的要求:培养更多高质量的、具备较高文化水平的、掌握最新科学技术的高层次技术技能人才。与此同时,在产业升级的背景下,中国人口在"十四五"时期还面临着老龄化、少子化、不婚化、城市群化、阶层固化等五大趋势。根据第七次全国人口普查数据,2020年中国人口达14.1亿人,出生人口较2019年减少260万人,下降18%,65岁及以上人口占比达13.5%。统计数据预测,中国人口将在"十四五"时期陷入负增长,在2050年左右开始急剧萎缩。逐渐消失的人口红利进一步影响到高层次技术技能人才的数量和规模,进而将对中国的工业市场造成重大影响。加快构建现代职业教育体系,就是要进一步扩大教育规模,满足和增加人民接受高等教育的机会,同时要优化高等教育结构。[1]为进一步办好新时代职业教育,推进中国特色现代职业教育体系建设,2019年印发的《国家职业教育改革实施方案》明确了"职业教育与普通教育是两种不同教育类型,具有同等重要地位"。该方案明确了职业教育的教育类型,成为建设现代职业教育体系的指南与主要依据,也为后续《职业教育法》的修订提供了准绳,必将有力推进高质量现代职业教育体系建设。

（一）中国特色现代职业教育体系的确立

《现代职业教育体系建设规划（2014—2020年）》初步构想了纵向贯通、横向融通的职业教育体系建设规划,《国家职业教育改革实施方案》确立了职业教育的类型地位,为职业教育纵向打破专科学历"天花板"提供了依据,引起了政府、学校与社会的热议,但尚未上升到法律层面。2021年,我国召开了新中国成立以来的第一次全国职业教育大会,强调职业教育前途广阔、大有可为。要坚持党的领导,坚持正确办学方向,坚持立德树人,优化职业教育类型定位,深化产教融合、校企合作,深入推进育人方式、办学模式、管理体制、保障机制改革,稳步发展职业本科教育,建设一批高水平职业学校和专业,推动职普融通,增强职业教育适应性,加快构建现代职业教育体系,

---

[1]周建松.加快构建类型特色鲜明的现代职业教育体系思考[J].职教论坛,2021,37(8):158-162.

培养更多高素质技术技能人才、能工巧匠、大国工匠。[①]为贯彻落实全国职业教育大会精神,中共中央办公厅、国务院办公厅印发的《关于推动现代职业教育高质量发展的意见》提出构建纵向贯通、横向融通的现代职业教育体系,到2025年,职业教育类型特色更加鲜明,现代职业教育体系基本建成,技能型社会建设全面推进。办学格局更加优化,办学条件大幅改善,本科层次职业教育招生规模不低于高等职业教育招生规模的10%,职业教育吸引力和培养质量显著提高。到2035年,职业教育整体水平进入世界前列,技能型社会基本建成。技术技能人才社会地位大幅提升,职业教育供给与经济社会发展需求高度匹配,在全面建设社会主义现代化国家中的作用显著增强。《关于推动现代职业教育高质量发展的意见》更加明确了新时代落实《国家职业教育改革实施方案》,建立中国特色现代职业教育体系,加快推动职业教育高质量发展的要求。

2022年5月,开始实施新修订的《职业教育法》,在"职业教育体系"一章,明确"国家建立健全适应经济社会发展需要,产教深度融合,职业学校教育和职业培训并重,职业教育与普通教育相互融通,不同层次职业教育有效贯通,服务全民终身学习的现代职业教育体系",这标志着中国特色现代职业教育体系以法律形式予以固定。该法至少有三方面的特点:一是强调职业教育的类型定位。《职业教育法》第三条提出,"职业教育是与普通教育具有同等重要地位的教育类型,是国民教育体系和人力资源开发的重要组成部分,是培养多样化人才、传承技术技能、促进就业创业的重要途径。国家大力发展职业教育,推进职业教育改革,提高职业教育质量,增强职业教育适应性,建立健全适应社会主义市场经济和社会发展需要、符合技术技能人才成长规律的职业教育制度体系,为全面建设社会主义现代化国家提供有力人才和技能支撑"。二是突破职业教育纵向的学历层次。《职业教育法》指出,职业学校教育分为中等职业学校教育、高等职业学校教育。中等职业学校教育由高级中等教育层次的中等职业学校(含技工学校)实施,高等职业学校教育包括高等职业学校和普通高等学校实施的专科、本科及以上教育层次。"本科及以上教育层次"的提出,体现了职业教育办学层次上的突破,

---

①习近平对职业教育工作作出重要指示[N].人民日报,2021-04-14(1).

既能满足新时代经济社会发展和人才培养的客观需要,也符合职业教育发展的内在规律和世界职业教育发展的趋势。三是促进职业教育与普通教育、继续教育相衔接。《职业教育法》明确,职业学校教育和职业培训并重,职业培训包括就业前培训、在职培训、再就业培训及其他职业性培训。职业教育与普通教育相互融通,国家建立健全各级各类学校教育与职业培训学分、资历以及其他学习成果的认证、积累和转换机制,推进职业教育国家学分银行建设,促进职业教育与普通教育的学习成果融通、互认,服务全民终身学习与发展。

(二)纵向贯通、横向融通的现代职业教育体系发展

一是不同层次职业教育纵向贯通加快推进。2020年,教育部等九部门印发的《职业教育提质培优行动计划(2020—2023年)》提出了推进职业教育协调发展,强化中等职业教育的基础性作用,巩固高等职业教育的主体地位,稳步发展高层次职业教育。根据2021年全国教育事业统计数据结果,全国普通高中招生904.95万人,在校生2605.03万人。中等职业学校招生488.99万人,在校生1311.81万人。2021年全国普通高中招生人数占高中阶段教育的64.9%。中国特色现代职业教育体系要求把发展中等职业教育作为职业教育类型发展的重要基础,保持高中阶段教育职普协调发展。随着产业升级与结构调整,中等职业教育以就业为导向的定位已逐渐转变成升学与就业并重。根据北京大学中国教育财政科学研究所2020年全国中职毕业生抽样调查,在近2万份样本中,就业的比例仅为35%,升入高等学校继续学业的约65%,其中约10%升入普通本科学校。在升学渠道上,对口单招比例为49.5%,"3+2"、五年一贯制、中本贯通等各种直升比例为41.6%,选择普通高考的约占8.9%。[①]值得注意的是,从实践的时间来看,升入本科学校的学生实践时间平均仅为1.8个月,升入大专的学生平均2.7个月,就业的学生则为3.9个月。这与职业教育类型特色的发展要求有一定距离,即使是升学转向,中等职业学校依然不能忽视为高等职业教育输送具有基本文化基础和坚实技术技能基础的生源,"职业技能"是所有中职生的一项基础要求,不能因为升学而过于强化文化课程的学习。文化素质与职业技能对中

---

① 田志磊.中职学生 谁在升学[N].中国青年报,2022-04-11(6).

职生的培养同等重要。

高等职业教育是职业教育体系的主体。2021年全国教育事业统计数据结果显示,全国共有高等学校3012所,其中,普通本科学校1238所,高职(专科)院校1486所。《国家职业教育改革实施方案》颁布后,国家高度重视高等职业教育的发展,发展专科高等职业教育以优化高等教育结构和培养大国工匠、能工巧匠,培养区域产业发展急需的高素质技术技能人才。2019年,我国启动了中国特色高水平高职(专科)院校和专业建设计划(以下简称"双高计划"),集中力量建设56所高水平高职(专科)院校(见表1-1)和141个高水平专业群(见表1-2),打造高层次技术技能人才培养高地和技术技能创新服务平台,支撑国家重点产业、区域支柱产业发展,引领新时代职业教育实现高质量发展。

表1-1 高水平高职(专科)院校建设单位名单(A档)

序号	学校名称	专业群名称
1	北京电子科技职业学院	汽车制造与装配技术、药品生物技术
2	天津市职业大学	眼视光技术、包装工程技术
3	江苏农林职业技术学院	现代农业技术、园林技术
4	无锡职业技术学院	数控技术、物联网应用技术
5	金华职业技术学院	机械制造与自动化、学前教育
6	浙江机电职业技术学院	机械制造与自动化、智能控制技术
7	山东商业职业技术学院	市场营销、云计算技术与应用
8	黄河水利职业技术学院	水利水电建筑工程、测绘地理信息技术
9	深圳职业技术学院	通信技术、电子信息工程技术
10	陕西工业职业技术学院	机械制造与自动化、材料成型与控制技术

注:高水平高职(专科)院校建设单位共计56所,分为A、B、C三档,其中A档10所,B档20所,C档26所。本表仅列出A档。

表1-2 高水平专业群建设名单(A档)

序号	学校名称	专业群名称
1	北京农业职业学院	园艺技术
2	北京信息职业技术学院	信息安全与管理

续表

序号	学校名称	专业群名称
3	天津电子信息职业技术学院	软件技术
4	天津现代职业技术学院	无人机应用技术
5	邢台职业技术学院	汽车检测与维修技术
6	山西工程职业学院	黑色冶金技术
7	辽宁农业职业技术学院	园艺技术
8	长春职业技术学院	计算机网络技术
9	黑龙江农业经济职业学院	作物生产技术
10	黑龙江建筑职业技术学院	市政工程技术
11	江苏建筑职业技术学院	建筑装饰工程技术
12	浙江建设职业技术学院	工程造价
13	安徽机电职业技术学院	工业机器人技术
14	安徽商贸职业技术学院	电子商务
15	福建信息职业技术学院	物联网应用技术
16	江西应用技术职业学院	国土资源调查与管理
17	山东科技职业学院	服装设计与工艺
18	黄冈职业技术学院	建筑钢结构工程技术
19	武汉职业技术学院	光电技术应用
20	湖南工业职业技术学院	数控技术
21	湖南工艺美术职业学院	刺绣设计与工艺
22	湖南汽车工程职业学院	汽车智能技术
23	重庆城市管理职业学院	老年服务与管理
24	成都航空职业技术学院	飞行器制造技术
25	四川交通职业技术学院	道路桥梁工程技术
26	兰州石化职业技术学院	石油化工技术

注：高水平专业群建设单位共141所，分为A、B、C三档，其中A档26所，B档59所，C档56所。本表仅列出A档。

2019年，第一轮"双高计划"启动（每轮支持周期为五年），财政部对现代职业教育的发展给予大力支持。在具体标准方面，对于高水平高职（专科）院校，A档每所奖补支持5000万元，B档2500万元，C档1000万元。对于高水平专业群，A档每所奖补支持1000万元，B档700万元，C档400万元。在此基础上，各省市对入选"双高计划"的院校均有不同力度的配套支持，并且有的省市还开展了省市域层面的高水平高职（专科）院校与专业群建设，极大地提升了高等职业教育的能力与水平，国际影响力显著提高。

高层次职业教育稳步发展既是现代职业教育体系的主方向，也是推动不同层次职业教育纵向贯通的关键。《职业教育提质培优行动计划（2020—2023年）》的主要任务是，把发展本科层次职业教育作为完善现代职业教育体系的关键一环，培养高素质创新型技术技能人才，畅通技术技能人才成长通道。稳步推进本科层次职业教育试点，支持符合条件的中国特色高水平高职（专科）院校建设单位试办本科层次职业教育专业。推动具备条件的普通本科学校向应用型转变。根据产业需要和行业特点，适度扩大专业学位硕士研究生、博士研究生培养规模，推动各地发展以职业需求为导向、以实践能力培养为重点、以产学研用结合为途径的专业学位研究生培养模式。目前，国家在推动高层次职业教育方面有三大重要举措：一是出台本科层次职业学校设置与专业设置管理办法，为高水平高职（专科）院校升格或设置本科层次职业教育专业提供依据。二是开展本科层次职业教育试点，打破职业教育只有专科层次的瓶颈。2019年，教育部明确15所高职（专科）院校升格为本科层次职业学校，开展本科层次职业教育试点。根据2021年全国教育事业统计数据结果，全国共有32所本科层次职业学校，招生4.14万人，在校生12.93万人，打破了职业教育缺少高层次人才的"断头路"局面，为职业教育类型体系的纵向贯通拓展了通道。三是高层次职业教育规划先行，稳中有进。教育部多次明确表示支持本科层次职业教育发展。2021年7月，教育部《关于"十四五"时期高等学校设置工作的意见》提出，以优质高等职业学校为基础，支持一批国家高职（专科）院校升格为本科层次职业学校，稳步发展本科层次职业学校。同时鼓励高水平应用型普通本科学校申请设置本科层次职业教育专业。

（三）我国现代职业教育体系发展的特点

我国现代职业教育体系与普通教育体系、继续教育体系共同组成中国特色的现代教育体系，强调纵向贯通、横向融通，为全国终身学习与终身发展服务,为建成技能型社会服务,努力在2035年实现职业教育供给与经济社会发展需求高度匹配,职业教育整体水平进入世界前列。现代职业教育体系的根本是职业教育的类型特色。强化职业教育类型特色,推进不同层次职业教育纵向贯通,系统构建从中职、高职、本科到研究生的培养体系,满足各层次技术技能人才的教育需求,服务一线劳动者的职业成长。拓宽高等职业学校招收中等职业学校毕业生、应用型本科学校招收职业学校毕业生通道,打开职业学校学生的成长空间。在确有需要的职业领域,可以实行中职、高职、本科贯通培养。促进不同类型教育横向融通,建立职业教育和普通教育双向沟通的桥梁。推动普通高校和职业学校开展课程、学分互认。加快以考试方式实现普通高校和职业学校学生相互转学或升学。普通高校也能招收职业学校毕业生,并与职业学校联合培养高层次应用型人才。

　　现代职业教育体系"纵向贯通、横向融通"的建构逻辑,为现代职业教育高质量发展提供了强有力的政策依据和实践支撑。陈春丹等人对2010年以来中国知网数据库中有关现代职业教育体系的研究文献进行了整理和归纳,通过文献分析发现,研究人员普遍认为我国现代职业教育体系具有以下特征:(1)现代性。现代职业教育体系符合中国特色社会主义经济发展需求和国际职业教育的发展趋势,是体现中国特色、世界一流的职业教育。坚持政府统筹规划,中央政府加强对现代职业教育体系的顶层设计,完善体系建设、管理、运行的法律法规和基本制度。扩大省级政府统筹权,鼓励各地根据区域经济社会发展需要,探索体系建设模式,推动职业教育多样化、多形式发展。坚持职业教育面向国家战略,对接区域产业需求,服务地方社会经济,做到专业对接产业、课程对接职位、教学过程对接生产过程,进一步调整优化专业结构、课程体系和教学内容,深化产教融合、校企合作,积极推进政府统筹,形成社会多元办学格局。(2)交融性。强调畅通职普之间的沟通渠道,使二者彼此融合,一起构成我国现代教育体系。建立起人才沟通"立交桥",实现人才的多边发展,拓宽人才灵活选择不同教育类型的空间。(3)衔接性。根据层次划分,职业教育可分为初等职业教育、中等职业教育和高等职业教育三个层次;根据学历划分,职业教育除了中等职业教育和高等职业教育,还有专业本科、专业硕士和专业博士。因此,现代职业教育体系需要实现各个层次的有效衔接,形成良好的人才上升渠道。(4)开放性。现代职业教育体系是一个具有包容性、开放性并且动态发展的体系,能够同时融合国内外职业教育,并紧跟时代的发展趋势。坚持市场需求导向。充分发挥市场在资源配置中的决定性作用,扩大职业学校办学自主权,推动学校面向社会需求办学,增强现代职业教育体系适应市场经济的能力。充分吸引社会力量,使更多的资源聚集到职业教育,促进政府、企业、社会三方面办学的协调发展。大力推动政府、企业、社会各方面发挥积极作用,激发职业教育办学活力,充分释放改革红利。坚持产教融合发展。走中国特色现代职业教育体制改革开放、融合、创新的路子,把职业教育与经济社会发展和改革开放进程相结合,使职业教育与产业需求、课程内容与职业标准、教学过程与生产过程相对接,推动专业设置与产业需求、课程内容与职业标准、教学过程与生产过程对接,实现职业教育与技术进步、生产方式变革及社会公共服务相适应,促进经济提质增效升级。(5)终身性。职业教育是终身教育的一环,现代职业教育不仅仅包括职业学校教育,也包括职业培训。在终身教育体系下,"职前—职中—职后"都成为发展人才的关键点,可有效实现人才的可持续发展。基于经济社会发展需求,职业学校确定了人才培养的规格层次、方式、专业体系和质量标准。打通一线职工继续进修的途径,扩大具有专业技术技能和工作经历的毕业生比例,构建"学习—就业—再学习"的通道,打通优秀人才在职业领域与教育领域的转换道路。

第四节　现代职业教育体系的专本研衔接逻辑

职业教育是一种以服务为宗旨、就业为导向,培养适应生产、建设、服务、管理所需的技术技能人才的类型教育。培养技术技能人才是职业教育类型的总定位,但中职、高职、本科或者更高层次的职业教育应该有不同的具体定位,如本科层次职业教育培养高层次技术技能人才。当前,我国中等教育阶段职普规模大致相当,高等教育阶段高等职业教育占有半壁江山。随着产业不断升级与经济结构加快调整,以及广大人民群众对本科及以上层次职业教育的需求越来越大,加快构建纵向贯通、横向融通的中国特色现代职业教育体系,改革专本研职业教育学制体系,实现职业教育学历层次建设的纵向贯通,是未来职业教育体系高质量发展的核心任务。

一、巩固职业教育类型定位

何谓类型?《现代汉语词典》对其的解释为"具有共同性质、特点的事物形成的类别"。职业教育对类型属性的追求可追溯至其诞生之初。第一次工业革命后,随着资产阶级力量的不断增强和民族国家的兴起,学徒制逐渐与普通教育相结合,学校职业教育正式诞生。这一形式大大提升了劳动力的知识文化水平,但也在很大程度上禁锢了职业教育自身独特的人才培养模式。因此,也赋予了学校职业教育不断探索其类型属性的特征。

何谓类型教育? 在不同的发展阶段职业教育的定义也不尽相同。自18世纪现代职业教育萌芽到20世纪上半叶,大多数国家尚未建立起健全的职业教育体系,初等、中等和高等职业教育各层次之间仍然处于相互割裂的状态。这一时期的职业教育对于类型属性的追求便停留在各层次职业教育内部,主要在人才培养模式、办学模式和教学模式等方面体现出其作为类型教育的特殊性。例如,在人才培养模式方面,强调与企业进行联合培养,在教学模式上则要突出实践性特征。随着智能化时代的到来,职业结构的变化对职业教育体系的建设与完善提出了全新的要求。因此,新时代职业教育对于类型属性的追求便发生了转变,即需要从整体角度去界定其类型特征。换句话说,要把职业教育看作一种教育类型,需要把职业教育建设成一个"独立而健全"的体系。其中,独立是指不依赖于普通教育,能够实现从招生到就业、从职前到职后的教育闭环;健全是指要能够打通中高本研的通道,实现技能型人才高层次化。

独立的职业教育体系首先需要顶层设计普、职独立考试的招生制度,也就是建立专门的职教高考制度。现有的职业教育升学路径如"三校生高考"、中高职贯通、中本贯通等具有地区差异性,在一定程度上也限制了中职生升学的比例,不够完善。而全国统一高考更不利于中职生公平参与竞争。一方面,其采取的是分批次(或分段)投档的机制,绝大多数未达到本科线(或一段投档线)的学生才会选择进入高职(专科)院校,这大大降低了高职

(专科)院校的招生质量；另一方面，考试内容也以文化知识为主，这对于中职生来说无疑增加了难度。在此情况下，职业学校也会更加强调学生文化课的学习，而忽视专业技术技能的学习，在很大程度上削弱了职业教育的类型属性。

职教高考制度则能在很大程度上促进中高职衔接、中本衔接。随着国家对高层次技术技能人才的需求越来越强烈，职业教育的高层次化愈加明显，具体表现为高等职业教育的不断扩招和本科层次职业教育的快速发展。在此背景下，原来以就业为导向的中等职业教育逐渐演变成职业教育的基础阶段。而职教高考制度能够明确中等职业教育阶段的主要学习内容，进而使得中等职业教育真正成为高等职业教育和本科层次职业教育的基础阶段，为中职生的进一步深造求学打下良好基础，真正打通中高职衔接、中本衔接的通道。新修订的《职业教育法》第37条明确规定，国家建立符合职业教育特点的考试招生制度。"中等职业学校可以按照国家有关规定，在有关专业实行与高等职业学校教育的贯通招生和培养。高等职业学校可以按照国家有关规定，采取文化素质与职业技能相结合的考核方式招收学生；对有突出贡献的技术技能人才，经考核合格，可以破格录取。"这为中高职衔接、中本衔接，扩大高层次技术技能人才培养规模提供了法律保障。

二、完善职业人才衔接培养体系

从我国现代职业教育体系的发展历程可以看出，2010年之前，尽管国家开始关注职业教育质量的提升和层次结构的调整，先后出台了《关于大力推进职业教育改革与发展的决定》《关于大力发展职业教育的决定》等重要文件，中等职业教育和高等职业教育的吸引力均有所增加，但这一时期国家政策对中高职衔接的关注度不高。在经济社会对高素质劳动者和高层次技术技能人才需求增大的背景下，进入21世纪第二个十年后，我国职业教育开始从局部发展转向体系化发展，加强不同层次职业教育之间的衔接成为我国政策的关注重点。《国家中长期教育改革和发展规划纲要(2010—2020年)》提出要形成中等职业教育和高等职业教育协调发展的现代职业教育体系。教育部颁布实施了《关于推进中等和高等职业教育协调发展的指导意见》《关于推进高等职业教育改革创新引领职业教育科学发展的若干意见》

《关于积极推进高等职业教育考试招生制度改革的指导意见》等,对中高职衔接与协调发展做出系列部署,将中等职业教育和高等职业教育协调发展作为建设现代职业教育体系的重要任务,并且提出在维护中等职业教育的基础性地位和高等职业教育的引领地位基础上,探索本科技能型人才和专硕培养制度。

　　学制体系改革和中高职衔接是现代职业教育体系建设的核心和关键。确立完善学制体系,是职业教育成熟发展的重要标志之一。[①]2012—2013年,我国力求通过一定的方式将中等职业教育和高等职业教育的专业设置、课程体系、教学模式、学制学分、职业证书等多方面内容有机联系起来。中等职业教育逐渐转变成为职业教育的基础阶段,众多中职生进一步提升学历层次和技能水平,再加上高等职业教育的快速发展,高等职业学校逐渐面向中等职业学校招生,职业教育人才培养的"立交桥"初步形成。《现代职业教育体系建设规划(2014—2020年)》提出,以中高职衔接为突破口,着力建立并完善职业人才衔接培养体系。中高职衔接着力推进了中等职业教育和高等职业教育培养目标、专业设置、课程体系、教学过程等方面的衔接。探索对口合作、集团化发展等多形式的衔接方式。逐步扩大职业学校自主招生权和学习者自主选择权,形成多种方式、多次选择的衔接机制和衔接路径。继续完善以初中为起点的五年制高职院校,主要面向学前教育、护理、健康服务、社区服务等特殊专业领域,培养兼具较高文化素质和专业技术技能的专门人才。强化学历、学位和职业资格衔接,研究探索符合职业教育特点的学位制度,逐步实现职业教育学历、学位证书体系与职业资格证书体系的有机衔接。

三、探索突破高等职业教育层次

　　构建现代职业教育体系的逻辑起点,是适应产业升级与经济结构调整对高层次技术技能人才的需求。从技术技能人才供需关系看,高层次技术技能人才短缺,远远不能满足我国从制造大国向制造强国转型的需求。根据人力资源和社会保障部公布的数据信息,目前,我国技能劳动者已经超过2亿人,其中高技能人才仅5000万人左右。高级蓝领人才奇缺,技能型人才

---

①刘任熊,黄利文.构建现代职业教育体系的探索[J].中国高等教育,2020(6):60-61.

难求,结构不优、素质不高问题突出,"技工荒"成为制造业发展的一个瓶颈。注重中等职业教育和高等职业教育协调发展,突破高层次技术技能人才培养的局限,系统培养人才,已成为我国现代职业教育的主要任务。

全国各地在加强中等职业教育基础地位、创新发展高等职业教育的同时,不同程度地开展提升职业教育学历层次的多样化探索。一是在已有学历层次之间保持纵向流动,衔接贯通现有中等职业教育和高等职业教育,例如五年一贯制、六年一贯制,"3+2"或"2+3"贯通制,"4+2""2+3""3+2""3+3"分段式衔接模式。二是以本科层次职业教育建设为突破口,探索突破更高层次的职业教育。从近些年国家与省域层面高等职业教育的探索实践看,中高本打通培养高层次技术技能人才是一种模式,如中职本科一体("3+4")、高职本科一体("4+0")。以江苏省为例,政策上,江苏省政府发布了《关于加快推进现代职业教育体系建设的实施意见》,提出探索发展应用技术型本科教育,加快发展专业学位研究生教育。实践上,江苏完善中职本科分段培养的"3+4"模式、高职本科分段培养的"3+2"模式、高职本科合作培养的"4+0"模式等。2015年,浙江五所国家示范性(骨干)高职(专科)院校与五所普通本科学校等联合培养应用型本科人才,促进高职(专科)院校与普通本科学校紧密合作,加强普通本科学校应用技术技能型专业人才培养,扩大高层次技术技能人才培养规模,迄今分两批试点四年制高等职业教育(本科)专业16个。教育部与山东省政府在2020年1月共同印发了《关于整省推进提质培优建设职业教育创新发展高地的意见》,支持山东长学制培养高层次技术技能人才。山东省首开职业教育创新发展高地建设,随后其他六个省整省推进职业教育提质培优,教育部在改革支持清单中明确支持各省(区、市)探索开展长学制高层次技术技能人才培养,并在政策上予以支持。

提升职业教育学历层次的另一种模式是高职(专科)院校升格为本科层次职业学校,或独立学院转设为本科层次职业学校,或高职(专科)院校与独立学院合并转设。高等职业教育发展经过20多年的快速发展,经历了示范性(骨干)、专科高职优质校、"双高计划"三个提升工程建设,全国1400余所高职(专科)院校中已经涌现了一批办学基础强、培养质量优、社会认可度高的学校,这些学校已经具备了"升格"为本科层次职业学校的条件。从社会需求看,2021年全国高等教育毛入学率已经超过了57%,人民群众对本科及以上层次的教育需求更加旺盛,结合产业升级与技术革命对高层次技术技能人才的需求,现代职业教育体系需要,协调发展本科及以上层次的高等职业教育。当前,现代职业教育体系建设已经进入快速发展期,推动职业教育的高层次化、完善高层次应用型人才培养体系的建设成为政策关注的重点,其中,在普通高等学校之外发展本科及以上层次职业教育是重要举措。2022年,新修订的《职业教育法》从立法层面指出高等职业学校对应于普通高等学校,并且包括专科、本科及以上层次。《国家职业教育改革实施方案》直接推动了本科层次职业学校的发展,2019—2020年先后有22所高职(专科)院校升格为本科层次职业学校,截至目前,全国共有32所本科层次职业学校,其中,高职(专科)院校升格22所,独立学院转设一所,高职(专科)院校与独立学院合并转设九所。从区域分布看,河北、山东、江西各有三所,陕西、广西、广东、山西、甘肃、浙江各有两所,河南、四川、湖南、上海、江苏、新疆、重庆、海南、福建、辽宁、贵州等各有一所。从办学主体看,民办学校22所,公办学校10所。本科层次职业学校的建立与发展,推动了国家政策制度层面的建设和完善。《本科层次职业学校设置标准(试行)》《本科层次职业教育专业设置管理办法(试行)》《关于做好本科层次职业学校学士学位授权与授予工作的意见》等文件对本科层次职业学校的专业设置、条件建设与学位授予标准提出了规范要求,必将促进本科层次职业教育的健康持续发展。值得一提的是,作为落实2021年全国职业教育大会精神的制度文本,中共中央办公厅、国务院办公厅印发的《关于推动现代职业教育高质量发展的意见》提出,2025年主要目标是职业教育类型特色更加鲜明,现代职业教育体系基本建成,技能型社会建设全面推进。办学格局更加优化,办学条件大幅改善,本科层次职业教育招生规模不低于高等职业教育招生规模的10%,职业教育吸引力和培养质量显著提高。本科层次职业教育的规模目标明确了高等职业教育加快提升学历层次的要求,为推动职业教育高层次化发展提供了制度保障。

　　不难发现,近十年的职业教育高层次化发展主要局限在中高职衔接(或中高职贯通)及高职(专科)院校"升格"为本科层次职业学校等狭窄通道之中。2020年,教育部等九部门印发了《职业教育提质培优行动计划(2020—2023年)》,强调稳步发展高层次职业教育,适度扩大专业学位硕博培养规模,推动以职业需求为导向、以实践能力培养为重点、以产学研用结合为途径的专业学位研究生培养模式。2021年,《中华人民共和国国民经济和社会发展第十四个五年规划和2035年远景目标纲要》提出完善职业教育国家标准,实现职业教育与普通教育双向互认、纵向流动的明确要求。在这一背景下,推动职业教育的专本研衔接势在必行。

体系化是类型教育视野下职业教育的外延特征。职业教育的类型体系是一个从中高本硕学制层级进行建构的完整体系,有助于打破职业教育止步于专科层次的天花板,并在此基础上建立起纵向贯通、横向融通的现代职业教育体系。[①]因此,以构建独立完善的现代职业教育体系为契机,以培养高层次技术技能人才为宗旨,突破传统体制机制的瓶颈,探索中国特色的专本研衔接路径,是推进职业教育作为类型教育高质量发展的重要课题。

---

①徐晔.职业教育"类型教育"生态系统的结构及功能探究[J].中国人民大学教育学刊,2021(1):130.

第二章　职业教育专本研衔接的政策变迁

职业教育政策随着时代和社会发展不断演进,分析各个时期的职业教育政策,可以窥见从新中国成立至今70余年的职业教育历史变迁。职业教育政策在经济发展、社会变革以及新体制形成的基础上发生了巨大变化,梳理职业教育政策的发展历程,有助于理解职业教育内涵,促进职业教育专本研衔接路径研究。新中国成立以来,我国职业教育政策的发展大致包括四个阶段:职业教育政策探索阶段(1949—1978年)、职业教育层次结构变革阶段(1978—1998年)、职业教育层次衔接发展阶段(1998—2014年)以及职业教育类型制度完善阶段(2014年至今)。

第一节　职业教育政策探索阶段的教育政策

新中国成立之初到改革开放之前是职业教育政策的探索期,这一时期经历了职业教育政策以恢复国内经济,解决失业群众生计问题为出发点,到改变旧中等专业技术教育制度与实践偏离的状况,再到职业教育受到"文革"冲击,在"文革"后期逐渐恢复等几个阶段。

新中国成立之初,受国内外形势发展的影响,我国采取了单边外交政策,与苏联进行了密切合作。因此,在职业教育政策上一度模仿苏联模式,这对后来中国中专教育的发展产生了深远影响。苏联模式的特点是采用统一的招生制度,学生进入专门的中等专业技术学校,学习相关的理论知识和实践技能,毕业时获得相应的职业资格和文凭,再根据生产技术员、技师等相应的工作岗位进行安排。1957年至1966年是我国社会主义建设探索时期,中共八大提出要把重点放在发展社会生产力和实现国家工业化上,使我国由落后的农业国逐渐向先进的工业国过渡,要达到这一目标,就必须加强职业教育。这一时期主要关注的是职业教育公平,尤其是招生录取和就业分配方面的公平,针对这两方面国家出台了一系列政策。1966年"文革"开始后,职业教育机构和政策都受到巨大冲击,教育政策与意识形态、阶级斗争紧密关联,职业教育受到严重破坏。但在该背景下,农村地区职业教育和培训的发展与农村的实际情况更加紧密地联系起来,客观上促进了农村职业教育和培训的发展。

在1949年12月的全国教育会议上,有人提出,教育应该为国家建设服务,学校应该向工人和农民开放,教育工作的发展方针应该是普及和提高相结合,同时提出,我国现阶段办新教育要吸取旧教育有用的经验,借鉴苏联的先进经验。新中国成立之初,全国职业学校不足1000所,当时高等职业教育体系已不能满足新时期发展的需要。在新中国成立之前的职业教育办学体制下,职业学校的办学目的是培养合格的生产者。在这一办学体制下,职业教育虽有明确定位,但在一定程度上导致岗位固化,对毕业生来说职业转型几乎不可能实现,并且由于当时职业学校基础设施建设比较薄弱,培养的专业技术人员难以适应社会发展的要求。

1949年,《中国人民政治协商会议共同纲领》提出"有计划有步骤地实行普及教育,加强中等教育和高等教育,注重技术教育",并且第一次以制度的形式明确了"文化教育是新民主主义的教育,即民族、科学和大众的文化教育"。结合当时的社会形势,创新性提出了实行学徒制人才培养模式,国家制定了一系列政策,以促进企业技术水平提升,因此这些政策也得到了企业的积极响应。1950年,政务院发布的《关于开展职工业余教育的指示》提出,要大力推进职工教育改革,支持和鼓励"文盲"工人到职工学校读书,[1]扩大教师队伍,在本单位选择有文化、识字的员工和家庭成员为教师,明确提出各大企业的技术教育应当在工作之外的时间通过技术训练班、研究班等

---

①武智. 新中国职业教育政策变迁研究(1949—2019)——基于历史制度主义的视角[D]. 扬州:扬州大学,2021.

方式开展。在各级政府教育部门的领导、工会组织的帮助下,与其他相关领域合作,设立了各级职工业余教育委员会,计划和推动职工业余教育的相关工作。同年,国家颁布《专科学校暂行规程》,对职工学校的办学思想、教学方法进行了较为详细的阐述,并提出要根据新民主主义社会的现实需要,培养一批精通现代科学技术,同时又能为人民服务的专业技术人员。1952年,教育部出台了《中等技术学校的暂行实施办法》,规定中等技术学校的一切工作都要按照中央教育部的统一规定,在中央政府、大行政区和省级人民政府有关业务部门的直接监督下进行。1953年,高等教育部颁布了《关于中等技术学校设置专业的原则通知》,制定了中等职业学校的专业设置方案。1954年,《技工学校暂行办法(草案)》颁布,这是新中国技术教育体系初步建立的重要标志。该文件提出,各产业主管部门要在技工学院发展的基础上,提供相应的政策扶持。为了确保公平录取,同年颁布的《中等专业学校章程》提出,所有15岁至25岁的中华人民共和国公民,只要完成了中学教育或具有同等的学术能力,就可以申请进入中等专业学校学习,工农干部、产业工人、少数民族青年放宽到30岁。同年颁布的《技工学校暂行办法》第21条规定,在就业分配方面,技工学校的毕业生由其产业管理部门分配工作,这一规定虽在一定程度上保障了学生就业,但也阻断了其横向流通。并且,为满足用工需求,职业学校专业设置覆盖面广,导致各个学校专业设置重复,职业教育资源难以均衡配置,影响了中等职业学校教学质量和人才培养质量。另外,由于各学校无法满足所有专业的需求,也就难以满足部分专业的人才需求,因此,部分毕业生没有合适的工作岗位。1955年,《关于提高教学工作质量的决议》的颁布,标志着我国从重视职业学校数量向重视教育质量转变。1958年,中共中央、国务院发布《关于教育工作的指示》,提出教育要为无产阶级的政治服务,与劳动生产相结合,更快地、可持续地发展教育。这一时期,我国的职业教育政策主要是推广和研究半工半读等职业教育。1957年至1966年是中国社会主义建设的探索时期,这一时期的职业教育政策主要是面向经济和社会发展,在政策调整上也能与社会、经济发展保持同步,有利于职业学校的创办和扩大学生规模。1957年,国务院制定了详细的学徒制度。1963年,周恩来总理在《关于中小学和职业教育问题的讲话》中明确指出,必须大力发展职业教育,建立更多的职业学校。1964年至1966年,国家出台了一系列文件,提出教育部门需要特别关注职业教育、普通教育和技术教育之间的协调发展,中等专业学校是国家教育建设的重点,职工学校和技工学校的发展建设也要同步进行,然而,职业教育的发展计划受到特殊事件的影响而搁置,没有落到实处。1971年,全国教育工作会议在北京召开,各地代表发表了自己的看法,会议指出大学教育现阶段无法适应国家对大批人才的需要,而中等专业学校和技工学校在普及科学文化知识、为国家输送人才等方面发挥了很大作用,因此决定恢复职业教育并给予政策支持,各级政府也高度重视并开始着手职业教育恢复工作,一大批中等专业学校和技工学校得到了一定程度的恢复和发展。

这一时期的职业教育政策最初具有中央集权式的职业教育资源调配特点,能够快速整合教育资源,促进职业教育发展。到社会主义建设探索阶段,逐渐形成了适合中国国情的职教发展模式,半耕半读、半工半读的职业教育办学模式被广泛推广。在"文革"这一特殊历史时期,职业教育受到了过度的政治干预,虽在客观上满足了政治需求,但却遭到了严重破坏。综上所述,从新中国成立到改革开放前,中国的职业教育政策发展一直很不稳定,经历了近30年的起伏。新中国成立之初为培养大量技术工人而忽视了职业教育的教育性;在全面建设社会主义的探索时期受"大跃进"影响,职业教育政策忽视了职业教育规律性;在"文革"期间,许多职业教育政策无法得到有效落实,严重影响了中国职业教育体系的健康发展。[1]

第二节 职业教育层次结构变革阶段的教育政策

1978年党的十一届三中全会召开后,我国出现了许多新兴行业,呈现出快速发展的态势,在这一背景下,国家对职业教育的需求愈加迫切。由于"文革"时期职业教育受到较大冲击,技术人才严重短缺,改革开放后为改善职业教育,国家提出要调整职业教育体系和教育结构。随着我国经济发展

---

①武智. 新中国职业教育政策变迁研究(1949—2019)——基于历史制度主义的视角[D]. 扬州:扬州大学,2021.

和产业结构的快速升级,大力发展高等职业教育已成为必然趋势。同时,经济社会发展也让我国职业教育面临新的挑战,调整职业教育政策是顺应社会发展的需要。这一时期职业教育的发展主要集中于中等职业教育,高等职业教育的发展规模很小,基本处于缺位状态。

1980年,教育部颁布的《关于全日制中等专业学校领导管理体制的暂行规定》明确指出,为培养大量又红又专的中等专业人才,需要加强对中等专业学校的统筹管理。中等专业学校要实施"分工分级,按系统归口"的管理制度,不同归属的中等专业学校由不同机构管理,可以由部委直接领导,或接受有关部委及省(区、市)双重领导,或由业务部门主管,指明了中等专业学校的管理改革方向,对中等专业学校教育质量的提高产生了重要影响。同时,该文件提出,由教育部和其他有关部委制定并发布中等专业学校专业目录,对工科通用的技术基础课教学大纲和教材进行编选审定。1980年,《关于中等教育结构改革的报告》指出,职业教育的发展不能仅依靠教育部门,应该发动各级政府和相关部门,各省应成立管理机构,各部门也应该做好规划,教育部门、各级政府和各部门都应积极投身中等职业教育结构改革中。为提升职业教育人才培养质量,劳动人事部在1983年颁布的《关于改革技工学校毕业生分配制度等问题的意见》中指出,要在师资队伍建设和办学条件方面不断改进,完善教学工作,提高教学质量,让技工学校在人才培养方面成为中坚力量,培养出更多优秀的中级技术工人。1982年底前招收的学生可按原规定上岗,1983年以后招收的学生不再保证100%就业,而是择优分配,不合格者不予分配。1985年,中共中央发布的《关于教育体制改革的决定》提出了职业教育体制改革的专项方案,这一政策的出台也标志着中国职业教育的发展进入了一个新阶段。文件规定,要大力发展职业教育,引导一部分高中毕业生进入普通本科学校,另一部分则进入职业学校。该决定首次提出建立"高等职业教育",设想建立从初级到高级的职业教育体系,在全国范围内开办高职(专科)院校,并在此基础上形成相应的行业配套机制。这一政策还明确,高中毕业生可选择普通本科学校或高职(专科)院校两种升学途径,在此背景下,我国职业教育结构趋于完善,中高职衔接、职普贯通的职业教育"立交桥"已初步成型,这对职业教育与普通教育的衔接具有重要意义。1991年,国务院发布的《关于大力发展职业技术教育的决定》规定，要加大对本科层次职业学校的改革力度，建立一批有影响力的高职（专科）院校，到20世纪末构建起有中国特色的职业教育体系。1993年，中共中央、国务院颁布的《中国教育改革和发展纲要》明确了校长负责制，提出校长应在贯彻国家方针政策的同时，结合院校实际情况推动职业教育发展，同时提出了中央与省（区、市）分级管理制度，政府角色也由管理向指导监督过渡，学校有了更大的办学自主权。1994年，《国家教育改革与发展纲要》指出，要对现有的本科层次职业学校、部分高等专科学校和独立的成人高校进行办学模式改革，通过调整人才培养目标，促进高等职业教育的快速发展。同年，第二次全国教育工作会议召开，李鹏总理在会上表示，虽然现在人们已经意识到职业教育的问题，但是仍然对职业教育存在歧视，这是一个非常重要和迫切需要解决的问题。1995年，国家教委在《关于开展建设示范性职业大学工作的通知》中提出，要加快建设本科层次职业学校的步伐，提高教学质量。到1995年，全国已有563所试点院校陆续参与尝试高等职业教育体系建设。这种新型的职业教育模式打破了传统自考和高考对成人的束缚，有助于教育体制的改革和现代化，同时促进了中等职业教育和高等职业教育之间的联系，提高了课程的系统性和完整性，使学生的职业知识和技能得到有效发展。1996年，《职业教育法》颁布，为我国职业教育的发展提供了法律依据。

这一时期的职业教育政策在一定程度上推动了职业教育的恢复与发展，中等职业学校的管理水平在政策引导下得以提升，一部分学生尤其是初中毕业生分流进入中等职业学校，不同年龄阶段学生的教育衔接、中等职业教育的结构优化问题在国家重视下得到改善。同时，这一时期的职业教育政策明确了职业教育的重要地位，重点提升了职业教育质量，并引入市场机制推动职业教育走向现代化。但由于高等职业教育的缺位，这一时期职业教育的层次结构体系架构仍不够完善，职业教育的纵向贯通缺乏有效的实体支撑。

第三节　职业教育层次衔接发展阶段的教育政策

随着我国加入WTO,国际交往更加密切,对职业教育高层次化的要求也逐步提高,高速发展的经济需要大批生产一线的高层次技术技能人才,高等职业教育也受到空前重视,职业教育面临发展新形势。1999年,我国相继颁布了促进高等职业教育发展的一系列政策,高职(专科)院校逐渐成为发展高等教育的重要力量,高等职业教育的大众化步伐加快。随着高等教育的发展,社会大众希望选择更高层次的教育,中等职业教育逐渐受到冷落。

2002年7月,全国职业教育工作会议在北京召开,同年出台了《关于大力推进职业教育改革与发展的决定》,该文件明确提出,要深刻认识职业教育在社会主义现代化建设中的重要作用,同时提出要进一步推进职业教育改革工作,构建灵活自主的现代职业教育体系。要求加强中等职业教育与高等职业教育之间,职业教育与普通教育、成人教育之间的沟通衔接,注重中高等职业教育课程体系衔接,提升教育质量,建立起人才培养"立交桥"。要深刻认识职业教育在社会主义现代化建设中的重要地位,推进管理体制和办学体制改革,积极发挥市场机制的作用,充分运用现有职业教育资源,促进职业教育与经济建设、社会发展紧密结合,发动社会力量参与办学,从实际出发,因地制宜地办学,形成多元办学格局。2005年11月,国务院召开第六次全国职业教育工作会议,会议上职业教育的战略地位空前提升,温家宝总理做了题为《大力发展中国特色职业教育》的讲话。会议第一次提出要发展中国特色职业教育,构建完善具有中国特色的现代职业教育体系。同年发布的《关于大力发展职业教育的决定》提出,要以服务社会主义现代化为宗旨,以就业为导向,深化职业教育教学改革,为社会发展培养大量高素质劳动者和高技能专门人才。实施职业教育示范性院校建设计划,重点建设1000所高水平培养高素质应用型人才的示范性中等职业学校和100所示范性高职(专科)院校,促进发挥其示范引领作用,带动全国职业学校进一步发展。2010年7月,《国家中长期教育改革和发展规划纲要(2010—2020)》从职业教育师资队伍建设、人才培养目标等方面展开,提出要重点提升职业教育质量,形成终身教育理念、中等职业教育和高等职业教育协调发展的现代职业教育体系,深化实施中高职衔接人才培养模式,系统培养高素质应用型人才,加强中高职衔接的政策保障,为构建现代职业教育体系奠定基础。2010年11月,教育部印发《中等职业教育改革创新行动计划(2010—2012年)》,为培养数量充足、结构合理的高素质劳动者和技能型人才,提出构建中等职业学校学生成长发展的"立交桥",要为学生的持续职业发展提供广泛的机会和选择,为职业学校教育与职业培训并举、全日制与非全日制并重、学历教育与非学历教育协调发展、职业教育与普通教育相互沟通、职前教育与职后教育有效衔接的现代职业教育体系的形成打下基础。2011年4月教育部发布《关于做好2011年中等职业学校招生工作的通知》,要求各地按照《教育规划纲要》提出的"加快普及高中阶段教育,合理确定普、职学校招生比例,今后一个时期保持普通高中和中等职业学校招生规模总体水平相当"和"2015年中等职业学校在校生和普通高中在校生都达到2250万人"的要求,围绕经济发展方式转变、产业结构调整、产业升级和促进就业的需要,积极调整本地区高中阶段的教育结构,合理确定普、职学校招生比例,保持普通高中和中等职业学校招生规模总体水平相当,推动高中阶段教育科学发展。2011年8月,教育部颁布《关于推进中等和高等职业教育协调发展的指导意见》,明确了中等和高等职业学校定位和办学重点,强调中等职业教育的"基础性作用"和高等职业教育的"引领作用",提出要努力做到学历教育和非学历教育协调发展、普职相互沟通、职前教育和职后教育有效衔接,进而形成相互衔接的多元评价机制。该文件对中高职衔接的培养目标、专业设置、教学条件、招生考试、师资队伍、产教对接、校企合作等多个方面做出了规定。

这一时期的教育政策推动了中等职业教育继续发展,并得到不断提升,高等职业教育也有了较大发展,中等职业教育与高等职业教育间的层次衔接也取得了一定程度的突破。例如,《关于推进中等和高等职业教育协调发展的指导意见》为中高职纵向贯通提供了新的思路,成为各地中等和高等职业学校衔接办学的尝试起点。

第四节　职业教育类型制度完善阶段的教育政策

随着我国经济发展步入新时代,产业转型升级和结构调整的步伐也不断加快,特别是在人工智能、大数据、物联网等技术推动下,产业人口的劳动技能结构亟须调整,解决上述问题的关键是要大力发展职业教育,以满足各行各业对技术技能人才的迫切需求。党的十八大以来,国家高度重视职业教育的发展,一方面,强调中等职业教育的基础性作用;另一方面,高等职业教育也在进一步完善,本科层次职业教育的发展工作也在逐步推进。2014年7月,习近平总书记就加快职业教育发展做出重要指示。2016年12月和2019年4月李克强总理分别对"推进职业教育现代化座谈会"和"全国深化职业教育改革电视电话会议"做出重要批示,强调切实把职业教育摆在更加突出的位置。国家领导人的高度重视,不仅提升了职业教育的地位,也加快推进了职业教育高层次化进程。整体来说,我国以本科层次职业教育为代表的职业教育高层次化发展可分为两个阶段:第一,鼓励技术应用型本科转型;第二,建立本科层次职业教育试点学校。2014年6月,国务院发布的《关于加快发展现代职业教育的决定》提出,要推进中等职业教育、高等职业教育的紧密衔接,充分发挥中等职业教育基础性作用的同时,发挥好高等职业教育优化高等教育结构的重要作用,加强职业教育与普通教育之间的沟通衔接,搭建学生多路径成长成才的"立交桥";着力举办本科层次职业教育,采取试点推动、示范引领等方式,引导一批普通本科高等学校向应用技术类型高等学校转型。此外,为优化高等职业教育结构,建立有效的职业教育质量保障体系,教育部等六部门出台了《现代职业教育体系建设规划(2014—2020年)》,提出要完善五年制高职,并将加速职业教育信息化作为重点任务,系统构建从中职、高职、本科到研究生的培养体系,在确有需要的职业领域,可以实行中职、高职、本科贯通培养,为职业教育一体化人才培养指明了方向。在此之前,职业教育不同层次间的贯通培养由于缺乏明确政策支撑,发展进度比较缓慢。以"中本一体化"人才培养模式改革为例,自2012年江苏省公布《现代职业教育体系建设试点工作实施方案》，实施中等职业教育和应用型本科衔接的"3+4"培养模式试点工作以来，2013—2015年山东、上海、北京等省市陆续推出"职业学校与本科学校对口贯通分段培养"，"中等职业教育—应用本科教育贯通培养""高端技术技能人才贯通培养"等政策，探索中本衔接、中本贯通等本科层次职业教育的实施路径。2018年5月，浙江省教育厅出台了《关于开展中职与应用型本科一体化培养试点工作的通知》，开展了"中本一体化"人才培养的试点工作。尽管各地的政策表述存在差异，但内涵基本一致，即中等职业学校与普通本科学校"3+4"分段衔接系统化培养本科层次专门人才，旨在将中等职业教育与普通本科教育纳入同一培养体系，七年一贯制培养高层次应用型技能人才，从而完善现代职业教育体系框架。2018年，浙江省试点的"中本一体化"项目招生人数为590人，涵盖杭州市中策职业学校、温州市职业中等专业学校等15所职业学校，以及浙江师范大学、浙江科技学院等八所应用型本科学校，招生专业涵盖数字媒体技术、自动化、学前教育、护理学、旅游管理、表演（戏剧表演）等15个专业。2019年，在上述试点基础上，原则上每个设区市各增加一所中等职业学校和一个专业，共计26个班，班额40名。全省共有39所中等职业学校试点招生，对应18所普通本科学校，招生专业23个，计划招生1530人。"3+4"中本一体化作为一种新的人才培养模式，特点在于将传统上彼此独立的中等职业学校与普通本科学校置于同一培养框架之下，三年的职业教育和四年的本科教育不是彼此割裂的两部分，而是"分段合作、一体培养"，进而达到"3+4>7"的效果。

这一时期的职业教育政策推进了地方普通高校转型，丰富了职业教育内涵，提高了高等职业教育的办学质量，各层次职业教育得到了空前发展，我国进入了职业教育类型制度完善阶段。2015年7月，教育部出台了《关于深化职业教育教学改革全面提高人才培养质量的若干意见》，提出要提升系统化人才培养水平，拓宽技术技能人才终身学习渠道，以学分积累与转换制度推进学习成果互认，促进工作实践、在职培训和学历教育互通互转。2015年10月，教育部、国家发展改革委、财政部发布的《关于引导部分地方普通本科高校向应用型转变的指导意见》提出，在中高职衔接领域，建立与普通高中教育、中等职业教育和专科层次高等职业教育的衔接机制，在专业学位研究生人才培养领域,明确具有培养专业学位研究生资格的转型高校要建立以职业需求为导向、以实践能力培养为重点、以产学结合为途径的专业学位研究生培养模式。

职业教育一直以来有着"断头式"教育的标签,被看作是低水平层次的教育。2019年1月,《国家职业教育改革实施方案》开宗明义,明确职业教育与普通教育是两种不同教育类型,具有同等重要地位。"类型教育"这一身份表明,职业教育具备了教育系统内部层次延展性与外部结构体系化特征,层次延展性表现为职业教育与高学历贯通的"立交桥"逐步搭建,职业教育的高层次化不再局限在中高职衔接以及高职(专科)院校"升格"为本科层次职业学校这一狭窄的通道,而是在普通高等学校之外另辟蹊径,建立本科层次及以上职业教育体系。《国家职业教育改革实施方案》提出,开展本科层次职业教育试点工作,在引导一大批普通本科高等学校向应用技术类型转变的同时,推进高等职业教育高质量发展,扩大对初中毕业生实行中高职贯通培养的招生规模,在此基础上开展本科层次职业教育试点,探索长学制培养高层次技术技能人才。《国家职业教育改革实施方案》中,构建现代职业教育体系是其重点关注的内容。事实上,我国职业教育改革重心由规模扩张转移到内涵质量提升后,现代职业教育体系的建设便成为职业教育科学发展的重大战略任务,在此背景下,职业教育内部层级结构的调整与外部普通教育的沟通衔接都显得尤为重要,职业教育高层次衔接成为推动现代职业教育体系建设的重要一环。同年5月,教育部公布首批15所本科层次职业学校试点名单。同年8月,教育部等四部门印发《深化新时代职业教育"双师型"教师队伍建设改革实施方案》,突出"双师型"教师个体成长和"双师型"教学团队建设相结合,通过提高教师教育教学能力和专业实践能力,提升职业学校"双师型"教师队伍建设水平,为培养大批高层次技术技能人才提供有力的师资保障。同年12月,《职业教育法修订草案(征求意见稿)》从立法层面提出了"职业高等学校"的概念,明确指出职业高等学校对应于普通高等学校,包括专科、本科层次,意味着中等职业教育向本科及以上层次跃迁的内部通道已经打开;结构体系化表现为一大批普通本科高等学校向应用型转变以后,将更有利于职业教育与普通教育的相互沟通,成百上千的应用型本科学校不但大大拓展了职业教育高层次跃迁的资源空间,而且为本科层次职业教育的内涵质量提升提供了保障。但仍需要政府部门的政策推动和引导，职业教育专本研衔接的意义便在于此，将职业教育"嫁接"到应用型本科及专业学位研究生培养院校，有利于突破职业教育空间、技术、资源等局限，避免"单打独斗"或同化效应造成的劣势和不足，拓宽职业教育横纵贯通的外部渠道，进而提升职业教育类型教育转变过程中结构化、生态化的发展格局，形成中高本硕教育有机衔接、体现终身学习理念的现代职业教育体系。2020年9月，教育部九等部门发布的《职业教育提质培优行动计划（2020—2023年）》明确指出，继续推进职业教育的协调发展，使中等职业教育、高等职业教育以及高层次职业教育都能发挥其在建设中国特色现代职业教育体系中的重要作用，稳步开展本科层次职业教育试点工作，根据行业需求适度扩大专业学位硕士研究生、博士研究生的培养规模，推动形成以职业需求为导向、以培养实践能力为重点的培养模式。在实施过程中要适时修订中等职业学校、高职（专科）院校设置标准，结合职业教育特点完善学位制度，发挥标准在职业教育质量提升中的基础性作用。

2021年1月，教育部办公厅印发《本科层次职业教育专业设置管理办法（试行）》，提出本科层次职业教育专业设置应体现职业教育类型特点，坚持高层次技术技能人才培养定位，进行系统设计，促进中等职业教育、专科层次职业教育、本科层次职业教育纵向贯通、有机衔接，促进普职融通。2021年3月，教育部印发《职业教育专业目录（2021年）》，一体化设计了中等职业教育、高等职业教育专科、高等职业教育本科不同层次专业，共设置19个专业大类、97个专业类、1349个专业。其中，中等职业教育专业358个、高等职业教育专科专业744个、高等职业教育本科专业247个，为实现"中—高—本"层次衔接奠定了重要基础。2021年3月，教育部办公厅《关于做好2021年中等职业学校招生工作的通知》提出，要加大职业教育的宣传力度，充分利用高等职业教育扩招、本科层次职业教育试点、普通高等学校专升本扩招等有力政策，积极引导学生接受中等职业教育。

2021年10月，中共中央办公厅、国务院办公厅印发《关于推动现代职业教育高质量发展的意见》，强调推进不同层次职业教育纵向贯通，大力提升中等职业教育办学质量，建设一批优秀中等职业学校和优质专业，注重为高等职业教育输送具有扎实技术技能基础和合格文化基础的生源。一体化设计职业教育人才培养体系,推动各层次职业教育专业设置、培养目标、课程体系、培养方案衔接,支持在培养周期长、技能要求高的专业领域实施长学制培养。2021年11月,教育部办公厅印发了《关于进一步完善高职院校分类考试工作的通知》,提出适度扩大中高职贯通招生规模,完善职业技能考试制度,探索建设职业技能考试省级统考题库等举措。2021年11月,国务院学位委员会办公室发布《关于做好本科层次职业学校学士学位授权与授予工作的意见》,首次对本科层次职业教育学士学位进行管理监督,明确本科层次职业教育学士学位按学科门类授予,同时要突出职业能力和职业素养水平。2022年4月,新《职业教育法》颁布,其中明确规定国家鼓励不同层次和形式职业教育的发展,构建职业教育与普通教育相互融合,不同层次职业教育有效衔接的现代职业教育体系。此外,明确指出"职业教育是与普通教育同等重要的教育类型,是国民教育体系和人力资源开发的重要组成部分,是培养多样化人才、传承技术技能、促进就业创业的重要途径"。同时强调现代职业教育体系建设的重要性,"国家建立健全适应经济社会发展需要,产教深度融合,职业教育与培训并重,普职相互融通,不同层次职业教育有效衔接,服务全民终身学习的现代职业教育体系"。截至2022年11月,全国共有32所本科层次职业学校,为职业教育专本研衔接创造了有利条件。

第三章　现代职业教育体系层次衔接的国际比较

在新一轮全球科技革命和产业变革的背景下,催生出新的技术路径和创新范式,世界银行发布的《2019年世界发展报告》指出,世界主要制造业国家都希望将经济增长模式向各产业科技生产前沿移动,以占据全球价值链上技术、价值更高的优势位置,一体化、科技驱动式的经济体对各个教育层面人才培养的重视与日俱增,培养具备关键能力的复合型技能人才,成为各国工程职业教育改革的主要目标。在这一目标基础之上,学习者技能习得逐渐呈现连续、灵活的动态过程,而不是有限的、不可更改的路径。

相互融合和去壁垒化也是国际职业教育体系构建的趋势。以2011年联合国教科文组织修订的《国际教育标准分类法》(International Standard Classification of Education, ISCED)中所拟定的体系框架为例,首先,对高等教育进行了重新定义:高等教育建立在中等教育之上,在专业化的教育学科领域提供学习活动。高等教育包含高度复杂和高度专业化的学习,不仅包括通常所说的学术教育,还包括高级职业或专业教育。这个定义进一步明确了高级职业或专业教育和学术教育在高等教育中的同等地位。其次,扩展了高等教育的级别。ISCED 1997认定第五级为"高等教育第一阶段",在ISCED 2011细化为第五至第七级:第五级"短期高等教育"、第六级"硕士或同等学力"、第七级"硕士或同等学力"。如果再加上第八级"博士或同等学力",ISCED 2011划分的九个级别中高等教育就占了四个级别。不难看出,ISCED 2011非常关注高等教育。这一重大修订意味着专本研衔接模式可以在《国际教育标准分类法》中探寻到基础逻辑的支撑点,由此来看,专本研衔接其实也是国际职业教育体系构建的重要组成部分。

本章试从国际比较的视角,以世界主要发达国家职业教育体系层次衔接的政策、法案为分析对象,讨论各国的主要衔接模式及其特点,进而呈现各国在职业资质框架和课程体系框架等层面的机制和举措。借助这一视角,可以帮我们直观地了解现代职业教育体系在世界范围内以层次衔接实现转型发展的基本趋势,也可以为我国构建中国特色现代职业教育体系、完善职教融通发展和层次衔接提供借鉴。

第一节　各国职业教育体系层次衔接的政策、法案

一、美国《史密斯—休斯法案》

《史密斯—休斯法案》被视为美国职业教育层面的基本法案,然而该法案绝非一朝一夕达成的,而是经过了长期酝酿才得以成为正式的法律制度。早在19世纪中后期,为培育更多农业、工业方面的高素质技术人才,以适应当时工商业的快速发展,美国政府于1862年出台了由林肯总统批准、国会议员莫里尔提议的《莫里尔法案》。联邦政府根据议员数量拨给每人三万英亩土地,赠地所得的收益用来在各个州办学,每州至少资助开办一所农工学院(又称"赠地大学"),用来培养适应工农业发展所需的专门人才。随着法案的实施,联邦政府拨付土地的数量不断增加,总计拨付了1743万英亩用以赠地大学的建设。据统计,美国截至1922年共有69所赠地大学投入使用,农家子弟有机会得以进入大学进修,提升技能水平,极大推进了美国工农业现代化的进程。

《莫里尔法案》部分解决了美国专业人才短缺的问题,但赠地大学属于普通高等教育范畴,一方面,其提供的人才仍然不能满足美国工商业疯狂扩张对大量技术工人的需求;另一方面,各州和联邦政府无法保证赠予的土地能够完全按照规定使用,各地学校建设的进度并不统一。1905年,全国工业教育促进会(National Society for the Promotion of Industrial Education)成立,该协会的主要目的是推动制定相关法律,使财政能够对职业教育进行

补助,每年定期举办大规模促进职业教育的活动,并多次提交职业教育立法的方案。它的努力得到了社会的广泛支持,促进职业教育发展的呼声日益高涨。1914年,美国国会成立了职业教育国家补助委员会(Commission on National Aid to Vocational Education),由参议员史密斯(Smith)、佩奇(Page)以及众议员休斯(Hughes)、菲斯(Fess)等人组成,史密斯担任主席,专门负责调查全国职业教育的情况并对相关的补助法案进行审议。同年6月,该委员会提出了发展美国职业教育的提案,但受到一战局势的影响,一度被搁置。一直到1917年,史密斯和休斯再一次提案,终于在2月获得了第64次国会的通过,史称《史密斯—休斯法案》。主要内容包括:(1)由联邦政府设立永久性专门资金,用于补助各州大学程度以下的职业教育;(2)联邦政府与各州合作,提供工业、农业、商业、家政等方面的师资培训;(3)在公立中学设置职业教育课程,要求学校或班级向"尚未就业的人提供指导",应要求至少一半的此类教学时间应用于有用或基础性生产的实际工作,此类教学应延长至每年不少于9个月,每周不少于30个小时,这样就把传统的专为大学升学服务的中学改为兼具升学和就业的综合中学;(4)发展职业教育对社会发展同样重要。[①]由于该法案的实施,1917—1918年,联邦政府在工业、农业、商业和家政等方面的职业教育、师资培训以及职业教育研究上,拨款70万美元;1921—1922年,拨款总数增加到420万美元;1932—1933年,拨款总数增加到980万美元。《史密斯—休斯法案》通过后,美国职业教育迅速发展。1917—1921年,接受联邦政府资助的职业学校入学人数由164186人增加到323028人。

《史密斯—休斯法案》的颁布,对美国普通高等教育和职业教育的发展产生了重要影响。它使得普通高等教育开始由传统的单一目标,转向升学和就业双重目标,加强了普通高等教育和现实的联系,加强了普通高等教育的实用因素;同时,又为美国职业教育的发展提供了有利条件。《史密斯—休斯法案》标志着美国联邦政府参与职业教育的开端,是美国教育史尤其是职业教育史上的里程碑,1963年通过的《职业教育法》,也是在《史密斯—休斯法案》的基础上进行的修改和补充。从此,美国职业教育的发展,不再是行

---

① Alexander K, Salmon R G, Alexander F K. Financing Public Schools:Theory,Policy,and Practice [M]. New York:Routledge,2015.

业的自发行为,而是联邦政府与各州合作共建的政府行为。《史密斯—休斯法案》同样也明确了职业教育和普通教育在经济社会发展中的同等重要地位,为今后的专本衔接以及基于终身教育观下的"职业生涯教育"(career education)打下了法律认知和制度理念基础。

二、欧洲资格框架

与美国通过国家直接资助职业教育的做法不同,欧洲各国促进职业教育层次衔接主要通过推行统一的资格框架来实现。欧洲资格框架(European Qualification Framework,EQF)是"基于学习结果指标,对各级各类资格进行等级划分的工具",是根据一套获取一定学习成果等级的标准对资格进行开发和分类的工具,是对个体已获得的学习结果进行鉴定的依据与标准,也是实现不同国家教育系统之间文凭资格透明度、可比性和认可度,并由此促进人员流动的重要机制。

(一)欧洲资格框架的形成背景

随着终身教育理念的发展,欧洲资格框架开始不断开发且普及,在欧盟成员国范围内,科技、经济的快速发展以及人口老龄化的趋势,使得终身学习成为必然。法国教育家保罗·朗格朗(Parl Lengrand)于1965年首次在联合国教科文组织召开的第三届国际成人教育促进委员会议上正式提出"终身教育"的概念,获得广泛认可并迅速传播,许多国家都将该理念作为本国教育改革的发展目标。2000年,国际劳工组织和欧洲研究机构——欧洲改善生活和工作条件基金会(European Foundation for the Improvement of Living and Working Conditions)发布的《终身学习和劳资双方谈判》中明确表示,终身教育的基础在于,要在不同的教育和培训间搭建桥梁,以便学习者可以在普通教育、职业教育、高等教育、成人教育和继续教育等各类教育系统内部自由流动。[①]

此外,欧洲资格框架的建立是欧洲高等教育一体化的阶段性成果。1986年,《统一欧洲法令》的颁布可以视作欧洲教育一体化正式大规模推进的标志,各成员国在教育培训项目方面的合作不再局限于经济这单一层面,

---

①吴雪萍,郝人缘. 欧洲国家资格框架:演变、特点与启示[J]. 教育研究,2016,37(9):116-125.

也扩大到社会法治、道德规训、公民素质以及政府治理等众多方面。此后，多项旨在促进欧洲境内教育合作与交流的重要计划得以制定和实施，如"伊拉斯谟计划"（Erasmus Programme）、"可米特计划"（COMETT Programme）、"欧洲青年计划"（Youth for Europe Programme）等，这些计划的顺利实施成功推动了欧洲一体化在教育层面的规模发展和体系化建设。1993年，《马斯特里赫特条约》为欧共体建立政治联盟（共同外交和安全政策、欧洲公民身份）和经济与货币联盟（欧元作为统一货币、欧洲中央银行体系）确立了目标与步骤，同时将制定教育领域内的认同与建构政策作为欧盟的主要职责之一，使"欧洲维度"（Europäische Dimensionen）这一概念被纳入所有层次及类型的学校中，"欧洲教育"（Europabildung）日渐成为学校教育的重要内容，从此高等教育范畴的合作进入到真正意义上的一体化进程。1997年4月8日至11日，欧洲理事会与联合国教科文组织在葡萄牙首都里斯本召开会议，通过了《欧洲地区高等教育资格承认公约》（简称《里斯本公约》，Convention on the Recognition of Qualifications Concerning Higher Education）。[①]该条约明确了欧洲各地大学文凭和学历资格的互认问题，对欧洲相关国家或地区的高等教育具有法律约束力，为后期"博洛尼亚进程"奠定了重要基础。1998年5月，法、德、意、英四国教育部部长在法国索邦大学召开会议，讨论了师生流动、学制改革等高等教育改革议题，之后签署了《索邦宣言》（Sorbonne Declaration），承诺将"致力于建设可互相参照的共同框架，以获得外部认可、促进学生流动与职业能力提升为目标"，并努力创设欧洲高等教育区，也就是说，欧洲高等教育区的设想成为现实，这一设想推进了欧洲国家高等教育系统的发展，获得了较好的反响。此后，欧洲高等教育步入了新的发展时期。1999年，欧洲理事会（European Commission）正式提出《博洛尼亚宣言》，作为欧洲整体范围内的高等教育改革计划，其主要为了实现以下几个目标：(1)提升欧洲相关国家高校学位在欧洲内部以及欧洲以外区域的互认度（transferability of degrees）;(2)确定建立统一欧洲高等教育区的目标;(3)重

---

①值得注意的是，此公约不同于《里斯本条约》（Treaty of Lisbon），后者于2007年12月13日由欧盟各国首脑在里斯本签署。各国批准后，条约于2009年12月生效。该条约主要以《欧洲宪法条约》为蓝本，涉及移民、司法、警务、教育等40多个领域，旨在为欧盟机构改革铺平道路，进一步推动欧洲一体化。

构欧洲高校的学士—硕士—博士学位制度;(4)解决欧洲国家出现的某些社会问题,如性别不平等、社会分层差异化等。《博洛尼亚宣言》的提出,沿袭了欧洲大陆几百年来的"一体化"梦想。在教育领域,欧洲高等教育区设想的提出,促进了欧洲国家高等教育系统的发展,顺应了传统欧陆国家建立统一市场和协同产业链的统一经济体需求,为人员交流特别是人才资质的认定扫除了障碍。在资本效益原则的导向下,高素质人才向发达国家(地区)集聚,同步进行的是发达国家(地区)向欠发展发达国家(地区)的技术传播和产业扩张,欧洲成为全球最具区域国际活力的地区,欧洲高等教育的国际市场竞争力也得到了空前加强。在这一背景下,欧洲理事会在2020年发布的《博洛尼亚进程执行报告》声称,欧洲学分转换认可制度(European Credit Transfer and Accumulation System,ECTS)、国家资质框架制度(National Qualifications Frameworks)、以"文凭补充说明"(Diploma Supplement)为代表的统一学位制度以及以专业认证为代表的质量保障制度(Quality Assurance)等制度性层面工作取得了重要进展。

(二)欧洲资格框架的层级描述

在欧洲资格框架的统一协调下,各国开始了本国资格框架法的立法工作,考虑到各国社会经济发展水平的差异,欧洲资格框架允许各国根据国情制定有所偏重的框架法,同时允许各国之间无障碍互认,这为欧洲资格框架的顺利推行打下了良好的政策基础。截至2019年,已有39个欧洲国家建立了系统的国家资格框架。欧洲资格框架注重层级描述下的教育与培训结果认证,基于知识、技能和知识技能的运用能力这三个横向层级以及反映不同教育阶段(从基础教育到博士教育)的八个纵向层级对学习结果进行评价,规范不同国家的内部资格体系,进而实现欧洲资格框架与其他各国资格框架的互相衔接。[1]表3-1呈现了欧洲资格框架在不同层级的描述以及各国的典型例子。

---

①过筱,石伟平.基于EQF层级描述的欧洲国家资格框架新进展[J].职业技术教育,2019,10(25):67-73.

表3-1 欧洲资格框架的层级描述及典型例子

层级	知识	技能	运用知识与技能的责任与自主性	典型例子
一级	基本常识	执行简单任务所需的基本技能	在结构化背景下或直接监督下工作或学习	英国国家资格框架入门级
二级	工作或学习领域的基本事实知识	使用相关信息执行任务与使用简单规则和工具解决日常问题所需的基本认知和实践技能	在一定自主权的监督下工作或学习	英国中等教育普通证书;芬兰初中
三级	工作或研究领域的事实、原则、过程和一般概念的知识	通过选择和应用基本方法、工具、材料和信息来完成任务和解决问题所需的一系列认知和实践技能	负责完成工作或学习中的任务;在解决问题时使自己的行为适应环境	英国中等教育普通证书A*—C级
四级	在工作或研究领域的广泛背景下的事实和理论知识	为工作或研究领域的特定问题提供解决方案所需的一系列认知和实践技能	在通常可预测但可能发生变化的工作或学习环境的指导方针下进行自我管理;监督他人的日常工作,对工作或学习活动的评估和改进承担一定的责任	英国高中或大学预科证书;德国中学毕业证书;法国中学毕业证书;西班牙国家高等教育入学资格;荷兰职业学校
五级	工作或研究领域内的综合、专业事实和理论知识,以及对该知识边界的认识	开发抽象问题的创造性解决方案所需的全面的认知和实践技能	在变化的工作或学习活动中进行管理和监督;审查与发展自我和他人的表现	英国高等国民证书、高级国家文凭、基础学位、高等教育证书、高等教育文凭等
六级	工作或研究领域的高级知识,涉及对理论和原则的批判性理解	高级技能,掌握、展示和创新,需要解决专业工作或学习领域中复杂和不可预测的问题	管理复杂的技术,专业活动或项目,在不可预测的工作或学习环境中负责决策;负责管理个人和团体的专业发展	英国(非)荣誉学士学位;德国"双元制"学院、国家认证工程师、应用科学大学学士、职业学院的资格证书、大师证书等;西班牙本科毕业文凭;意大利本科层次学历

续表

层级	知识	技能	运用知识与技能的责任与自主性	典型例子
七级	高度专业化的知识,其中一些处于工作或学习领域的前沿;对某个领域和不同领域之间的知识问题的批判性认识	研究和/或创新所需的专业解决问题的技能,以开发新的知识和程序并整合来自不同领域的知识	管理和转变复杂、不可预测且需要新战略方法的工作或学习环境;负责为专业知识和实践做出贡献和/或审查团队的战略绩效	英国硕士研究生证书与文凭;德国应用科学大学硕士、行会认证高级管理人员;意大利文科、理科及专业硕士学位;西班牙文科、理科硕士学位;希腊工会认证的综合大师证书
八级	处于工作或研究领域的最前沿以及领域之间的知识	解决研究和/或创新中的关键问题以及扩展和重新定义现有知识或专业实践所需的最先进和专业的技能和技术,包括综合评估	表现出相当大的权威性、创新性、自主性、学术性和专业诚信,以及工作或学习环境(包括研究)的最前沿思想或对新流程的持续承诺	各国的文科、理科及专业博士学位

(三)欧洲各国基于欧洲资格框架的路径选择

欧洲资格框架虽然是欧洲各国统一的评价标准,但由于各个国家的国情不同,受教育群体的特征各异,因此不同国家资格框架的评价目标、设计范围及发挥的功能也各有不同,逐渐演化出多种类型。英国伦敦大学迈克尔·杨(Michale Young)教授提出的四种类型:第一类基于设计目标,分为交流型框架和规范型框架。第二类基于要实现的能力,分为强型框架和弱型框架。第三类基于覆盖范围,分为局部性框架和综合性框架。第四类基于实施方法,分为机构导向型框架和结果导向型框架。①戴维德·拉斐(David Raffe)提出了三种分类:第一类是交流型框架,其目的是对教育培训系统进行规范化,使内部流程体系更加透明,更易于理解进而方便学习沟通;第二类是改革型框架,目的是对当前教育培训系统进行改革,优化内部流程;第三类是变革型框架,目的是推动内部系统根本性变革,从而催生并演化出新

---

①吴雪萍,郝人缘.欧洲国家资格框架的结构分析[J].职业技术教育,2019,40(34):65-72.

的系统。国内学者也对国家资格框架进行了深入研究与分类,[①]第一类是高度依赖型,该类型下的国家资格框架层级结构与各层级的描述均与欧洲资格框架基本相同,典型国家包括西班牙、爱沙尼亚、奥地利、希腊、克罗地亚等10个国家,国家资格框架纵向设置为八级,各等级对应不同的教育层次以及相应的资格证书;横向与欧洲资格框架保持高度一致,仅在局部进行了略微调整,以适应本地经济与文化。第二类是内涵深化型,典型国家包括瑞士、波兰、意大利、挪威、瑞典、丹麦等17个国家,该类型对欧洲资格框架"知识"和"能力"两个维度进行了拓展,并重新定位了"能力"或"责任与自由度"等维度,也就是说,各国国家资格框架根据实际情况对欧洲资格框架的横、纵向分类和层次内涵进行了调整。第三类是调整重构型,对应的国家有德国、荷兰、芬兰、冰岛、比利时、卢森堡、立陶宛、阿尔巴尼亚以及捷克等九个国家,该类型下的国家资格框架对欧洲资格框架进行了完全重构,打破了"三个维度、八个等级"的架构,对"能力"这一概念进行解构,要求学习对象在复杂多变的工作学习环境中综合运用知识、态度、技能、方法独立解决问题。

欧洲资格框架适用于所有类型的教育、培训和资格认证,是对传统意义强调的"学习投入"(learning inputs)的系统性革新,不再将资格授予的标准聚焦于学习年限或机构类型。它还通过促进对非正规和非正式学习的验证来鼓励终身学习,顺应了教育发展的世界潮流。欧洲资格框架的开发和实施情况表明,在统一的资格框架下,欧洲各国正按计划有序推进国内进程,最终目标是实现欧洲范围内的资质互认,在欧洲统一市场的背景下,促进教育领域和就业领域的融合,实现工作世界(Arbeitswelt)和生活世界(Lebenswelt)两个层面的欧洲一体化。

欧洲资格框架覆盖了所有级别,并支持学习者跨国度、跨领域流动,资格框架强调学习成果导向,从学习者的角度界定了知识、技能的范围,从而为评价标准框架体系的设计提供了新视角,也为推进职业教育专本研衔接提供了理论思考视角,系统化设计现代职业教育衔接体系可以从欧洲资格框架的范式中得到借鉴。首先,评价标准框架体系要具有包容性、灵活性和

①过筱,石伟平.基于EQF层级描述的欧洲国家资格框架新进展[J].职业技术教育,2019,10(25)67-73.

全面性,[①]能够涵盖不同的学习群体,支持跨领域流动,要让学习者能在过程中领会应该知道、理解进而能够做到的内容,才能更好地实施结果评价;其次,基于终身教育的评价标准框架体系要通过加强资格证书体系的关联性,联系不同阶段和不同部分的教育、培训,通过加强教育和培训体系内横、纵向连接,从而提高整体性;最后,要通过学习途径可视化推动终身学习,简化认证过程和结果识别,加强教育领域与劳动力市场的双向沟通,使更大范围的利益相关者可以合作交流,这些举措与目标也是职业教育专本研衔接体系构建的目标和方向。

第二节　发达国家职业教育层次衔接的主要模式

职业教育层次衔接体系在西方发达国家发展较早,研究相对深入,各国结合各自国情进行了系统性的改革创新,也形成了各自相对成熟的衔接体系。从人力资源发展理论视角来看,在世界范围内,尤其是在西方发达国家内部,社会经济和产业形态都发生了巨大变革,逐渐摆脱了劳动密集型经济,向知识密集型社会和知识经济转变,创新价值在社会发展过程中起到越来越重要的作用。在这一背景下,劳动者的技能成长是社会发展和进步的关键驱动力,教育组织和培训组织的成长需要配合个人知识与技能的发展,使人适其所、尽其才。因此,可以将西方发达国家在职业教育衔接方面的改革总结为以下三个行动逻辑。(1)体系衔接:职业教育国际化接轨促使职普横纵向融通;(2)产业对接:制造业高端化发展趋势推动人才结构高层次化;(3)技能匹配:产业技术复杂化驱动职业技能匹配升级。[②]具体而言,按照各自侧重点的不同,可以分为美国、英国与澳大利亚、德国三类模式。

---

①梁珺淇,石伟平. 欧洲国家和地区终身学习资格框架开发的逻辑起点、重点与运行难点[J].职业技术教育,2019(23):73-76.

②吴向明,杜学文,孙丽雅. 国际比较视角下职业教育专本研衔接的内涵与路径[J]. 中国高教研究,2021(5):92-97.

一、美国式衔接：基于学习项目的一体化培养

美国的专本研衔接并非两种类型教育直接对接，而是以社区学院为过渡的柔和式承接。美国倾向于将职业教育层次提升看作是管理职业教育、提升整体职教水平的手段，而非单纯的学习通道。而以"技术准备"为代表的学习项目（Programs of Study，POS）计划则成为高等职业教育的主要形式。通过"学习项目"来建立职业教育与普通高等教育的联系，从而延续职业教育高层次的发展。美国职业教育高层次发展可追溯到20世纪初期，1917年，美国政府颁布《史密斯—休斯法案》，开始了职普融通的横向发展。20世纪90年代，美国政府又推出了《帕金斯法案Ⅱ》，使得高中阶段的职业教育开始纵向向高等教育延伸，形成了"综合中学—社区学院—大学"的升学发展路径。同时，《帕金斯法案Ⅱ》中提出了以"技术准备"为代表的学习项目，为学生提供四年制的学习计划，其基本学制是"2+2"学制，由两年中学水平课程和两年大学课程（或两年学徒计划）构成，在参与"技术准备"的学习项目后，学生可以获取两年制的副学位证书或职业资格证书，并以此作为进入本科教育的凭证。除此之外，"技术准备"的学习项目还包含"2+2+2""4+2+2"等更高层次的职业教育模式。

2006年，《帕金斯法案Ⅳ》更是使学习项目的职业教育升学模式进一步推进，明确提出学习项目的操作原则：以全面、结构性的路径为学术、职业或技术教育，为学生未来的学术或职业生涯做准备。具体内容概括如下：（1）在立法和政策层面，联邦、州及地方要制定有效的法律或政策，为项目的实施提供资金和其他资源保障。（2）在合作关系层面，教育机构、企业及社区的利益相关者要制定正式的合作备忘录，明确各自在项目推进过程中的角色和责任，同时结合经济和劳动力市场发展的动态，识别、验证当前项目中教授的劳动力技能。（3）在专业发展层面，有关学校要支持中学阶段（9—12年级）以及从中学到高等教育阶段的垂直课程调整。（4）在评价体系层面，建立量化数据分析系统，设定"联邦州纵向数据系统十大要素"（10 Essential Elements of a State Longitudinal Data System),[①]并与学生的招生及就业数据(如失业保险和工资记录等)进行匹配。(5)在大学职业准备课程方面,大学要与中学、职业学校以及行业机构合作,结合相应的知识要求和技能要求,开发具有国际标准的职业准备课程。(6)在课程序列层面,要求中学课程与大学课程不能出现重复,学生在不需要补习和学习重复课程的情况下直接过渡到高等教育阶段。(7)在学分转换协议层面,要求为中学学生提供一个无缝衔接的学分转换系统,使得他们在中学获得的高等教育阶段课程学分能够被大学认可,这里还包括对有关课程的先决条件、教师资格、课程地点、学费抵销等方面的规定。(8)在指导咨询和学术建议方面,要基于联邦、州和地方的指导和咨询标准,通过信息、资源和工具的提供,帮助学生了解学术教育和职业教育,明确他们的兴趣和能力特长,最终决定参与何种学习项目。(9)在教学/学习策略层面,要组建由学术类、职业类、技术类教师共同构成的跨学科教学团队,使用创造性的方法整合学术和技术教学,帮助学生在项目课程中开展学术性学习和技术性学习。(10)在技术技能评估层面,联邦、州和地方要开发成熟的技能评估体系,持续性地提供信息,呈现学生在多大程度上掌握了他们所选择的学术教育或职业教育所需的知识与技能。

可以看出,在《帕金斯法案Ⅳ》学习项目中,"双重注册课程"(dual enrollment program)和"大学衔接协议"是该项目的关键要素和重点改革方向,职业学校可以为普通高等教育提供大学预科课程,学生完成相应课程并取得C级以上的考试成绩,进入本科后则免修该课程。据统计,在2010—2011学年,超过80%的中学参与了"双学分课程"[②],同时职业学校还与社区学院以及本科学校形成了书面化的衔接协议,通过衔接协议明确双方责权,并按照学分转换的方式规避课程学习的重复性与断层问题。

2018年7月,美国总统特朗普签署了重新授权的《帕金斯法案Ⅴ》,几乎

---

①这10个要素具体为:全州学生识别码、学生及招生数据、学生水平测试数据、未测试学生的信息、师生匹配的全州教师标识符、学生水平课程完成(成绩单)数据、美国高中毕业生学术能力水平考试、美国大学入学考试和进修考试数据、学生毕业和辍学数据、与P-12及以上阶段学生水平相匹配的能力教育数据、国家数据审计系统。

②李敏. 美国中高等生涯与技术教育的课程衔接模式与策略[J]. 外国教育研究,2015,42(10):15-23.

得到国会的一致通过。法案的重新授权包括三个主要修订领域：(1)"职业和技术教育"（career and technical education），这一术语取代了"职业教育"（vocational education）；(2)在立法范围内使"技术准备"项目维持为单独的专项联邦资金；(3)将州行政资金维持在州拨款的5%左右。

迄今为止，《帕金斯法案》为50个州的职业和技术教育计划提供了12亿美元的联邦支持，包括对综合职业途径计划的支持。按照规定，该法将延长至2024年。

二、英澳式衔接：基于国家资格框架体系

国家资格框架体系架构逐渐成为一种全球化标准，至今已有160多个国家参与国家资格框架建设，架构的原因往往是多元化的，其中职业教育与普通高等教育的贯通是主要原因之一。而作为国家资格框架体系发展相对成熟的国家，英国与澳大利亚的专本研衔接体系值得我们借鉴。

20世纪七八十年代开始，产业转型引发世界经济竞争趋势加剧，传统职业教育体系已无法满足劳动力市场新的发展需求，在这一背景下，英国开始重视职业教育体系改革，发展职业资格体系。1986年4月，英国政府正式发布《同心协力：教育与培训》白皮书，倡议成立国家职业资格委员会（The National Council for Vocational Qualifications，NCVQ）。同年10月，国家职业资格委员会正式挂牌成立，负责在全国范围内推行国家职业框架。因此可以认为，英国的国家资格框架（National Qualifications Framework，NQF）是在1986年的国家职业资格证书框架（National Vocational Qualifications，NVQ）与1991年的普通国家职业资格证书（General National Vocational Qualifications，GNVQ）基础上建立的，其目的是完成职业证书与学术证书的互认机制，建立"职普等价"的教育体系。最早的国家资格框架将整个教育层次分为五级，并将NVQ4与NVQ5分别与高等教育中的副学位与学士学位置于同一层级中，从而确立高等职业教育的地位。在产业结构高端化发展的趋势下，英国于2004年修订了国家资格框架，将原来的五级体系细分为九级，主要是针对高等学术与职业教育的层次划分，将原来的NVQ4对应至学士学位层级，而NVQ5则与更为高层次的硕博士学位相对应。在这一框架下，职业学校毕业生可以通过国家职业资格证书考试来获取由资格证书

授予联合委员会颁发的职业资格证书,并将其作为接受高等教育的凭证。资格证书授予联合委员会是保障专本研有效衔接的机构,目的在于为职业学校和高校教师在内的利益相关者建立沟通渠道。2011年,英国为将所有证书体系以及学徒制体系纳入一个整体框架中,建立了新的资格与学分框架(Qualification and Credit Framework, QCF)。该框架不仅完善了职普融通过程的制度转换,更是在微观层面将整个课程的衔接体系划分为学分、单元与资格三个部分,使得学分能够在标准化的制度下进行比值转换,让每个学分代表的学习成就存在可比性,从而保障了不同层次教育的课程衔接。尽管后来为了优化资格与学分框架,英国资格与考试管理办公室(The Office of Qualification and Examinations Regulation)在此基础上进一步细化了资格证书的管理体系,推出了规范资格框架(National Qualifications Framework, RQF),以覆盖英格兰及北爱尔兰的职业资格证书,并与英国管辖地区通用的高等教育资格框架(Framework for Higher Education Qualifications, FHEQ)进行了对接,但总体上依然沿袭资格与学分框架的制度模式。

澳大利亚职业教育层次衔接的基础是1995年推行的澳大利亚资格框架(Australia Qualification Framework, AQF),与英国不同的是,在资格框架实施初期,澳大利亚将职业证书划分为六个层次级别,其中最高层次的高级文凭对应的是高等教育的副学位,意味着当时职业教育与普通高等教育的衔接仅限于专科层次。2005年,由于国内高层次技术技能人才的供需出现不平衡情况,因此,对资格框架进行了修订,在原有基础上设置了职业教育研究生证书(vocational graduate certificate)与职业教育研究生文凭(vocational graduate diploma)。有学者指出,资格框架的建构相当于在职业教育与普通高等教育间搭建了一座桥梁。

总之,英国与澳大利亚基于国家资格框架体系的职业教育衔接模式具有共同的规律和趋势。在改革动因上,它们均是为了满足在国际经济竞争背景下国内劳动力市场发展的新需求;在改革目标上,既涉及学术教育的目标,也涵盖了职业教育的目标;在操作模式上,均有比较系统和清晰的政策模式作为指导,具有可识读性和可操作性。国家资格框架提供了一个简单的数字系统和工具,使得各国政府对其资助的方案和机构更为负责,为实现国际可比性、可转移性和国际排名提供了基础。对学习者来说,国家资格框架的衔接模式使学习过程和学习结果相分离,有助于打破雇主在劳动力市场上的"主动性垄断"。在技能的发展路径上,国家资格框架为技能发展提供了基础,强调对现有技能的系统认证,而不是一味地追求教育机构在数量和规模上的扩张,是推进职业教育可持续发展的典型案例。

三、德国式衔接:双元体系下的职业教育分流制度

德国职业教育体系在专本研衔接的"立交桥"架构方面相对成熟。长久以来,德国教育体制一直延续因材施教的分流导向,从初等教育后半阶段(小学5—6年级)就开始依据学生的特长和兴趣实施分流式教育,在中等教育的第一阶段(7—10年级)就按文理中学(Gymnasium)、综合中学(Gesamtschule)、实科中学(Realschule)以及主干中学(Hauptschule)等不同学校类型实施完全分流,并通过中等教育的第二阶段(11—13年级)与实施高等教育的不同机构实现完全意义上的衔接。分流式教育系统建立在学生兴趣与特长发展前提下,也为社会经济的发展提供各行各业需求的特色化人才,符合现代社会高度精细化分工的客观现实。然而,在高等教育普及化的浪潮下,高等教育的定位也逐渐由面向社会精英的"封闭式象牙塔教育"(closing education)到面向劳动力市场需求的"弹性教育"(flexing education),再到以学生学习为中心的融通式教育(permeable education)。在德国,2000年,作为"博洛尼亚进程"的铺垫和执行框架,《里斯本公约》中就已提出要提高不同教育机构之间的融通性(Durchlaessigkeit)。融通的关键是,作为学术教育和职业教育之间、不同教育机构和教育层次之间的桥梁,"双元制"在德国教育体系中扮演了极为重要的融通角色。

具体而言,从纵向看,德国学生在小学四年级结束后便进入了第一次教育分流阶段,这一阶段涵盖综合中学、国民中学、实科中学和完全中学四类学校。之后进入第二次分流阶段,学生分别进入普通高中和职业类高中,但这两类高中之间具有畅通的机制。高中毕业后,学生进入第三次分流阶段,大部分学生会参加社会培训机构,少部分选择进入高校继续深造,高校有综合大学、专科大学、职业学院三种类型,教育分流在德国教育体系中起到重

要的衔接作用,使得学生在教育"立交桥"中可以有多重的选择。①从横向看,德国的职业学校分为两类:一是就业导向的学校,包括"双元制"学校与职业专科学校;二是升学导向的学校,包括专科高中、职业技术高中以及完全高中等预备学校。由于企业与学校共同培育的特殊性,"双元制"学校衔接通过"课程补习"来实现,"课程补习"是指学生需要在职业培训过程中进入全日制职业提高学校,完成一年至一年半的补习课程来获取职业提高学校毕业证书,并凭借此证书进入专科高中或者专业文法学校进修,全州统一毕业考试合格后,方可获取高中毕业文凭用以申请普通高校。预备学校的学生既可以通过在专业高等学校学习两年后进入应用科技大学,也可以直接参加工作,一年后再申请到专业高等学校学习两年,转变为高级管理者,还可以进入应用科技大学继续深造,或攻读研究型大学的硕博学位。②同时,德国也通过国家资格框架以及国家资格证书体系,建立了学分以及证书衔接的保障制度。

第三节　国际职业教育层次衔接的机制

在前文提及的主要发达国家职业教育层次衔接的模式背后,在中观层面,还有一系列支撑模式顺利运转的机制。这些机制既是这些国家职业教育层次衔接模式的组成部分,也能在各自独立的运行系统中对框架性模式进行补充和修正,从而保证职业教育的衔接朝着预设目标发展。按照伦敦大学教育学院迈克尔·扬的观点,这些机制一方面是国家职业资质发展的起点和遗产(origins and legacy),为其未来的发展指明了方向;另一方面也反映出现有模式的运行并非总是成功的,正是在这些相互独立而又紧密联系的机制的作用下,国家职业教育层次衔接方面的改革总是在分歧—让渡—妥协的趋势下艰难进行。

---

① 李海宗,陈磊. 德国职业教育衔接模式对我国的启示[J]. 中国高教研究,2012(9):100-102.

② 石伟平,匡瑛. 比较职业教育[M]. 北京:高等教育出版社,2012.

一、美国"技术准备"项目

"技术准备"项目始于20世纪80年代初,原本是一项小型的、本地驱动的高中改进战略,正式作为美国政府推行的职业教育计划是在1990年修订的《帕金斯职业与应用技术教育法案》中,并被置于所有同类计划之首。"技术准备"项目的思想得到进一步阐述是在1998年的第三次法案修订中,并奠定了其在21世纪美国职业教育发展中的核心地位,现已发展成为提高学生学术知识和技术技能的一项重大国家战略。

(一)"技术准备"项目的行动目标

首先,"技术准备"项目是一套美国职业教育发展的宏观指导方针,旨在通过职业教育促进社会经济发展,各州教育部门分别在这一方针指导下开发具体的教育实施方案。"技术准备"项目的目标是在项目课程上实现三大整合,即在学校内整合学校课程和职业课程;在学校与工作现场之间整合学校本位课程与工作本位课程;在综合中学、职业学校与社区学院之间整合中等教育课程与中等后教育课程。[①]具体包括以下五个方面:(1)通过系统有序的课程,整合至少两年中等教育和两年中等后教育;(2)通过整合学术、职业与技术课程,加强职业与技术教育的应用性学科的课程内容;(3)为学生将来从事工程、技术、科学、经济、农业等领域的某种职业提供技术准备;(4)使学生在系统化的课程体系中,获得数学、科学能力以及相应的交际能力;(5)学生未来的学习产出(成果)应当是某一特定职业框架下的学位、证书,并通过高技能获得高薪职业,或继续接受高等教育。从"技术准备"项目目标的设置来看,美国希望通过"技术准备"项目,整合学生升学、劳动就业、公民终身发展、公民科学技术素养及教育效率与公平等多个方面,向着可持续协调发展的方向迈进。

(二)"技术准备"项目的实施理念

为达成"技术准备"项目的行动目标,美国职业教育界达成了共识。[②]这

[①]徐国庆. 从美国的"技术准备计划"看我国高职的发展[J]. 教育发展研究,2002(3):59-61.
[②]徐国庆. 从美国的"技术准备计划"看我国高职的发展[J]. 教育发展研究,2002(3):59-61.

些共识通过责任、原则和义务将项目的行动者和利益相关者串联在项目行动目标的整体框架下,便于各个行动主体之间的协调与对接。参与主体方面,"技术准备"项目应由社区学院、职业学校、综合中学、四年制的学院或大学、各类学徒组织以及私立教育机构共同参与,这些机构要相互签订实施"技术准备"项目的协议。经费投入方面,应大幅度提高用于实施"技术准备"项目的经费,经费来源多元化,主要来自州政府、地方学区以及有关经济实体。面向群体方面,应吸纳更多高素质的学生来参加"技术准备"项目的课程,而不是学术教育中的"失败者"。学制形式方面,"技术准备"项目要逐渐从"2+2"模式,过渡到"2+2+2"等模式,最终发展到"4+4"模式,这里隐含了从中等教育到高等教育的无缝对接。学习形式方面,站点式学习(site based learning)、青年学徒制(youth apprenticeship)以及实习等是"技术准备"项目的核心组成部分,要通过各种形式延长学期,如合作学习、青年学徒制等,组织学生在暑期进行实践培训。课程建设方面,"技术准备"项目主张去除未来无助于学生职业生涯发展的课程,加强对K-8年级课程的职业探索和职业指导性,在中等后教育机构开设高质量的高技术课程,扩大在这些教育机构中接受继续教育的市场需求,强化应用物理、应用数学、应用交际等课程。在课程目标设置方面,要超越职业领域,要包括职场准备课程(workplace readiness)、美国劳工21世纪就业技能调查委员会发布的"必要技能"课程、新工作场所技能(new workplace skills)课程以及行业所需的相关技能课程等。企业参与方面,应加强职业教育与学术教育系统中教师与企业之间的合作,共同开发职业课程,提高学习者的问题解决能力。

二、美国"大学衔接协议"

经过不断发展变革,美国以学习者无障碍流动为特征的学分转换体系逐步建立,政府提供法律和政策保障,并予以经费支持。该体系的制度载体包括州政府的衔接协议、共同课程编码体系、共同课业要求、通识教育要求和院校间的合作协议等。美国"大学衔接协议"的核心是保证中等后教育从两年制的社区学院转变成四年制的本科学校过程中的学分转换,完善的高等教育质量评价机制、学生咨询服务体系以及利益相关者广泛参与的协调机构都在实施过程中发挥了重要的保障作用。虽然美国各州有差异性,但从全国范围来看,结束两年制的社区学院学习后通过学分转换进入到四年制本科学校的学生比例约为12%,在社区学院学习的两年内通过学分转换进入四年制本科学校的学生比例约为15%。同时,各州在全国性的教育框架下纷纷制定了本州内适合学分转换的政策,作为大学衔接体系的补充。高中与大学的合作也开展起来,即双重注册课程(dual enrollment program)项目,学生在高中阶段可以注册大学课程,通过课程便可以获得高中和大学的双重学分。

(一)美国"大学衔接协议"行动框架①

1. 州衔接协议

州衔接协议是州政府为保障整个州范围内学生的学分转换专门出台的政策,目前未出台衔接协议保障学分正常转换的州占比不足5%,州范围内的学分转换包括学位学分的转换、课程编码下的学分转换以及不同院校间成绩单共用等。以佛罗里达州为例,自1971年制定州衔接协议以来,学分转换的内容包括:确定获得学位所需达到的要求并进行学位定义,定义文科副学士学位为转换学位,确保普通教育的学分可以转换,成立教育衔接协调委员会并明确其定位、资格及发挥的作用,明确通过实施范围内的课程编码体系可进行学分转换,确定用考试换取学分的对等课程及设立程序,与理科副学士学位进行教育衔接,确立通用的高等学校学生成绩单。整体看来,州衔接协议作为州范围内的学分转换基本保障制度,规定了学分转换的领域、原则和基本方法。

2. 通识教育需求

美国高等教育领域的学生非常注重通识教育,通识教育课程是每个高等教育机构的必然要求,当然也是大学的必修课。通识教育注重对学生、基本技能和价值观的培养,为避免同样的通识内容被重复学习,各州政府一般都会做出规定,学生在任何公立高等教育体系内获得的通识教育学分都会被其他公立高等教育机构认可。美国的《高等教育机会法案》也为通识教育的地位提供了保障,在其引导下,通识教育的核心课程(general education

---

①李玉静,程宇. 学分转换:美国的经验与启示——美国中等后教育学分转换:政策、制度和保障机制[J]. 职业技术教育,2015(6):10-16.

core)受到普遍重视,要求学生至少完成一门数学、科学(包括社会科学、人文科学、自然科学)、沟通交流等通识教育课程,确保所有的公立高等教育机构都能在学分转换时达到同样的标准和要求。

3. 共同课业要求

共同课业要求是对高等教育相关专业领域获得学位做出的同等性要求,往往在州范围内实施,所有高等教育机构相同或相似专业中具体教学计划的共同课业要求必须相同,目的是帮助学生在全州公立中等后教育机构间能够有效转学。不同专业类型对学生课业的数量要求会有所差异,所有学生都要遵守同样的课程作业标准,相关要求每年都会在各州相关公共咨询平台上更新并公布。

4. 州课程编码体系

州课程编码体系是为学生在公立教育系统与相关私立教育系统间转学而建立的,实现不同教育系统间的学分有效转换。由相似资格的教师教授的相似教学内容被赋予同样的编码或代号,这样的课程被认为是具有等值性的。在相同的州课程编码体系范围内,教育系统若接受学生转学,则必须授予学生等值的课程学分,这有利于不同教育系统的等效评价。

5. 院校间的学分衔接和课程互认协议

除了州衔接协议,不同高等教育机构之间合作或进行学分转换也有相应的衔接协议(articulation agreement)或转学合作协议。衔接协议是促进中等后教育过程中学分转换的重要工具,用来保障高等教育机构之间的课程互认、对等性要求约束以及学分转换要求。衔接协议的类型有很多种,主要包括:单一协议,由转入方设置的对某类专业课程的认可协议;双边协议,由转入机构与转出机构一对一签订的专业课程互认协议;多边协议,由一个转入机构与多个转出机构,多个转入机构与一个转出机构,或多个转出/转入机构之间签订课程互认协议。

6. 对学生权利的规定

美国在学分转换过程中会充分考虑学生的权益,确保学生的核心地位,以获得文科副学士学位的社区学院毕业生为例,根据衔接协议,其拥有的权利包括:可基于州课程编码体系进行同等课程的学分转换;除限制性教育项目外,可被其他任何州立大学录取;州立大学对特殊教育项目的学分予以认可；对某些有额外要求的限制性教育项目，可根据标准进行额外的知识学习；同州立大学直接入学的学生一样拥有参加限制性教育项目的平等机会。

（二）"双重注册课程"的基本内容

双重注册课程在不同的州表现形式有很大差别，课程结构、课程内容、教学方式各异，授课地点和授课方式也不相同。一些州要求高中生与大学生一起进行课堂学习或参与网络授课，另一些州则鼓励高中教师通过获取认证的方式取得双重注册课程的授课资格，以便高中生在本校就可以学习双重注册课程，进而获取相应的大学学分。此外，不同州对学生参与双重注册课程的资格认定也存在差异，通常只有高中高年级的学生才有资格参与双重注册课程的学习，只有在学业上有过人禀赋或出众才华的学生才能被允许在低年级段加入，教师或学校相关教育管理者对学生的推荐也是其中重要的参考要素。双重注册课程有三个基本特征：一是严谨的课程内容。双重注册课程注重培养学生的学术技能，因而在课程内容方面更加严谨，对学生的课业要求也更高、更加严格。二是频繁的师生互动。双重注册课程的参与者往往将向教师求助看作"隐形课程"，因此师生互动频繁，互动过程中收获更多的是学习技巧和方法，而不仅仅是知识本身。三是自由的课堂氛围。双重注册课程的参与群体通常被默认为是有责任心的成熟人群，因此在授课过程中会经常被给予充分的自由。

总之，在美国"大学衔接协议"的行动框架中，涵盖了学分转换系统、师资培训系统、课程库及选课系统等一系列教育网络，对于不同时空下的数据库建设与互联、信任银行（credit bank）和教师队伍建设都提出了更高的要求，其对美国教育的根本意义不在于纸面上的行动宣言，而在于从软件到硬件的综合改革。美国"大学衔接协议"的推行，是美国职业教育衔接体系建设的又一重要举措，对系统化改革职业教育与高等教育对接体系有重要借鉴意义。

三、英国的国家资格框架

英国早在1997年就建立了国家资格框架，2000年构建了高等教育资格框架，将高等教育的各种证书汇集一体。为实现以上两个框架的对接与整合,改变资格种类繁多、各种资格的要求和获取方式不尽相同等混乱局面,2004年国家资格框架被改为九级。这让国家资格框架更好与高等教育的等同物高等教育资格框架保持一致。2004年之后,该框架共有九个级别(为第一级、第二级和第三级提供初级资格),涵盖中等教育、继续教育、职业教育和高等教育的所有学习水平。尽管国家资格框架未涵盖学术高等教育课程(如学位),但它与高等教育资格框架大体一致,可以比较成绩水平。国家资格框架在2010年被更全面的资格和学分框架取代。国家资格框架的等级标准如表3-2所示。

表3-2　英国国家资格框架的等级标准

级别	等级标准
入门级	入门级资格认可基本知识和技能,以及在直接指导或监督下将知识和技能应用于日常生活的能力。这个级别的学习涉及建立基本知识和技能,而不是针对特定职业
一级	一级资格认可基本知识和技能以及在指导或监督下应用学习的能力。这个级别的学习涉及主要与日常情况相关的活动,并且可能与工作能力有关
二级	二级资格认可获得对工作或学习主题领域的良好知识和理解的能力,以及在一些指导或监督下执行各种任务的能力。此级别的学习涉及建立与工作领域或学科领域相关的知识和/或技能,并且适用于许多工作角色
三级	三级资格认可获得的能力,并能在相关的情况下应用一系列知识、技能和理解力。这个级别的学习涉及详细的知识和技能。它适用于希望上大学的人、独立工作的人,或在某些领域监督和培训他人的人
四级	四级资格认可专业学习,并涉及对工作或学习领域的高水平信息和知识的详细分析。此级别的学习适合从事技术和专业工作,和/或管理和发展他人的人员。四级资格相当于高等教育证书的水平
五级	五级资格认可增加对工作或研究领域的知识深度和理解的能力,从而能够制定解决方案和应对复杂问题及情况。该级别的学习包括展示高水平的知识、高水平的工作专业知识以及管理和培训他人的能力。此级别的资格适合更高级别技术人员、专业人员或管理人员的人员。五级资格相当于等高等教育资格,例如高等教育文凭、基础和其他通常不提供研究生课程的学位
六级	六级资格认可工作或学习领域的专业高级知识,以便能够使用个人的想法和研究来应对复杂的问题和情况。此级别的学习涉及获得高水平的专业知识,适合知识型专业人员或专业管理职位的人员。六级资格相当于具有荣誉学士学位、研究生证书和研究生文凭的学士学位

续表

级别	等级标准
七级	七级资格认可高度发达和复杂的知识水平，能够对复杂和不可预测的问题和情况做出深入和原创的反应。该级别的学习涉及高水平专业知识的展示，适合高级专业人员和管理人员。七级资格相当于硕士学位、研究生证书和研究生文凭
八级	八级资格认可特定领域的领先专家或从业者。这个级别的学习涉及开发新的和创造性的方法，以扩展或重新定义现有的知识或专业实践

四、英国国家职业资格证书框架

英国国家职业资格证书框架是以英国国家职业标准为导向，以实际工作表现为考评依据的职业资格证书制度。它覆盖了所有的职业门类、职业等级及其相对应的知识层级和在工作过程中承担的责任和权利。英国从1986年开始在企业推行国家职业资格证书制度，要求在一定时期内，使不同年龄段的劳动者和后备劳动力都能够按照一定比例要求，达到普通国家职业资格证书或国家职业资格证书框架的相应等级水平。[1]

国家职业资格证书框架帮助英国在全国范围内建立了统一职业资格体系，为后继的资质框架改革与教育体系改革打下了良好基础。国家职业资格证书框架基于实际工作表现进行考评，有利于企业建立科学合理的绩效考评机制，能够客观评价员工已具备的工作经验和劳动技能。企业在加强对员工工作管理的同时，也提高了员工的工作效率，企业可以根据考评结果确定奖惩机制，设置员工晋升通道，激励员工不断提高个人能力，从而提高员工的整体素质，以满足激烈市场竞争的需求。国家职业资格证书框架考评体系还可以对个体劳动者整个职业生涯的经验和知识水平进行考量，充分证明劳动者的操作技能及工作能力，从而激发员工的工作积极性。获得不同等级的国家职业资格证书，一方面可以为新入职者提供职业晋升的通道，增加晋升机会；另一方面，更换工作岗位者可以向新企业提供国际认可的工作资质证明。

---

[1]王爱珍. 英国国家职业资格证书制度（NVQ）[J]. 职业技术教育,2000(21):28-31.

（一）国家职业资格证书框架的等级结构

国家职业资格证书框架是基于能力的资格体系,按照对工作能力要求的高低共分为五个级别。

一级能力,涉及在执行一系列不同的工作活动中应用知识和技能,其中大部分活动可能是例行的和可预测的。

二级能力,涉及在各种环境中执行大量不同工作活动时应用知识和技能。有些活动是复杂和非常规的,并且有一些个人责任和自主权。与他人合作,也许是工作组或团队的成员,通常可能是一项要求。

三级能力,涉及在各种环境中执行各种工作活动时应用知识和技能,其中大部分是复杂和非常规的。有相当大的个人责任和自主权,往往需要他人的控制或指导。

四级能力,涉及在广泛的复杂技术或专业工作活动中应用知识和技能,这些活动在各种环境中进行,并具有相当程度的个人责任和自主权。经常存在对他人工作和资源分配的责任。

五级能力,涉及在广泛且通常不可预测的各种环境中应用技能和大量基本原则及复杂技术。具有非常大的个人责任和自主权,通常对他人的工作和大量资源的分配负有重要责任,分析和诊断、设计、规划、执行和评估的个人责任也是如此。

（二）国家职业资格证书框架职业标准的结构

职业的产业指导机构负责制定具体职业标准,职业标准规定了劳动者所从事的某一具体工作或岗位的要求。

所有国家职业资格证书框架的职业标准结构都相同,包括以下几点。

等级,根据岗位对能力的不同要求将职业资格标准划分为逐级递进的五个等级,形成一个从基础到高级的完整体系,等级的划分体现了对劳动者工作范围、难度的要求区别。

单元,包括各项工作的主要内容和具体步骤,职业标准的描述是以实际工作能力为基础、以单元为单位构成的。

元素，每个单元又分为若干元素，具体描述了岗位职责，确定了个人应达到的能力和知识水平。每个元素中又包含了适用范围、知识和理解、考评证据、考评要求等详细内容。

行为规范，明确规定了完成某一项具体任务所包括的各种操作规程和行为要求。

五、英国普通国家职业资格证书

为消除职业资格与学术资格间的层次差异，英国教育科学部与就业部于1991年联合发布《21世纪的教育和培训》，首次提出设置普通国家职业资格证书，用以鼓励年轻人接受教育培训。普通国家职业资格证书制度是对国家职业资格证书框架的补充，兼顾升学与就业的双重需求。国家职业资格证书框架和普通国家职业资格证书制度曾一度一同实施，由不同颁证机构认证，不同类型和级别的资格共存，资格市场十分混乱。并且，国家职业资格证书框架的应用过于死板，应用的领域比较狭窄，主要提供以工作为基础的资格认证，因此，不能满足高素质学习者的需求。普通国家职业资格证书可供所有年龄段的人选择。许多学校和学院提供相关课程，学生可以同时获得中等普通教育证书（GCSE）或高等教育准入证书（A Level）。普通国家职业资格证书通常涉及大量课程任务（六项至八项大型作业），这让证书获得者在申请工作时能够展示他们的技能。普通国家职业资格证书在英国的许多学校中用于三个主要科目：工程、健康和社会保健以及休闲和旅游。在2000年初至2005年，它们通常被设置为一年制课程，用于希望在中学12年级未达到A-Level标准的学生继续深造。为了鼓励更多的学生在义务教育结束后从事职业学习，2005年之后，许多学校不再在12年级开设普通国家职业资格证书课程，而是将中级或基础级别的普通国家职业资格证书课程一起纳入10年级和11年级的统一教学大纲。为提供一个便于各级各类资格相互比较、转换的平台，并规范职业资格体系，英国在1997年设立了国家资格框架，2003年，国家资格框架彻底替代了国家职业资格证书框架，但沿用了五级分类。[①]至此，英国的国家职业资格证书体系已初步建立。

---

① 郭霞，米靖. 英国国家资格框架新进展研究——从资格与学分框架（QCF）到规范资格框架（RQF）[J]. 中国职业技术教育，2016(33):62-71.

六、英国资格与学分框架

英国资格与学分框架是一种新的学分转换系统,用以取代国家资格框架,通过授予学分来认可资格。由于每个单元都有一个学分值并且学分可以转移,该框架使学习者能够按照自己的进度获得资格。英国资格与学分框架由英格兰资格及考试监督办公室(Office of Qualifications and Examinations Regulation,Ofqual),威尔士儿童、教育、终身学习和技能部(Department for Children,Education,Lifelong Learning and Skills,DCELLS)和北爱尔兰课程、考试与评估委员会(Council for the Curriculum,Examinations and Assessment,CCEA)共同监管。英国资格与学分框架基于具有信用价值和等级的单位,一个学分大约等于10个学习小时,这使学习者可以评估他们需要多少时间才能获得所需的资格。

英国资格与学分框架的初衷是建立一个支持职业资格体系持续发展的根本制度,具有以下优势。一是包容性:可以认可所有学习领域和级别的任何学习者的成果;二是灵活性:认证机构可以根据雇主和个体需求开发单元和资格,雇主或个体能够建立满足自身需求的成就路线;三是易访问性,所有的用户都能正确理解框架的内涵和认证方法;四是非官僚主义,通过合理的监督手段和质量保障体系支撑框架体系,降低用户使用成本。资格与学分框架作为一个描述性框架,用于新型学分转换体系,基于学分来认证单元和资格,能够覆盖所有资格等级和类型,并且受到严格监管,不仅能够提供设计规则,还能提供一种结构,使得资格的规模和级别可以用一致的术语来表述,确保颁证机构和市场能够准确描述其资格。[①]

在资格与学分框架中基于学分和资格认证来结构化识别学习成果,学分可以积累,并在资格和颁证机构之间转换,资格的获取难度也很容易识别,学习者有取得成果认可的最大灵活性和最多的机会。资格与学分框架的结构提供了资格的难度和价值信息,其中,"价值"通过在某个等级学习一个单元或资格的学习量(credit)描述。资格与学分框架的结构是阶梯式的,

---

①郭霞,米靖. 英国国家资格框架新进展研究——从资格与学分框架(QCF)到规范资格框架(RQF)[J]. 中国职业技术教育,2016(33):62-71.

所有资格和单元都有一个学分值和一个等级，学分值表明完成它需要付出的时间和努力，等级从入门级到八级，表明其难度或挑战程度。基于学习时长将资格分为单科证书（award，1—12个学分）、证书（certificate，12—36个学分）和文凭（diploma，36个学分以上）。级作为纵轴，学习量作为横轴，构成英国资格与学分框架的阶梯式结构。[①]

七、澳大利亚国家资格框架

澳大利亚国家资格框架是澳大利亚政府于1995年出台的一项国家政策，于2000年在全国范围内正式实施。新框架确立后，1991年5月发布的澳大利亚高等教育注册资格体系被废除，澳大利亚国家资格框架涵盖的学历资格包括全国的高等教育、职业教育与培训以及高中教育。

（一）澳大利亚国家资格框架等级描述

澳大利亚国家资格框架将不同教育领域的14种资格类型分为一级到十级，其证书由不同的教育机构颁发，不同资格之间互相衔接，以学习成果为导向，以能力为本位，形成了完整一致的全国性资格框架，建立了普通教育、高等教育、职业教育三位一体的"立交桥"，具体如表3-3所示。

表3-3 澳大利亚国家资格框架等级技能描述、资格证书及学制

澳大利亚国家资格框架等级	技能描述	资格证书	学制
一级	该级别的毕业生将具备初步工作、社区参与和/或进一步学习的知识和技能	一级证书（certificate Ⅰ）	半年至一年
二级	该级别的毕业生将具备在特定环境中工作和/或进一步学习的知识和技能	二级证书（certificate Ⅱ）	半年至一年
三级	该级别的毕业生将具备工作和/或进一步学习的理论和实践知识和技能	三级证书（certificate Ⅲ）	一年至二年

---

①郭霞.英国资格与学分框架（QCF）研究[D].天津：天津大学，2016.

续表

澳大利亚国家资格框架等级	技能描述	资格证书	学制
四级	该级别的毕业生将具备专业和/或熟练工作和/或进一步学习的理论和实践知识和技能	四级证书(certificate Ⅳ)	半年至二年
五级	该级别的毕业生将具备专业/辅助专业工作和/或进一步学习的专业知识和技能	文凭(diploma)	一年至二年
六级	该级别的毕业生将具备辅助专业/高技能工作和/或进一步学习的广泛知识和技能	(1)副学士学位(associate degree) (2)高级文凭(advanced diploma)	(1)二年 (2)一年半年至二年
七级	该级别的毕业生将拥有广泛而连贯的知识和技能,可用于专业工作和/或进一步学习	学士文凭(bachelor degree)	三年至四年
八级	该级别的毕业生将拥有专业/高技能工作和/或进一步学习的高级知识和技能	(1)研究生文凭(graduate diploma) (2)研究生毕业证书(graduate certificate) (3)荣誉学士学位(bachelor honours degree)	(1)半年至一年 (2)半年至一年 (3)一年
九级	该级别的毕业生将具备研究和/或专业实践和/或进一步学习的专业知识和技能	(1)硕士学位(扩展)(masters degree/extended) (2)硕士学位(课程)(masters degree/coursework) (3)硕士学位(研究)(masters degree/research)	(1)三年至四年 (2)一年至二年 (3)一年至二年
十级	该级别的毕业生将对复杂的学习领域和专业研究技能有系统和批判性的理解,以促进学习和/或专业实践	博士学位	三年至四年

(二)澳大利亚国家资格框架的行动目标

澳大利亚国家资格框架的建立始终以目标为导向,沿着其综合教育改革的指导方针逐步推进，根本目的是促进澳大利亚教育目标和教育形式的多样性，提升国家的总体竞争力。其行动目标包括：(1)通过国家认证的资质成果，建立对澳大利亚职业资质体系的信心，为国家经济发展做出贡献。(2)支持发展和维护资格准入的途径，并帮助人们在不同的教育、培训部门以及劳动力市场之间自由流动。(3)支持个人的终身学习目标，为个人通过教育、培训取得进步提供基础，并对其以往学习和经验进行认可。(4)提升对教育、培训的监管和质量保障力度。(5)加强毕业生和工人的国际/国内流动性，加深人们对澳大利亚学历价值和可比性的认识。(6)推动国际资格框架与澳大利亚国家资格框架的适配与协调，保持其在国际教育市场上的竞争力。

（三）澳大利亚国家资格框架的政策特征

在国家资格框架引领下，澳大利亚完成了系统的现代职业教育体系架构，成为与德国的"双元制"职业教育模式、美国的社区教育模式并列的世界三大职业教育典型模式之一，其政策特征可以概括为以下三个方面：(1)坚持政府引领与行业主导，以需求导向和能力本位的课程设置为核心，以实践驱动和环境优化的教学实施为关键，以严格准入和规范培训的师资为保障，实现"产教融合"，增强职业教育的适应性。(2)坚持课程衔接、学分衔接和资格证书衔接，以三个衔接为载体推进职业教育体系的衔接融通性，实行学分转移策略，学生可用已获取的学分免修同级别的课程，减少学习时间，提升学习效率，从制度上为个体提供了灵活和自主选择的学习路径，实现了职普融通。三是基于对非正式（正规）学习认定的"先前学习认可"机制，畅通了职业教育终身学习渠道，提高了职业教育体系的开放性。澳大利亚的"先前学习认可"机制建立在职业教育体系中，也依赖于其建立的职业资格框架。"先前学习认可"机制为学习者增加了新的学习路径，当前的学习结果能够得到认证，节约了学习成本，也增加了学生的学习动力，使个人的学习能力得到发展，并且可以激发个人终身学习的热情。[1]

---

[1]梁鹤.澳大利亚职业资格框架及其启示[N].光明日报,2016-11-29(15).

八、德国"双元制"教育模式

"双元制"教育模式首先源于德国的中等职业教育,是德国职业教育体系中最具特色、最具活力的部分。"双元制"职业教育不仅被誉为第二次世界大战后德国经济腾飞的"秘密武器",也是德国实体经济在历经2008年世界经济危机后仍屹立不倒且逆势上扬的重要原因之一。"双元制"高等教育则是传统学术性高等教育和"双元制"职业教育在高等教育体系内融通的结合体,是"双元制"职业教育的核心思想、培养模式、运行机制引入到高等教育领域后的产物。无论是"双元制"职业教育还是"双元制"高等教育,都秉承了"双元制"教育的核心教育思想和关键性的运作模式,即理论与实践的紧密结合,以及学校内理论教学和企业内实践教学的交替进行,体现了教学内容和教学场所的"双元性"。

随着二战后欧洲经济的快速复苏,德国的工业化不断推进,创造了以产业繁荣和快速发展为主要特点的"经济奇迹"(Wirtschaftswunder)。这个过程中,拥有深厚传统的职业教育也发挥了不可小觑的作用,职业教育的场域和体系逐渐成为手工业协会、工商业协会等实业团队之间竞争的对象,公权力逐渐在学校教育体系中放大,职业教育事务也呈现出国家化趋势。在与企业、合作的背景下,国家成为学校的权力代表,通过立法的形式,对企业参与学校培养的主体地位进行了导向性的规范,形成了"双元制"教育体系。

在制度化建设的过程中,1969年,联邦德国政府出台了《联邦职业教育法》(Berufsbildungsgesetz, BBiG),规定企业应履行教学、支付教育经费等义务。1996年,出台《联邦职业教育促进法》(Gesetz zur Förderung der beruflichen Aufstiegsfortbildung, AFBG),进一步明确了企业在"双元制"教育中的职责、权利和义务,以及促进"双元制"发展的具体措施。2005年,联邦政府将《联邦职业教育促进法》和《联邦职业教育法》修订合并,颁布了新的《联邦职业教育法》,将教育企业和职业学校在职业教育上的合作定义为常规任务。在法律、法规的约束下,国家、企业和全社会对企业参与人才培养的责任已经形成共识。2019年,再次对《联邦职业教育法》进行了全面修订,并于2020年1月1日正式实施，除去对相关法条结构性的修订之外，新修内容主要集中在"双元制"培养方式，包括"双元制"职业教育学习者生活待遇保障和其他权益保障、职业教育内部的融通性、"双元制"职业教育体系国际化等方面。

克拉克（Clark）的高等教育三角协调模式（triangular coordination model），以知识为逻辑起点，构建了以工作、信念和权力为主要范畴的高等教育逻辑体系。[1]加雷斯·威廉姆斯（Gareth Williams）在此基础上将三角协调模式进一步细化为六个细部模式，高校与市场之间通过"双元制"形成供给平衡，并以此为原点，分析政府、市场、高校三者之间的平衡和张力，从而比较清晰地印证了上述"双元制"的制度边界，如图3-1所示。

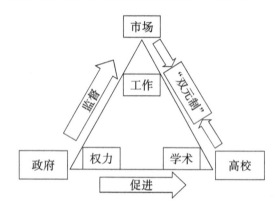

图3-1 三角协调模式下的"双元制"

"双元制"教育模式是德国职业教育最显著的特色，主要是指企业培训和学校教育相结合的一种职业教育模式，也被称为现代学徒制。它的核心内容是：以职业动力为核心的课程设置，强调校企合作的办学模式，强调双元双师的师资配备。"双元制"教育模式起源于德国，发展、兴盛于德国，早在1794年，普鲁士就明确规定学徒结业时必须接受行会举行的知识水平测试。1900年前后，慕尼黑教育局局长凯兴斯坦纳（Kerschensteiner）发起了劳动学校运动（Arbeitsschulbewegung），将当时的"书本学校"改为"劳作学校"

①克拉克. 高等教育新论：多学科的研究[M]. 王承绪，徐辉，郑继伟，等，译. 杭州：浙江教育出版社，2001.

（Arbeitsschule）。他认为，公立学校应具备三个任务：(1)职业教育或为职业教育做准备；(2)职业教育的伦理化；(3)职业团体的伦理化。[1]可以说，凯兴斯坦纳的观点构成了最原始的双元职业教育理论。德国是职业教育的强国，其"双元制"教育模式闻名遐迩，对其的解读与借鉴一直不断。综合来看，研究视域下的"双元制"可以分成三类：一是讨论得最多的"职业教育中的双元制"（Dusles System in Berufsausbildung）；二是"双元制"大学（Duale Hochschule）；三是高等教育中的"双元制"模式（Duales Studium in Hochschulbildung）。对职业教育中的"双元制"的研究是三类研究中的重点内容，在此不再赘言。而关于"双元制"大学，其中最著名的就是创办于2009年、总部设在斯图加特的巴登符腾堡应用技术大学（Duale Hochschule Baden-Wuerttemberg）。值得注意的是，在德国大学校长联席会议对高校的分类中，这种模式的学校是德国高等教育改革背景下的新成员，与师范大学一起作为"其他类型高校"存在于德国高校的序列中。从溯源上看，"双元制"可以视作德国高等教育系统向职业教育系统借鉴的"舶来品"。事实上，"双元制"教育模式在德国大学存在已久，"双元制"教育模式的历史要远远早于"双元制"大学的历史，最早出现于1972年，当时的符腾堡管理与经济学院（Württembergische Verwaltungs-und Wirtschaftsakademie）、内卡河畔工业与手工业行会（Industrie-und Handelskammer Mittlerer Neckar）以及博世公司（Robert-Bosch GmbH）、戴姆勒—奔驰公司（Daimler-Benz AG）等企业合作开辟的企业管理人才培养模式称为"斯图加特模式"（Stuttgarter Modell）。1974年，这一模式扩大，成立了斯图加特职业学院（Berufsakademie Stuttgart）。经过几十年的发展，截至2016年，在德国的综合性大学和应用科学大学中共开设"双元制"专业1592个，约占专业总数的10%，参与的企业有47458家，学生数达到100739人。

　　德国应用科学大学开展"双元制"的形式要素与职业教育中的"双元制"类似，主要包括四个核心内容：一是企业与学校签订协议，成为学校双元培养的合作伙伴；二是学生不是向学校而是向企业申请学习机会，企业对学生进行选拔；三是学生与企业是雇佣关系，在读期间有工资收入；四是培养的过程采取"理论+实践"的双元轮动模式，理论课程的构建围绕实践中的具体

---

①彭正梅. 德国教育学概观：从启蒙运动到当代[M]. 北京：北京大学出版社，2011.

需求和具体问题，一般每三个月就要轮动一次。在应用科学大学的内部，开展"双元制"的必要条件是模块化教学（Modularisierung）；唯有模块化的课程才能使学校在不影响学生在企业实训的前提下，达成专业能力框架下的培养目标，才能使学生有可能在灵活的时间安排下，进行个性化的选课和学业安排，从而最大程度地减轻学生的学习压力，确保专业的"可学性"（Studier-barkeit）。①

"双元制"教育模式受到了德国悠久的行会传统和德意志文化中"双重自由观"的影响，更在一定程度上建构了国家、企业和学校三者之间的关系，在"双元制"教育模式中，始终存在着国家干预和企业自治之间的张力和博弈。近年来，甚至还出现了以行会为办学主体的，融合职业学校（Berufskolleg）、生产车间（Handwerksbetrieb）、技工学校（Meisterschule）以及应用科学大学的"三元制"模式（Triales Studium）。对于应用科学大学来说，"双元制"是企业参与高校人才培养的绝佳途径，大大加强了应用科学大学与企业之间的联系，更对其人才培养保持职业导向特征产生了深远而又持续的影响。作为德国教育体制中的一项重大创举，"双元制"教育模式很好地回应了技术经济发展的新需求和知识生产模式变革带来的影响，解决了高等教育体系与职业教育体系之间的融通问题，如图3-2所示。

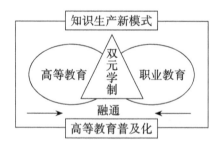

图3-2 德国应用科学大学"双元制"的制度创新结构

①"可学性"是德国工程教育专业认证指标体系中的核心概念。参见王兆义，徐理勤．制度移植背景下国际工程教育专业认证的效用分析——基于Z校参加德国ACQUIN专业认证的实践[J]．高等工程教育研究，2019（5）：61-67.

九、借鉴与思考

世界主要发达国家职业教育体系层次衔接的政策案例和经验表明，职业教育与高等教育、普通教育在层次定位、人才培养目标、课程标准等方面进行衔接已成为世界教育发展的重要趋势。职业教育不同阶段和层次间实现科学、合理的衔接，是实现现代职业教育体系建设的重要环节之一。在教育体系的构建上，这一重大趋势表现为，不同教育类型之间的界限逐渐弱化，融通性加强，普通高等教育、应用型高等教育以及职业教育之间出现相向发展、相互衔接的态势。现代职业教育体系层次衔接的行动逻辑即源于此，具体而言，就是要突破职业教育原有空间、技术、资源等方面的局限，拓宽职业教育横纵贯通的外部渠道，提升职业教育转变过程中结构化、生态化的发展格局，形成专本研有机衔接、体现终身学习理念的现代职业教育体系。

通过从制度框架、行动模式和具体机制三个方面对上述案例进行分析，可以发现职业教育体系层次衔接的三大举措：一是促进学位证书与职业资格证书相互融通，即建立统一的职业资质框架等级体系，涵盖教育的全体系和全流程，在职业教育与学术教育课程学分互认的基础上，实现学位证书和职业资格证书的同等互认和互相转化。二是促进社区职业教育与学校教育相融通，即建立多样化办学体制，发挥不同办学主体的特色与优势，以统一课程库、学分银行的建设为抓手，在强化办学资质和教育质量认证的基础上，实现社区职业教育与学校教育相互补充。三是促进综合性大学与职业技术大学相融通，即建立不同教育类型和教育机构之间的"立交桥"，为不同兴趣特长的学生提供可回转、可跨阶的择校路径，发挥综合性大学与职业技术大学各自在基础科研和成果转化方面的优势，在建立统一管理体制的基础上，实现综合性大学与职业技术大学在人才培养、科学研究、成果转化以及社区服务方面的协同与合作。

总之，发达国家在职业教育衔接方面的经验可以为我国当前探索职业教育的改革与发展提供宝贵的借鉴。同时，我们应当保持清醒的头脑，不能盲目照搬,一方面要注意避免这些国家在以往发展过程中走过的弯路、错路;另一方面,要充分考虑我国经济社会发展的现实需求和基本国情,探索符合我国高层次职业教育发展现状的"中国理论"和"中国方案"。

第四章　我国高层次职业教育的现状与实践

随着新一轮科技革命的发展,社会产业由低附加值、低技术水平逐渐走向高端,产业不断转型升级,主要表现为宏观层面的结构变革和微观层面的生产技术复杂化。因此,我国必须以人力资本为核心要素,积极培育高层次技术技能型和创新型人才。从社会需求看,我国已经进入了高等教育普及化阶段,人民群众的教育需求从"有学上"转变为"上好学",专科高职已不能满足学生学历层次的需要与产业升级对高层次技术技能人才的要求,而提高层次水平最直接的方法便是提升学历以及强化技能。作为与产业发展紧密联系的一种教育类型,职业教育的人才培养定位也要从单纯的操作性技能升级为工程性、创新性技能,需要职业教育不断向高层次跃迁,形成学历上中高本硕贯通的路径,走出"断头教育"的困境,建立起独立于普通教育体系的升学通道,搭建不同层次人才贯通的"立交桥"。本章将从长三角、京津冀与珠港澳三个区域梳理我国高层次职业教育发展现状,探讨职业教育的中高职衔接、中本衔接、专本衔接与本硕衔接模式,分析我国本科层次职业教育及研究生层次职业教育发展的经验与路径,为构建多样化的职业教育人才成长通道,实现高层次职业教育的跨越发展提供改革思路。

第一节　我国高层次职业教育发展现状

随着供给侧结构性改革深入推进,我国经济转型升级态势愈发明显,以知识密集型产业为代表的高新技术产业升级步伐日益加快。作为与经济社会发展联系最为密切的教育类型，高层次职业教育肩负着培养高层次技术技能人才的重担，肩负着支撑实现工业化、社会化和现代化的重任。教育部对照产业演进中人才需求的变化，于2019年提出了全国高职院校百万扩招计划，并在2020年提出硕士研究生以及普通专升本继续扩招，进一步实现不同学历层次、学科专业以及人才规格类型的精准化扩招。2021年，中共中央办公厅、国务院办公厅联合发布的《关于推动现代职业教育高质量发展的意见》提出，到2025年，本科层次职业教育招生规模不低于高等职业教育招生规模的10%，职业教育吸引力和培养质量显著提高。

2021年全国教育事业统计数据结果显示，本科层次职业学校32所，招生4.14万人，在校生12.93万人；高职（专科）院校1486所，招生552.58万人，在校生1590.10万人。尽管当前在规模上我国已经步入高等教育普及化阶段，但还未能形成支撑普及化的体系和结构。首先，高层次职业教育只是完成了由系统外部力量所支配和决定的学校数量和入学人数的增长，但系统内部诸如行政管理、专业结构、课程体系、教学形式和标准等方面还没有发生实质性变化。其次，高等教育普及化确实助力了人力资本增量的快速上升，但因层次结构、学科结构、类型结构等问题产生的大学生结构性失业、文凭膨胀和过度教育等现象成为社会议论热点。高层次职业教育如何实现由单纯数量扩容向结构优化、量质齐升转变成了亟须解决的紧迫难题。2021年2月，国务院副总理孙春兰在教育部召开座谈会提出了教育体系与产业体系有机衔接的教育政策研究实践课题。但是，我国区域之间不仅存在经济实力的差异，也存在着经济结构和发展潜力的差异，区域产业发展既依靠人口、资源等要素，也依赖从业者自身专业素质结构。当前普遍的共识是，高层次职业教育制度基本沿袭大众化阶段的组织和结构框架，无法适应不同地域间平等的经济发展需要。高层次职业教育应对照区域产业发展需求，主动调整结构，这已成为推动我国高等教育与产业高质量协调发展的必然选择。

随着我国城镇化进程的加快，经济发展的空间结构正在发生深刻变化，已初步形成了长三角、京津冀、粤港澳等重要的跨区域城市集群。各城市集群根据区位优势理论和区域差异实际，根据教育内部规律和经济发展需要进行了相应改革。在高层次职业教育人才培养目标下,办学主体、办学模式、生源模式、就业模式不再过分依赖中央统筹,而是转向以地方政府、企业、高校等单位为主体进行针对性办学。因此,要了解我国高层次职业教育发展现状,必须从区域出发,深入了解不同区域的高层次职业教育发展现状。

一、长三角高层次职业教育发展现状

长三角在行政区划上特指沪苏浙皖一市三省全域,位于长江经济带和沿海经济带的交汇点,是全国经济体量最大的城市群,也是我国最早实施区域经济一体化协同发展的地区。该区域拥有优越的产业经济和高等教育资源禀赋,以及国家层面的强力政策支持,仅用全国10%的人口,创造了全国近20%的GDP、25%的进出口总额和34%的货物吞吐量。[1]以2018年到2021年三季度为例,长三角GDP占全国GDP的比例从24.1%提高到24.5%,[2]对全国发展的辐射引领作用显著强于京津冀和粤港澳地区。高层次职业教育作为经济社会的重要推动力量,为长三角经济发展培养了大批高层次技术技能人才。截至2020年9月,长三角地区共计有235所高职(专科)院校,数量占前三的分别是江苏省(89所)、安徽省(74所)和浙江省(49所)。长三角高职(专科)院校在2020年共招生75.05万人,占全国专科招生总量的14.3%,远超粤港澳和京津冀地区的办学规模。[3]不仅如此,2019年获批"双高计划"建设的单位中,长三角占全国的20.8%,共计41所;近30%的长三角各类院校被评为全国高水平学校建设单位,整体实力较强。

长三角高层次职业教育发展与国家战略推进密切相关。2012年,长三角地区130多所高职(专科)院校召开了"长三角高等职业教育改革与发展高层论坛",探讨长三角高层次职业教育合作发展机制。2014年,教育部出

①朱丹霞,申小中."长三角"产业升级背景下职业教育协同创新探究[J].教育与职业,2021(4):46-49.

②陈雯,兰明昊,孙伟,等.长三角一体化高质量发展:内涵、现状及对策[J].自然资源学报,2022,37(6):1403-1412.

③刘衍,段进军,陆彩兰."十四五"时期长三角高等职业教育一体化发展的内涵、现状与路径[J].教育与职业,2022(7):13-20.

台《关于进一步推进长江三角洲地区教育改革与合作发展的指导意见》，标志着长三角教育联动发展又进入了一个新阶段。2018年，"长三角一体化"被提上国家战略日程，沪、苏、浙、皖共同签署了多项协定，如《长三角地区教育更高质量一体化发展战略协作框架协议》《长三角地区教育一体化发展三年行动计划》，联合成立了长三角教育一体化发展领导小组、发展研究院和教育人才服务联盟等，提出了未来八年的教育融合发展"两步走"目标，标志着长三角高层次职业教育合作进入了一个全新的高质量发展阶段。长三角高层次职业教育一体化合作机制在政府主导、基层自发结合的双重动力下已经形成了完善的领导统筹、协同沟通和项目发展模式。

长三角高层次职业教育虽然已进入一体化发展阶段，但仍存在资源配置不均衡、跨区流动不通畅和合作模式僵化等问题。首先，资源配置不均衡主要体现在办学体量和财政投入两方面。无论是高层次职业教育学校数量还是招生规模，江苏省和安徽省均优于浙江省和上海市。上海市虽然体量相对小，但是生均投入最高；安徽省虽然体量大，但是生均投入较低。一市三省的生均投入与其办学体量无法成正比，高层次职业教育资源的空间配置不均衡，从而增加了长三角一体化发展的统筹与协调难度。其次，虽然目前已经陆续制定和出台了部分文件，但仍旧没有专门针对长三角高层次职业教育一体化的顶层设计和组织保障，直接限制了一市三省中办学要素的跨区流动。2000年，全国高职（专科）院校的审批权、招生计划权全部下放至各省（区、市）的同时，进一步扩大了各级政府的统筹决策权，这也使各省（区、市）之间产生了行政管辖权限障碍和利益诉求差异，增加了高层次职业教育合作共享的难度。与此同时，由于本科层次职业学校、应用型本科学校等高水平高层次职业教育主体办学时间较短，尚不能充分发挥对高职（专科）院校合作交流的带动作用，更难达成跨区域、多维度的交流合作。最后，长三角现有的高职（专科）院校，多是在政府职教主管部门主导下，以官方框架协议、职教集团、联盟为主要合作形式。职教集团、联盟等成员间共建师资、共创人才培养模式仍处于小规模初试阶段，合作模式较为单一，核心凝聚力不强。

二、京津冀高层次职业教育发展现状

京津冀历史上本为一体,近代以来逐步分为三个行政区域。三地共同拥有背靠高山、南临平原、东临渤海的自然环境,同属华北最大的海河流域生态圈,具有自然形成的区域社会经济一体化发展基础。在京津冀一体化背景下,教育部早在2015年就将京津冀高等教育一体化发展作为教育工作的重点内容之一,并出台了相关政策,为京津冀高等教育的发展指明了方向,给予重要的政策支持。2017年初,教育部出台《京津冀协同发展教育专项规划》,推动三地基础教育优质发展、职业教育融合发展、高等教育创新发展,[①]京津冀高层次职业教育系统发展是其中重要内容之一。

但在实际发展过程中,京津冀三地高层次职业教育受到地理位置、经济发展水平、生源数量和结构、教学水平、人才培养方向、就业岗位等因素的影响,各地高层次职业教育发展水平差距很大。按常住人口计算,北京市千万人均高职(专科)院校数量为11.53所,天津市为16.16所,而河北省仅为7.95所。[②]在优质教育资源配置上,京津冀的国家示范性高职(专科)院校数量均超过三所,其中北京市和天津市的国家示范性高职(专科)院校占本区域高职(专科)院校总量的16.00%,而河北省仅占本区域总量的6.78%。整体来看,北京市高层次职业教育优势明显,各项统计数据不仅优于天津、河北,更是处于全国领先水平;天津市高层次职业教育规模处于北京市和河北省之间,资源比较丰富,办学水平较高,多数统计指标均高于全国平均水平[③];河北省虽然对于高层次职业教育资源的投入有限,但是有着数量众多的高层次职业学校和较大的学生基数。

近年来,在京津冀区域协同发展的背景下,三地高层次职业教育合作日益密切,但还存在深度不够、广度较小、动力不足等问题。京津冀高层次职

①马成东,刘鑫军.京津冀协同发展背景下高等职业教育微观协同范式研究[J].职业技术教育,2020,41(36):61-66.

②闫志利,侯小雨,辛夏夏.京津冀区域高等职业院校一体化布局研究[J].职业教育研究,2018(11):13-17.

③张强,邢清华,刘晓梅.京津冀高职教育与产业结构协调性实证研究[J].职业技术教育,2019,40(18):25-31.

业教育协同发展应当以政府为主导，以相关的机构和团体为具体执行对象，按照国家和当地政府的有关政策要求，在教育行政机构的指导和规划下，紧密围绕相应的高层次职业教育发展目标展开。目前，京津冀高层次职业学校战略联盟协议已部分实施，但持续开展的合作项目主要限于学生的互换、暑期学校等方面，而协议中拟定的其他领域的合作很少进行，甚至几乎没有开展，难以形成持久深入的合作。此外，京津冀高层次职业教育没有形成适合自身的发展模式和发展理念，各院校在教学中仍以传统教育学思维解决高层次职业教育问题，忽视了多区域、多学科、多专业、多主体等环节，导致在实践中合作广度较小。京津冀高层次职业学校在协同发展中虽已经创立相应联盟，利用团体优势发展高层次职业教育，但是相应的措施和联盟合作尚未深入到各领域，已有的联盟发展也因缺乏具体章程而较为缓慢。

三、粤港澳高层次职业教育发展现状

作为典型的产业集聚区域，粤港澳大湾区形成了集金融、科技、多类型产业于一体的综合产业群，几乎涵盖了所有产业类型。2019年，大湾区九市GDP为8.7万亿元，对全国GDP贡献率为8.6%，在全国的经济地位仅次于长三角和长江中游城市群，居于前列。[①]对于正在打造世界级城市群的粤港澳大湾区而言，当前高层次职业教育规模还不能与其经济发展水平和人口规模相适应。从地区分布来看，大湾区共有高层次职业学校或机构91所，其中香港13所，澳门8所，珠三角地区70所。从优质教育资源来看，大湾区内地九市中有五个城市拥有"双高计划"高职（专科）院校，分别是广州九所，深圳两所，佛山、东莞、中山各一所，而珠海、江门、惠州和肇庆没有"双高计划"学校。从高层次职业学校牵头成立职教集团的数量来看，对比长三角、长江中游、成渝等城市群超过10%的数据，粤港澳大湾区在这一指标上不足5%，尚不具备明显优势。

高层次职业教育是粤港澳大湾区经济转型升级的重要支撑，也是建设

---

①赵晶晶,张薇,张浩.粤港澳大湾区职业教育适应性研究——基于产业分析的视角[J].职业技术教育,2022,43(12):24-29.

国际化教育高地的重要组成部分。[①]2016年,粤港澳三地26所高校联合成立了高校联盟。2017年,粤港澳大湾区的职业学校、企业和教育机构共同成立了非政府、非法人、非营利性民间组织——粤港澳大湾区职业教育产教联盟,并制定了《粤港澳大湾区职业教育产教联盟三年工作规划(2018—2020年)》文件,从人才培养、专业建设、师资建设、平台建设等方面达成合作。粤港澳大湾区职教发展联盟于2019年正式启动,旨在通过创新高职人才培养培训模式、产教融合培训等领域打造特色项目。[②]粤港澳大湾区以资源共享、优势互补、协同创新、互利共赢为宗旨,通过举办人才高峰论坛、圆桌会议和协同发展研讨会等搭建协同发展平台,共同创建教师发展联盟和专业群产教联盟等各类联盟,为高层次职业学校之间合作交流提供了坚实的基础。但是,粤港澳高层次职业教育发展仍存在、结构失衡和供给不足等问题。粤港澳大湾区中香港、澳门的高层次职业教育普及程度较高,但是珠三角地区本科及以上层次职业教育发展较为缓慢,高层次职业教育普及程度相对较低。粤港澳大湾区现有72所本科学校和87所高职(专科)院校,但全球排名前300名的高校不足10所。由此可以看出,粤港澳高层次职业院校不仅数量偏少,办学层次也有提高空间。除此之外,高职(专科)院校毕业生能继续升学的名额有限,相应的招生考试政策尚未完全放开,粤港澳大湾区人力资源供给水平不能满足产业高端和高端产业对高层次技能技术人才的需求。

[①]曹美苑,兰青.粤港澳大湾区高职专业设置与产业结构的适配性[J].职业技术教育,2019,40(24):49-55.

[②]买琳燕.世界主要湾区高职教育合作经验对粤港澳大湾区高职教育合作发展的启示[J].职业技术教育,2020,41(36):67-72.

第二节　我国职业教育衔接代表性模式

新中国成立之初，我国职业教育对苏联的办学模式进行了借鉴和改进，探索出符合中国国情的以技术为本位的中等职业教育制度和技工教育制度，但未对职业教育的高层次模式进行探索。改革开放后，我国经济结构、产业结构和技术结构的调整对技术技能型人才的需求日趋突出，单一普通中等职业教育无法满足生产现代技术体系对多样化人才的需求，中等职业教育地位受到冲击。因此，中等职业教育进行了一系列改革以寻求与高层次职业教育的衔接，实现人才的可持续培养。2014年伊始，为健全职业导向的学位体系、建设现代职业教育体系，国家相继出台了《现代职业教育体系建设规划（2014—2020年）》《关于加快发展现代职业教育的决定》《高等职业教育创新发展行动计划（2015—2018年）》等文件，提出要探索与建立具有职业教育特点的学位制度，特别是专科层次学位。在政策的推动下，高等职业教育得到了快速发展。2014年底，我国普通高校有2529所，高职（专科）院校占52.4%；高等职业教育毕业生约31.8万人，占普通高校毕业生总人数的48.2%，高等职业教育成为高等教育的主力军。随着高等教育大众化的发展，高等职业教育不再满足于专科层次，而是继续向本科、硕士和博士研究生等层次的职业教育方向发展，努力建构培养各级技术技能人才的高层次职业教育体系。由此一来，便产生了中等职业教育到底如何与高层次职业教育衔接的问题。中高等职业教育的有效衔接部分搭建了现代职业教育体系，培养了大量中高级层次的技术技能人才，一定程度上满足了市场对多样化人才的配置需求，同时适应了产业转型升级和社会经济发展对职业教育提出的新要求。

目前，我国职业教育各层次衔接模式可以大致分为中高职衔接、高本衔接、本硕衔接、中本衔接、中高本衔接等。按照学制划分，中高职衔接模式可分为"3+3""3+2""2+3"，以及五年一贯制等衔接模式；高本衔接模式可分为

"5+2""3+2""2+2""1+3""4+0"和"专升本"等;本硕衔接模式可分为"4+2"
"4+3""4+2+1"等;中本衔接模式可分为"3+4""5+2""2+1"等;中高本衔接模
式则为"2+3+2"(见图4-1)。

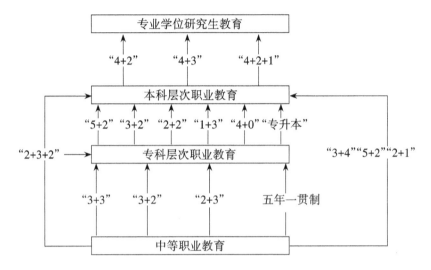

图4-1 职业教育各层次衔接模式

一、中高职衔接模式

我国中高职衔接起步于20世纪80年代,以五年一贯制为主要形式。其
特点是在同一所学校内使初中起点的学生通过五年一贯的系统培养,达到
高职(专科)院校学生的毕业要求,并颁发高职(专科)院校的毕业证书。从
2010年起,多省(区、市)开展了职业学校中高职衔接三二分段试点工作,以
五年一贯制为基础衍生出"3+2""2+3"等衔接模式。

2012年,江苏省试点"3+3"中高职衔接分段培养模式,将五年学制延长
至六年。第一个"3"是指在中等职业学校学习某专业三年,第二个"3"是指
升入高职(专科)院校再学习该专业三年,而"+"是指需要通过由高职(专科)
院校主导、中等职业学校协助和教育部门监督下的笔试,学生只有在高职
(专科)院校中学习合格后才能获得全日制大专文凭和院校推荐就业。值得
注意的是,这种培养模式不是简单的相加模式,而是通过一致的培养目标统
筹安排,同时根据职业能力递进要求重新设计并分阶段实施整体课程。该

模式探索打破了原有中高职各阶段各成体系的教育形式，能充分发挥各自的办学优势和教育资源，强化中高职各自应承担的理论实践、技术技能训练的教学，为国家培养更多符合社会需求的中高级技术技能人才。

中高职衔接试点项目实施以来，部分院校招生计划完成情况不尽如人意，主要是中高职课程缺乏系统设计，导致体系不衔接。在过去，中等职业学校和高职（专科）院校相对独立办学：一是所属主管部门不同，导致信息不对称，无法有效沟通；二是基本理念目标不同，使得双方的教学内容和方式方法等互不衔接；三是基本标准尚未建立，课程设置只是中高职之间的简单相加，或是对各自课程体系的"修补"，致使课程重复或脱节。这也导致参与试点的学生面临着浪费时间、重复学习相关知识或者难以实现从初级到高级的知识过渡的困境。

面对中高职衔接的挑战，衢州职业技术学院对初中起点五年制的护理专业进行了模式改革，创新实施"2+3"模式（见图4-2）。相对于"3+2"模式，该模式能够统筹兼顾中等职业学校与高职（专科）院校的执业要求，有效解决理论与实践教学重复问题，同时进一步发挥高职（专科）院校对中等职业学校办学的指导作用，实现中高职衔接高质量发展。[1]中高职衔接是职业教育发展特定历史阶段的产物，是适应经济发展方式转变和产业结构调整要求的基础步骤，是加快构建终身教育体系和中国特色现代职业教育体系的关键一环，是整合职业教育资源配置、强化中等职业教育基础作用、发挥高等职业教育引领作用的重要举措，对于办出职业教育特色、搭建人才成长的"立交桥"、满足社会对多样化人才的需求具有重要意义。[2]

---

①崔戴飞,饶和平,余文富,等. 5年制中高职衔接"2+3"模式的研究——以衢职院护理专业为例[J]. 中国高等医学教育,2014(4):31-32.

②堵有进. 中高职衔接的现实问题与破解对策[J]. 教育与职业,2017(13):51-56.

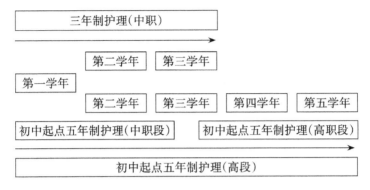

图4-2 "2+3"中高职衔接模式(以衢州职业技术学院护理专业为例)

二、中本衔接模式

教育部于2014年提出了以中本衔接教育为代表的职业教育新理念,明确指出将"系统构建从中等职业教育、专科、本科到专业学位研究生的培养体系,满足各层次技术技能人才的教育需求,服务一线劳动者的职业成长"。中本衔接项目的实施,将进一步打通中职到本科层次职业教育的上升通道,理顺职业教育内部结构,同时促进职业教育与普通教育相互沟通,是职业教育体系建设关键的一环。"3+4"衔接模式是中等职业教育与本科层次职业教育衔接的主要模式。该模式下,应届初中优秀毕业生先进入中等职业学校学习试点相关专业三年,再通过考核测试升入对应本科学校学习四年,最终成绩合格者能够领取本科学校毕业证书。各省级政府部门积极响应政策号召,引导和推动中本衔接模式,如江苏、山东、上海、海南等省市较早开设试点项目,中考招生政策涵括了"3+4"中本衔接模式的内容。其中,江苏和山东是单独制定相对完善的中本衔接招生政策的典型省份。江苏省早在2012年提出试点中本贯通培养模式,2013年发布《关于公布2013年江苏省现代职教体系建设试点项目的通知》,部署贯通培养试点工作,但是整体较为笼统,只提到将办学自主权完全下放给学校,由牵头学校与参与院校共同制定。而山东省则出台了具体的《山东省职业院校与本科高校对口贯通分段培养转段工作实施方案》,对报名条件、生源质量、录取方法及程序、招生条件等做出详细规定。

2021年,北京市教委在"3+4"衔接模式的基础上提出由入选北京市特色高水平职业学校的中等职业学校与应用型本科学校联合培养的"5+2"衔接模式。学生在中等职业学校学习五年后,在本科学校学习两年,完成不同阶段学业获得不同毕业证书:中等职业学校为完成前三年学业且成绩合格者颁发中职毕业证书;合作本科学校为完成前五年学业且成绩合格者颁发专科学历证书,为完成全部学业且成绩合格者颁发本科(专升本)学历证书。

"2+1"中本衔接模式不以学制作为划分依据,而是指以"两所本科学校+一所中等职业学校"模式联合培养人才。以上海文物保护与修复专业为例,学生先在上海市信息管理学校图书信息管理专业学习三年,再升入上海视觉艺术学院主修文物保护与修复专业,同时辅修上海应用技术大学材料工程专业课程,经过考核成绩合格者可以获得上海视觉艺术学院艺术学学士学位、上海应用技术大学工学学士学位,即该模式下学生可获得"双学士学位"[1]。

截至2017年6月,全国共计15个省(区、市)参与试点中本衔接项目,主要模式仍是"3+4"衔接模式。从具体实施地区来看,华东、华南和东北等地教育发展较快,如江苏、上海、山东和辽宁等地试点早,推广范围大,而西北和华北等地改革创新力度较弱。从试点学校的类型来看,落实"3+4"衔接模式的大部分中等职业学校是省市级重点改革示范性学校,相应对口本省本科学校。从试点专业选择范围来看,该项目选取了省级骨干专业或特色专业。"3+4"中本贯通培养确实打通了职业教育的"断头路",但在实践过程中仍存在诸多问题。无论中等职业学校还是本科学校的培养目标中,出现频率最高的关键词是"技术""应用型""技能型"等,都强调学生要掌握某项职业或岗位对应的技能,但层次性不强,没有体现出各自的区分度以及二者之间的衔接性。此外,中等职业学校和本科学校在培养目标、教学理念、教学资源、教师队伍等方面存在较大差异,导致二者在构建课程体系时难以衔接贯通,导致"3+4"衔接模式只能称得上学制形式上的衔接,但实际仍然是"两张皮"状态,教学质量和培养效果大打折扣。

---

[1]唐纪瑛."2+1"中本贯通专业课程一体化建设实践研究——以文物保护与修复专业为例[J].中国职业技术教育,2020(32):19-24.

三、专本衔接模式

为了适应社会经济发展的需要和满足人们对高层次、高质量教育的需求,1999年颁布的《关于深化教育改革全面推进素质教育的决定》提出"要构建与社会主义市场经济体制和教育内在规律相适应、不同类型教育相互沟通相互衔接的教育体制,为学校毕业生提供继续学习深造的机会。职业技术学院(或职业学院)毕业生经过一定选拔程序可以进入本科高等学校继续学习"。这一政策的实施,促使了专升本制度的推行,为高职(专科)院校学生开辟了一条新的道路。十多年来,各地教育主管部门积极落实教育部的要求,组织本科学校面向高职(专科)院校进行"专升本"招生,从而实现了部分高职(专科)院校优秀毕业生继续深造的愿望。除了更新"专升本"招生模式外,创新了各种培养模式以加强衔接,如高职(专科)院校与本科学校联合培养的四年一贯制"0+4"模式,本科学校学习一年后在高职(专科)院校学习三年的"1+3"模式,两年高职(专科)院校学习经历和两年本科学校培养的"2+2"模式、三年高职(专科)院校和两年本科学校的"3+2"衔接培养以及五年高职(专科)院校和两年本科学校的"5+2"衔接培养模式。

以北京市为例,2015年开启了高端技术技能人才贯通培养试验。根据《关于开展高端技术技能人才贯通培养试验的通知》,北京立足高精尖产业和综合岗位(群),以对接高端产业的优势专业招收优秀初中毕业生为基础,推动部分职业学校与示范高中、本科学校、国内外大企业等进行合作,实行"三段衔接、七年贯通"的学制培养模式,即实施"2+3+2"高端技术技能人才长学制贯通培养。这种衔接模式专业指向高端、目标高端,连通普通教育和职业教育、国内教育和国外教育的资源,在全国范围内尚属首例。

目前,专本衔接模式呈现发展多样化、规模扩大化的趋势,但大多数衔接聚焦于课程和培养目标方面的衔接,而忽视了对教育理念衔接、师资队伍建设衔接和实践教学平台衔接等方面的具体分析及其重要性,因此与传统本科学校相对应的高职(专科)院校人才培养工作陷入困境。[1]从衔接成效来看,高职(专科)院校和本科学校招收的生源水平差异大,不同高职(专科)

---

①忽杰. 我国中—高—本衔接现状、问题及对策[J]. 中国职业技术教育,2016(3):68-70.

院校的人才培养层次水平也参差不齐，从而直接影响专本衔接过程中的人才培养质量。综上所述，受多种因素制约，专本衔接体制中双方合作仅停留在表面，实施过程中未能充分感知其必要性和重要性，导致衔接效果不理想。

四、本硕衔接模式

我国专业硕士从2009年开始试点至今已有14年，目前招生人数少、比例低，还处于探索期。此外本科层次职业教育长期缺位，专业硕士研究生招考方式和教育内容缺乏类型特色，导致我国本科层次职业教育与专业学位研究生脱节。[①]本硕衔接模式虽然也可以进行学制划分，但与所学专业联系更加紧密。"4+2"衔接模式是我国大部分硕士专业采用的培养方式，即四年本科教育和两年专业学位研究生教育，但是医学专业和师范专业的培养模式与此不同。以医学生为例，其本硕衔接模式为"4+3"衔接模式。医学生首先需要完成四年本科医学理论教育，然后成为住院医师进行为期三年的规范化培训。在后三年中，医学生在课程考试、学历学位考试、执业医师考试、住院医师规范化培训结业考核中均能合格，就能获得临床医学研究生学历和硕士学位证书、执业医师证书、住院医师规范化培训合格证书，从而顺利进入临床工作。如果不能完成学历学位考试，但通过执业医师考试和住院医师规范化培训结业考核者，也能够获得本科学历和学士学位，以全科医师身份进入基层医疗单位工作。医学教育改革以本科入学为出发点，以硕士研究生毕业为目标，能够有效实现本科、专业学位研究生教育和住院医师规范化培训的科学衔接，从而达到提高医学人才培养层次和培养质量的成效。以师范生为例，典型的本硕衔接模式为"4+2+1"，具体来说，师范生要先接受本科学科专业教育四年，再学习教育理论及学科知识等两年，包括完成相关的教师教育研究和学位论文写作，最后花一年的时间进行基础教育实习和调查研究。该模式将本科层次的学科教育和研究生层次的教师教育有机贯通，是一种具有专业特点的研究生层次的基础教育师资培养模式。

通过整理《中等职业学校专业教学标准（试行）》《高等职业学校专业教

[①]王一涛，路晓丽. "中高本硕"衔接的理论溯源、实施现状与路径优化——基于类型教育的视角[J]. 教育发展研究，2021，41（3）：60-67.

学标准》《本科专业类教学质量国家标准》等文件,进一步梳理中等职业教育、专科层次职业教育、本科层次职业教育和专业学位研究生教育的专业课程设置与教学标准后发现,各阶段人才培养规格衔接度不够,课程体系与教学标准差距较大。职业教育专业设置以职业能力为依据,专业类别多而杂;普通教育专业设置以学科为划分依据,专业类别少但涵盖内容广。中高职阶段的课程体系是在分析工作过程与职业能力的基础上按技能发展的逻辑构建的,强调培养学生的实践能力;本硕阶段则是按学科知识的逻辑组织课程内容,强调理论知识的学习。这导致不同层次职业教育未构建起连贯的课程体系,中高本硕各阶段的人才培养呈现出断裂状态。探索中本"3+4"、专本"3+2"以及本硕"4+3"或"4+2+1"一体化人才培养模式,打通中高本硕的人才培养通道已经成为当前急切需要解决的问题,职业教育高层次人才培养模式亟待创新。

第三节　我国职业教育高层次发展实践

高等教育毛入学率达到50%是高等教育从大众化迈向普及化的重要节点。我国高等教育毛入学率在2019年达到51.6%,实现了这一过渡。在后普及化时代,我国高等教育发展战略由规模扩张向结构优化和质量提升转变。2022年5月开始实施的《职业教育法》第15条明确规定,职业学校教育分为中等职业学校教育、高等职业学校教育。高等职业学校教育由专科、本科及以上教育层次的高等职业学校和普通高等学校实施。第33条进一步规定了专科层次高等职业学校设置的培养高端技术技能人才的部分专业,符合产教深度融合、办学特色鲜明、培养质量较高等条件的,经国务院教育行政部门审批,可以实施本科层次的职业教育。本科层次职业教育作为打破高职高专学历层次的高一级层次,在高等教育普及化阶段,迎来了历史性的发展机遇。一方面,高层次职业教育由于还处于探索阶段,办学制度不完善以及受传统社会观念的影响,仍被认为是普通高等教育之后的低等选择,在职业教育高层次发展的过程中,往往遇到横向上普通高等学校不愿向应用型、职业型大学转变,纵向上职业教育扩招与升格缺乏吸引力等问题。另一方面,面对产业与社会对高层次职业教育的需求越来越大,本科层次职业教育将在政策与扩容层面上享有更多的发展机会。因此,全面了解目前本科层次职业教育的发展现状,对于统筹规划本科及以上层次职业教育发展,探索多样化发展路径,建立健全现代职业教育体系、优化高等教育结构具有重要作用。

一、本科层次职业教育的探索与实践

本科层次职业教育能够打通职业教育毕业生的成长通道,起着承上启下的重要作用。在启下方面,本科层次职业教育的根本任务是与中等职业教育、高等职业教育实现有效衔接,培养高层次技术应用型人才;在承上方面,本科层次职业教育的重要任务之一是为专业学位研究生培养输送优质的职业教育生源。因此,本科层次职业教育是打通职业教育学生成长通道的关键环节,它不仅能满足学生个体发展的需要,而且能够实现职业教育体系的内部纵向衔接。

(一)本科层次职业教育发展模式

目前,我国对本科层次职业教育发展的探索主要可以分为高职(专科)院校升格、高职(专科)院校与普通本科(独立学院)合作办学、独立学院转设等四种形式,大力推进职业教育向本科及以上层次发展。高职(专科)院校升格是从1999年6月中共中央、国务院发布《关于深化教育改革全面推进素质教育的决定》,提出扩大高中阶段教育和高等教育的规模,拓宽人才成长的通道,减缓升学压力后开始推进。据统计,1998年至2003年,全国共有114所新设本科学校,均为专科院校升格而来,其中有相当一部分是高职(专科)院校升格。[①]但这些学校升格后并未担负起本科阶段职业教育的培养工作,而是逐渐向普通本科学校靠拢,面向普通高中毕业生,并未与中等职业教育和高等职业教育进行有效衔接。随着国家着力构建现代职业教育体系,各地依据现有体制开始探索出其他途径。北京、江苏、山东、浙江、重

---

① 李红卫.我国高职专升本政策回顾与展望——兼论我国发展高职本科的路径[J].职教论坛,2010(7):29-32.

庆、贵州等省市通过高职(专科)院校与普通本科合作办学,推行高职与本科分段的"3+2"培养项目,以及中职与本科分段的"3+4"联合培养,部分优秀的职业学校学生能在完成前一阶段的学习后升入对口的本科学校学习。除此之外,大约600所地方本科学校采取整体转型和专业转型两种方式转型为应用型本科学校。值得关注的是,独立学院转设本科层次职业学校的探索过程比较艰难。独立学院是高等教育扩招背景下出现的创新产物,是由母体学校和合作方共同创办的学校。其办学先于政策,在当时政府缺乏财力的情况下,依托母体学校的实力与声誉引进合作资本,利用社会力量和市场机制增加高等教育资源供给,极大推进了高等教育大众化进程。2006年,教育部发布的《关于"十一五"期间普通高等学校设置工作的意见》中提出,独立学院要逐步转设为民办普通高等学校,但实施进程并不顺利。2014年,国务院印发《关于加快发展现代职业教育的决定》首次提及探索发展本科层次职业教育;2019年,国务院印发《国家职业教育改革实施方案》,明确提出开展本科层次职业教育试点,教育部正式批准南昌职业学院等15所民办高等职业(技术)学院升格更名为"职业大学",由此改变了高等职业教育止步于大专层次的局面,本科层次职业教育经历了一个从无到有、从试点到全面实践的过程。

为了加快现代职业教育体系的建设,2020年,教育部发布《关于加快推进独立学院转设工作的实施方案》,规定所有独立学院需在年内制定转设方案,并鼓励独立学院转设为本科层次职业学校。2021年,教育部印发《本科层次职业学校设置标准(试行)》《本科层次职业教育专业设置管理办法(试行)》,标志着我国本科层次职业学校和本科层次职业教育专业设置工作正式迈入实质性、规范化发展阶段。2022年5月,新修订的《职业教育法》的施行,更标志着我国本科层次职业教育进入了法治化发展阶段,在职普关系、学历层次和学位授予等方面拥有了明确的法律规定和法律依据。

(二)本科层次职业学校结构布局

2019年,教育部首批试点本科层次职业学校主要集中在南方省份,均为民办学校(见表4-1)。2020年,教育部又正式批准第二批本科层次职业学校更名结果,辽宁理工职业学院等六所学校升级为本科院校,其中五所为民办学校,一所为公办学校。此后,教育部陆续批准由景德镇陶瓷大学创办的独立学院——景德镇陶瓷大学科技艺术学院转设为民办本科层次职业学校,山西大学商务学院等11所独立学院与高职(专科)院校合并转设为公办本科层次职业学校(见表4-2)。

表4-1 首批15所本科层次职业教育试点院校

序号	建校基础	学校名称	所在省(区、市)	所在地域	学校类别	办学性质	发展路径
1	重庆机电职业技术学院	重庆机电职业技术大学	重庆	西南	理工		
2	成都艺术职业学院	成都艺术职业大学	四川	西南	艺术		
3	陕西电子科技职业学院	西安信息职业大学	陕西	西北	理工		
4	西安汽车科技职业学院	西安汽车职业大学	陕西	西北	理工		
5	山东外事翻译职业学院	山东外事职业大学	山东	华东	综合		
6	山东凯文科技职业学院	山东工程职业技术大学	山东	华东	理工	民办	2019年5月获得正式批准,由高职(专科)院校升格
7	山东外国语职业学院	山东外国语职业技术大学	山东	华东	语言		
8	南昌职业学院	南昌职业大学	江西	华东	综合		
9	江西先锋软件职业技术学院	江西软件职业技术大学	江西	华东	理工		
10	周口科技职业学院	河南科技职业大学	河南	华中	理工		
11	海南科技职业学院	海南科技职业大学	海南	华南	理工		
12	广西城市职业学院	广西城市职业大学	广西	华南	综合		
13	肇庆工商职业技术学院	广东工商职业技术大学	广东	华南	综合		
14	广州科技职业技术学院	广州科技职业技术大学	广东	华南	综合		
15	泉州理工职业学院	泉州职业技术大学	福建	华东	综合		

表4-2　11所本科层次职业教育试点院校

序号	建校基础	学校名称	所在省（区、市）	所在地域	学校类别	正式成立时间	办学性质	发展路径
1	景德镇陶瓷大学科技艺术学院	景德镇艺术职业大学	江西	华东	艺术	2020年12月	民办	独立学院转设
2	湖南软件职业学院	湖南软件职业技术大学	湖南	华中	理工	2021年5月		高职（专科）院校升格
3	山西大学商务学院　山西交通职业技术学院　山西建筑职业技术学院	山西工程科技职业大学	山西	华北	理工	2020年12月	公办	独立学院与高职（专科）院校合并转设
4	河北科技大学理工学院　河北工业职业技术学院	河北工业职业技术大学	河北	华北	理工			
5	华北电力大学科技学院　河北工业职业技术学院	河北科技工程职业技术大学	河北	华北	理工	2021年1月		
6	河北工业大学城市学院　承德石油高等专科学校	河北石油职业技术大学	河北	华北	理工			
7	西北师范大学知行学院　兰州石化职业技术学院　甘肃能源化工职业学院	兰州石化职业技术大学	甘肃	西北	理工	2021年3月		
8	兰州财经大学长青学院　兰州资源环境职业技术学院	兰州资源环境职业技术大学	甘肃	西北	理工	2021年5月		
9	广西大学行健文理学院　广西农业职业技术学院	广西农业职业技术大学	广西	华南	农林			
10	贵州师范大学求是学院　贵阳护理职业学院	贵阳康养职业大学	贵州	西南	医药	2021年9月		
11	浙江海洋大学东海科学技术学院　浙江医药高等专科学校	浙江药科职业大学	浙江	华东	医药	2021年10月		

截至2022年3月1日，全国已有本科层次职业院校32所，通过高等职业学校升格、独立学院转设、独立学院与高职（专科）院校合并转设三种途径设置，其中高职（专科）院校升格22所，独立学院转设一所，合并转设九所。从办学性质上看，32所本科层次职业学校中有22所为民办学校，10所为公办学校，呈现出民办为主，公办为辅的特点。

从地域分布来看，32所本科层次职业学校分布在全国20个省（区、市）。其中，11所位于我国华东地区，西北、华南、华北三个地区各有五所，三所位于西南地区，两所位于华中地区，一所位于东北地区。华东、华南、华中等三个地区拥有18所本科层次职业学校，约占全国院校的56%，东南沿海地区的区位优势较为突出（见图4-3）。

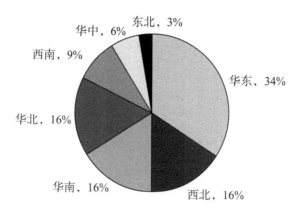

图4-3 32所本科层次职业学校地域分布

从学校类别看，这32所本科层次职业学校涵盖了理工、综合、艺术、医药、农林、财经、语言等七个类别，其中理工类学校高达17所，超过半数（见图4-4）。

但是深入分析试点学校的专业设置，可以发现不同学校的专业设置相似。从2021年各试点院校招生专业目录来看，各专业主要集中在装备制造大类的汽车制造、自动化、机械设计制造，电子与信息大类的计算机、电子信息、通信等，财经大类的财务会计、经贸、电子商务、物流等，艺术大类的艺术设计、表演艺术，新闻传播大类，教育与体育大类，旅游大类，医药卫生大类的护理、康复治疗等。①但是,安全大类、水利大类、公安司法大类等都尚未有专业布点。因此,本科层次职业学校的专业布局结构有待完善和优化。

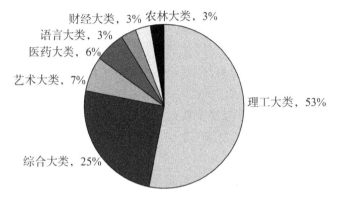

图4-4　32所本科层次职业学校类型分布

目前本科层次职业教育发展较为缓慢,这与长时间顶层设计滞后,以及教育界内外各方面对其的认识差异有关。本科层次职业教育既属于职业教育,又属于高等教育,涉及面较广,其发展方向和目标尚未明确,导致实践先行、规划在后。目前,我国已经明确提出要大力发展本科层次职业教育,但由于过去教育政策反复变化,教育各界对本科层次职业教育的思想观念不统一,影响了本科层次职业教育工作的顺利开展。从职业教育体系来看,《本科层次职业教育专业设置管理办法(试行)》《本科层次职业学校设置标准(试行)》虽然对设置本科层次职业教育专业、举办本科层次职业教育学校在基础条件上做了硬性规定,但是在本科层次职业教育的内涵、实践形式、办学规律等方面仍需要长时间、全方位、深入的学术研究和办学实践来探索。从高等教育体系来看,本科层次职业教育对其科学研究提出了一定要求,这容易导致本科层次职业教育在发展过程中出现人才培养目标定位不明的问题,在追求学术化的方向上掉入"学术漂移"的陷阱。因此,尽快完善本科层次职业教育发展的顶层设计,明确其定位与发展方向,是目前推动本科层次职业教育顺利发展的重要举措。

① 黄京钗 . 高质量发展视域下职业本科教育专业发展探究[J]. 教育评论,2022(11):78-82.

(三)本科层次职业教育发展路径

本科层次职业教育作为高等教育体系和现代职业教育体系的重要组成部分,其发展规划不仅要考虑到与整个职业教育系统的内在联系,还要考虑与高等教育系统的内在联系。因此,我国本科层次职业教育既要实现与中等职业教育、专科层次职业教育、专位学位研究生教育的纵向衔接,也要与其他类别的教育和培训互通,畅通职业学生的成长渠道。在此基础上,还要考虑到本科层次职业教育与整个教育系统、社会系统的外在联系。由于我国区域经济发展不均衡,产业结构和科技水平不同,对高端技能人才的需求也不尽相同。例如,东部发达地区,城镇化水平较高,其产业结构以第二、三产业为主,且高新技术产业化的速度逐渐加快,对高层次技术技能人才的需求相对较大,需要职业教育人才培养层次相对较高;而西部欠发达地区,工业化、城镇化水平相对较低,高等职业教育足以满足经济发展需求,对本科层次职业教育的需求则没有那么迫切。2021年,教育部发展规划司印发《关于开展"十四五"时期高等学校设置规划编制工作的通知》,要求拟设立的本科层次职业学校,要把控节奏、优中选优,原则上各省(区、市)不超过两所。从197所全国"双高计划"建设单位看,东部地区占比明显高于中西部地区,本科层次职业教育的发展应因地制宜、需求导向、质量为要,"一刀切"的政策制度不利于现代职业教育的高质量发展。因此,发展本科层次职业教育还应坚持以区域经济和工业发展为目标,对现有高等教育资源进行综合利用,吸纳社会优势资源,走多元化的发展道路。

对于如何发展本科层次职业教育,当前可分为两种:一是利用专科层次职业教育资源发展本科层次职业教育;二是依托本科教育资源发展本科层次职业教育。从依托专科层次职业教育资源发展本科层次职业教育来看,郭扬认为,可以从专升本入手,即在部分经济比较发达的区域,选择一些比较成熟的高职专业,以普通本科学校二级学院为依托招收现有高职高专毕业生举办二年制技术本科。[1]雷世平、姜群英认为,在专升本基础上发展本科高职,重点招收工作一年以上、具有一定工作经验的优秀高职高专毕业生

---

[1]郭扬. 关于我国发展技术本科的策略研究[J]. 职业技术教育,2002,23(1):9-13.

进行偏向实践能力和职业技能的本科层次教育。①黄达人提出了"专业试办"的办法,就是在产业密集、产业需求强烈的区域,选取与本地产业联系紧密、有实际需求的相关专业,依托办学水平高、办学条件好的高职(专科)院校,开展四年制职业本科专业人才培养试点。②石伟平等人从利用本科教育资源发展本科层次职业教育的角度,提出了"改造+升格"相结合的发展思路,一方面,可以把传统的本科学校从学术性大学转变成技术应用型大学;另一方面,允许少数办学条件较好的高职(专科)院校经严格审查后,晋升为技术本科。教育部印发的《关于"十四五"时期高等学校设置工作的意见》就提出要聚焦关键领域、重点行业、重点区域,以优质高职(专科)院校为基础,稳步发展本科层次职业学校。

目前,我国本科教育发展规模已接近饱和,在总量上已基本能够适应社会发展的要求,但在人才资源配置方面,还远达不到社会发展的要求。部分地方本科学校发展定位模糊,导致大量本科教育资源浪费。因此,依托本科教育资源成为本科层次职业教育的主要发展路径。重点院校尤其是高水平工科学校举办本科职业教育专业是其中最容易实施的路径之一。从20世纪后期开始,一些重点院校就充分发挥师资力量、生源质量和影响力等显著优势,开展本科层次职业教育,具有一定基础。其招收对象为中等、专科层次职业教育毕业生,或有一定工作经历的普通高中毕业生。因此,可重点按照专业的培养需求,与高职(专科)院校进行合作,发挥其优势。此外,可以持续引导部分地方本科学校向技术应用型大学转型。地方本科学校要立足于区域经济、工业发展需要,立足于企业的用人需求和自身发展的需要,重点开展本科层次职业教育,并适度发展专业学位研究生教育;同时,还可以将部分具有较强地方特色和工学特色的高校二级学院拆分、合并,形成单科型或多科型技术应用大学,为地方和行业提供高层次技术技能人才,突出院校的地方特色、专业特色。专业是本科层次职业教育发展完善过程中的关键。中共中央办公厅、国务院办公厅印发的《关于推动现代职业教育高质量发展的意见》要求围绕国家重大战略,紧密对接产业升级和技术变革趋势,

①雷世平,姜群英. 专科高职院校升格本科的"政策口子"缘何不能开[J]. 河南职业技术师范学院学报(职业教育版),2005(1):22-24.

②黄达人. 展望高职的前程[J]. 国家教育行政学院学报,2012(7):3-8.

优先发展先进制造、新能源、新材料、现代农业、现代信息技术、生物技术、人工智能等产业需要的一批新兴专业，加快建设学前、护理、康养、家政等一批人才紧缺的专业，改造升级钢铁冶金、化工医药、建筑工程、轻纺制造等一批传统专业，撤并淘汰供给过剩、就业率低、职业岗位消失的专业。2021年，教育部对职业教育专业进行了重大调整，新增专业167个，更名38个，在专业设置上表现出向普通本科学校看齐的趋势。目前，我国高等职业教育本科共设置农林牧渔、资源环境与安全、能源动力与材料、土木建筑、水利、装备制造、生物与化工、轻工纺织、食品药品与粮食、交通运输、电子信息、医药卫生、财经商贸、旅游、文化艺术、新闻传播、教育与体育、公安与司法、公共管理与服务等19个专业大类，下设96个专业类、247个专业。中共中央办公厅、国务院办公厅印发的《关于深化现代职业教育体系建设改革的意见》同样提出职业学校关键办学能力提升的要求，优先在现代制造业、现代服务业、现代农业等领域，组织知名专家、业界精英和优秀教师，打造一批核心课程、优质教材、教师团队、实践项目，及时把新方法、新技术、新工艺、新标准引入教育教学实践。重点院校尤其是高水平工科学校，在面向新一轮科技革命与产业升级所需的学科专业建设上有较强的学科基础与需求服务能力，实施本科层次职业教育有天然的学科优势与资源条件，能够在较短时间内响应高端产业、产业高端与急需产业发展的人才需求。依托本科学校举办职业技术本科专业教育，可以较快地提量保质，改善现代职业教育高层次人才供给结构。从现有的32所本科层次职业学校看，除南京工业职业技术大学由公办转设而来，在基本办学条件、师资队伍、课程资源、产教融合等方面有较强的基础与实力外，民办升格学校大多基础相对薄弱，本科层次的目标定位、师资与资源条件、培养过程、质量保障等还处于探索阶段，本科层次职业教育教学质量提升还有很长的路要走。对于高职（专科）院校与独立学院合并举办本科层次职业教育的学校，虽然独立学院有本科办学经验，但职业教育有其自身的办学规律与特点，合并学校在办学体制、管理机制、运行模式、资源融合等方面还需要一个较长的磨合期，形成合力办本科层次职业教育同样需要时间积淀。从本科层次职业教育量的发展需求看，《关于推动现代职业教育高质量发展的意见》提出了2025年本科层次职业教育的招生规模不低于高等职业教育招生规模的10%的目标，2021年本科层次职业教育招生规模只有4.14万人,另有专科起点本科招生1.51万人,而高等职业教育招生规模达552.58万人,即使前二者相加计算,本科层次职业教育招生规模只占高等职业教育的1%。2021年,普通本科学校1238所(含独立学院164所),可以较好地解决本科层次职业教育招生扩量的问题。当然,普通本科学校举办职业教育仍然需要转变观念,目标定位适应性调整,课程体系重构,"双师型"教师队伍训练,实习实践基地建设等一系列符合职业教育类型特色的建设改革任务。本科层次职业教育发展的任务还很艰巨,必须用科学、规律的办法来确保本科层次职业教育的健康发展。

虽然职业教育类型化改革已经在学制方面初步确立起与普通教育地位相等的职业教育体系,但还没有使职业教育吸引力显著提高,高层次职业教育在现实中仍然被认为是层次低于普通高等教育的"无奈之选"。即使国家出台了以《国家职业教育改革实施方案》为核心的一系列政策文本推进本科层次职业教育试点,但是普通本科学校行动力不强,企业和社会对本科层次职业教育的认可度不高,导致传统本科学校转型应用型试点工作遇到了较大阻力。因此,除了普通本科学校转型外,也需要整合高等职业教育优势资源。早在20世纪后期,高职(专科)院校就与普通本科学校联合培养试办本科层次职业教育专业。一些学校在经历了几年的发展后,已具备了比较强的办学实力,并形成了自身的品牌特色。以特色专业和名牌专业为基础开设本科专业,既可以拓展学生继续深造的渠道,也可以使其获得更大的职业发展空间,从而增强职业教育的吸引力。目前,专科层次高等职业学校实施本科层次职业教育已在法律层面予以确立,利用高职(专科)院校的优势教育资源逐步发展本科层次职业教育既能提高高等教育资源的利用效率,优化资源配置,也能促进与中等、高等职业教育的有效衔接,并为专科层次高等职业学校积累本科层次办学经验,共同推进现代职业教育体系建设。

二、研究生层次职业教育改革与发展

研究生教育是培养高层次创新人才的主要途径,是应对全球人才竞争的基础布局,是实施创新驱动发展战略和建设创新型国家的重要基石。经过40多年的发展,我国研究生教育已基本形成结构合理、类型丰富、自主灵活的制度体系。研究生教育根据培养目标不同,分为学术学位与专业学位；根据就读方式不同,又可分为全日制与非全日制。根据《现代职业教育体系建设规划(2014—2020年)》,普通教育体系自下而上为学前教育、小学教育、初中教育、普通高中教育、普通本科教育、学术学位研究生教育,职业教育体系自下而上为学前教育、小学教育、中等职业教育、高等职业专科(应用技术本科)教育、专业学位研究生教育。学生从初中升高中时开始分流,从高中段开始建立起职普双向沟通的机制,本科毕业可以直接报考专业学位研究生。该规划为《职业教育法》中确立"职业教育与普通教育相互融通,不同层次职业教育有效贯通,服务全民终身学习的现代职业教育体系"奠定了基础。从规划中可以发现,专业学位研究生教育被纳入职业教育体系,直接指出了专业学位研究生教育应培养产业行业需要的高层次应用型专门人才,这和职业教育是与产业经济结合最紧密的教育类型密切相关。当前,我国本科层次职业教育已经确立,尽管学校数量还不多,但总体上扩容提质的发展趋势非常明显,本科层次职业学校的结构与数量均将不断完善,如何发展研究生层次职业教育将是一个新的命题。一方面,职业本科专业毕业生报考专业学位研究生是否需要建立专门的职教通道,或者按现有模式进行统一考试招生,统一考试内容与方式是否需要体现职业教育特点与要求。另一方面,开展专业学位研究生教育的高校如何深化产教融合、校企合作的人才培养模式,从理念、模式、师资与资源建设、评价等方面改革创新,推动培养造就大批德才兼备的高层次人才。

(一)专业学位研究生教育改革新要求

从1949年研究生在学人数仅629人,到2021年在学研究生333.24万人,我国研究生教育经历了由少到多、由弱到强、快速发展的不平凡历程,形成了相对完备的学科专业体系和人才培养制度。1963年,《高等学校培养研究生工作暂行条例(草案)》出台,标志着我国研究生教育制度的初步建立。1981年,《学位条例》正式施行,为我国研究生教育的进一步发展奠定了制度基础。1991年,开始实行专业学位教育制度,开辟了高层次应用型专门人才的培养通道,实现了单一学术学位到学术学位与专业学位并重的历史性转变。2013年,《关于深化研究生教育改革的意见》发布,研究生教育开启全面深化改革,突出了服务需求、提高质量的共识,开启了向研究生教育强国迈进的新征程。2014年,全国研究生教育质量工作会议召开,发布了《关于加强学位与研究生教育质量保证和监督体系建设的意见》,确立了由学位授予单位、教育行政部门、学术组织、行业部门和社会机构共同参与的"五位一体"质量保障机制。目前,我国已建立起涵盖111个一级学科和47个专业学位类别的学科体系,基本涵盖国民经济和社会发展的各个领域。累计自主培养1000多万名毕业生,他们成为一支创新生力军,活跃在经济社会各领域,为经济社会发展、国际交流合作提供了有力支撑。我国自1991年开始实行专业学位教育制度以来,逐步构建了具有中国特色的高层次应用型专门人才培养体系,2020年我国专业学位研究生招生规模已超过研究生招生总量的一半。截至2019年,我国累计授予硕士专业学位321.8万人、博士专业学位4.8万人。针对行业产业需求设置了47个专业学位类别,共有硕士专业学位授权点5996个、博士专业学位授权点278个,基本覆盖了我国主要行业产业,部分专业学位类别实现了与职业资格的紧密衔接。

随着中国特色社会主义进入新时代,我国专业学位研究生教育也迎来了一个新的发展时期。习近平总书记在全国研究生教育会议上对研究生教育工作做出的重要指示,为新时代研究生教育改革发展指明了方向。中国特色社会主义进入新时代,即将在决胜全面建成小康社会、决战脱贫攻坚的基础上迈向全面建设社会主义现代化国家新征程,党和国家事业发展迫切需要培养造就大批德才兼备的高层次人才。研究生教育对培养创新人才、提高创新能力、服务经济、推进国家治理和治理能力的现代化起到举足轻重的作用。各级党委和政府要把研究生教育放在首位,把研究生教育与党和国家事业发展要求相结合,坚持"四为"方针,把重点放在科技前沿、重点领域,深化学科专业结构调整,提高导师队伍水平,健全人才培养机制,加快培养国家急需的高层次人才,为实现中国梦和实现中国特色社会主义事业做出应有的贡献。面对新一轮科技革命与产业变革的新需求,专业学位研究生教育还存在一些问题。一是对专业学位研究生教育的理解不够深入,重学术学位、轻专业学位的观念仍需扭转,单纯套用培养学术学位研究生的思路、措施等现象仍不同程度存在。二是目前我国硕士专业学位研究生教育存在着结构和质量问题,如类型不够丰富、设置机制不够灵活、个别类别发展较慢、培养规模较小、培养方式创新不足、人才培养质量不够。三是博士专业学位研究生教育的发展相对滞后，学科设置太单一、授权点太少、培养规模太小、无法满足行业产业对博士层次应用型专门人才的需求。四是发展机制不够健全，在学科专业体系中的地位需要进一步凸显，要不断完善人才需求和就业情况的动态反馈机制，逐步深化与职业资格的衔接，加强多元投入，强化产教融合育人机制，建立健全学校内部管理机制。

面对新时代新要求，发展专业学位研究生教育是主动服务创新型国家建设的重要路径。随着新一轮技术革命和工业变革蓬勃兴起，世界范围内的科技创新活动进入了高度活跃期，新经济、新业态不断出现，国际科技竞争也日益加剧，大国科技与人才之间的较量也愈演愈烈。目前，我国在许多领域还存在一些亟待解决的技术难题，已成为制约我国创新发展的瓶颈，这些技术难题主要集中在科技应用和转化方面，需要大量创新型、复合型、应用型人才。专业学位研究生教育以提高实践创新能力为目标，在适应社会分工日益精细化和专业化、对人才需求多样化方面具有独特优势，已成为高层次应用型人才培养的主阵地。专业学位研究生教育必须围绕"立德树人、服务需求、提高质量、追求卓越"的工作主线，着力破解亟待解决的问题，进一步完善发展机制，优化规模结构，夯实支撑条件，全面提高质量，为行业产业转型升级和创新发展提供强有力的人才支撑。

(二)专业学位研究生教育的发展目标与任务

专业学位是现代社会发展的产物，科技越发达、社会现代化程度越高，社会对专业学位人才的需求越大，越需要加快发展专业学位研究生教育。长期以来，研究生教育以培养教学科研人员为目标，高等学校和科研机构是研究生就业的主要渠道，但随着经济社会的发展，人才市场的需求结构发生了巨大变化，研究生在行业产业就业的比例逐年提高，各行各业对专业学位研究生的需求越来越大。从世界范围来看，美英法德日韩等发达国家对专业学位研究生教育发展给予了高度重视，以职业导向或较强应用性的领域为重点，设置了类型丰富、适应专门需求的专业学位，有力支撑经济社会发展。这些国家的专业学位研究生教育模式相对独立，突出特点是"产教结合培养"，体现了职业性和学术性的高度结合。国内外的需求变化表明，专业学位研究生教育的重要作用日益凸显,必须加快发展。专业学位研究生教育主要针对社会特定职业领域需要,培养具有较强专业能力和职业素养、能够创造性地从事实际工作的高层次应用型专门人才。专业学位一般在知识密集、需要较高专业技术或实践创新能力、具有鲜明职业特色、社会需求较大的领域设置。正是基于专业学位研究生培养的独特性与专门性,《关于加快新时代研究生教育改革发展的意见》提出了专业学位研究生教育的发展目标,到2025年,围绕国家重大战略、关键领域和社会重大需求,新增设一批硕士、博士专业学位类别,将硕士专业学位研究生招生规模扩大到硕士研究生招生总规模的2/3左右,大幅增加博士专业学位研究生招生数量,进一步创新专业学位研究生培养模式,产教融合培养机制更加健全,专业学位与职业资格衔接更加紧密,发展机制和环境更加优化,教育质量水平显著提升,建成灵活规范、产教融合、优质高效、符合规律的专业学位研究生教育体系。

为了实现上述专业学位研究生教育发展目标,重点要在优化硕士专业学位研究生教育结构与发展博士专业学位研究生教育两方面着力。(1)完善硕士专业学位类别设置和授予标准。硕士专业学位类别设置应强调职业背景和专业人才发展趋势的多样性,提高对行业产业发展的响应度和配合度,一般应要求具有广泛的社会需求,专业方向明确,有相对完整、系统的知识体系,培养对应职业领域的人才。授予专业硕士学位时应更注重学生对相关领域或专业基本理论和系统知识的掌握程度,以及通过研究解决实际问题的能力。(2)健全更加灵活的硕士专业学位类别管理机制。根据社会发展需求,在现代制造业、现代交通、现代农业、现代信息、现代服务业和社会治理等领域,增设一批硕士专业学位类别。开展硕士专业学位类别自主设置试点,允许学位授权自主审核单位自主设置硕士专业学位类别,定期统计并向社会公布。改进硕士专业学位类别进入专业学位目录的机制,由高校自主设置的硕士专业学位类别,一旦在高校达到一定规模,得到社会和行业认可,有完善的人才培养机制和知识体系,有长期稳定的人才需求,招生就业情况良好,经论证后可由行业和高校提出申请,国务院学位委员会批准。经国务院学位委员会批准后,申请加入专业学位目录。行业主管部门、行业产业协会等也可申请设置硕士专业学位类别。(3)推动硕士专业学位研究生教育规模稳步扩大。稳步扩大硕士专业学位授权布局,新增硕士学位授予单位原则上只实施专业学位研究生教育,新增硕士学位授予点主要承担专业学位授予任务,支持学位授予单位主动将撤销的学术学位授予点调整为专业学位授予点。将产教融合、联合培养基地建设作为硕士专业学位授权点申请基本条件的重要内容,不把已获得学术学位授权点作为前置条件。推动硕士专业学位授权紧密服务区域、行业产业发展,继续放权省级学位委员会承担本地区硕士专业学位授权点审核工作,并注重发挥专业学位研究生教育指导委员会的作用。支持学位授予单位优化人才培养结构,硕士研究生招生计划增量以专业学位为主,可将学术学位研究生招生计划调整为专业学位研究生招生计划。(4)明确博士专业学位研究生教育的定位。推动博士专业学位研究生教育、博士学术学位研究生教育的协调发展。博士专业学位研究生教育主要根据国家重大发展战略需求,培养某一专业领域的高层次应用型未来领军人才。博士专业学位研究生应掌握良好的基础理论和本领域或本学科系统深入的知识,以及独立运用科学方法、进行创造性研究和在实践中系统地解决复杂问题的能力。(5)完善博士专业学位类别设置标准。博士专业学位类别一般只在已形成相对独立专业技术标准的职业领域中设置,该职业领域应具有成熟的职业规范和特定的职业能力标准,需要创造性地开展工作,且具有较大的博士层次人才需求。博士专业学位类别设置侧重于工程师、医生、教师、律师等对知识、技术、能力有较高要求的职业领域,也可根据经济社会发展需求,按照"成熟一个、论证一个"的原则,在其他行业产业或专门领域中设置,一般应具有较好的硕士专业学位发展基础。(6)健全博士专业学位类别设置程序。专业学位类别设置的基本程序是:相关行业产业主管部门、行业产业协会和学位授予单位提出建议,并提交论证报告;相关学科评议组和专业学位研究生教育指导委员会进行必要性论证,并提交评议意见;国务院学位委员会办公室在广泛征求意见基础上,组织专家进行可行性评议;评议通过后,编制设置方案,提交国务院学位委员会审核。(7)扩大博士专业学位研究生教育规模。在保证教学质量的前提下,增设一批临床医学博士专业学位、工程类博士专业学位、教育博士专业学位授权点,加快人才培养速度。将产教融合和行业协同作为博士专业学位授权点增设的优先条件,不把已获得博士学术学位授权点作为博士专业学位授权点增设的前置条件。进一步优化博士专业学位授权点的地域分布,为区域经济和社会发展提供支持。支持学位授权自主审核单位增设一批博士专业学位授权点。博士研究生招生计划向专业学位倾斜,每年常规增量一定比例用于博士专业学位研究生教育发展。

产教融合、校企合作是职业教育的基本办学模式,是职业教育办学活力所在。专业学位研究生要培养行业产业发展所需的高层次人才,产教融合育人机制是根本。《关于加快新时代研究生教育改革发展的意见》明确,在专业学位研究生招生计划管理中,积极支持有效落实产教融合机制的培养单位和高水平应用型高校。同时要求加强专业学位研究生实践创新能力培养,实施"国家产教融合研究生联合培养基地"建设计划,以产教融合型企业和产教融合型城市为依托,大力开展研究生联合培养基地建设,着力提升实践创新能力。科学规划布局建设集成电路、人工智能、储能技术等国家产教融合创新平台,实施关键领域核心技术紧缺博士人才自主培养专项。鼓励各地各培养单位设立产业行业导师,加强专业学位研究生双导师队伍建设。推动行业产业全方位参与人才培养,通过设立冠名奖学金、研究生工作站、校企研发中心等措施,吸引研究生和导师参与研发项目。大力推进专业学位与职业资格的有机衔接。

提升专业学位研究生教育质量,产教融合的人才培养模式改革是关键。坚持正确的育人导向,加强专业学位研究生思想政治教育,加强学术道德和职业伦理教育,提升实践创新能力和未来职业发展能力,促进专业学位研究生德智体美劳全面发展。实施专业学位和学术学位研究生分类选拔,进一步完善博士专业学位研究生申请考核制选拔方式。推进培养单位与行业产业共同制定培养方案,共同开设实践课程,共同编写精品教材。鼓励有条件的行业产业制定专业技术能力标准,推进课程设置与专业技术能力考核的有机衔接。推进用人单位定制化人才培养项目,将人才培养与用人需求紧密对接。实施"国家产教融合研究生联合培养基地"建设计划,以产教融合型企业、产教融合型城市为依托,积极推进研究生联合培养基地建设。鼓励行业产业、培养单位探索建立产教融合育人联盟,制定标准,交流经验,资源共享。将创新创业教育融入产教融合育人体系,支持有条件的高校在具备较高创新创业潜质的应届本科毕业生中,推荐免试(初试)招收专业学位研究生。支持培养单位联合行业产业探索实施"专业学位+能力拓展"育人模式,使专业学位研究生在获得学历学位的同时,取得相关行业产业从业资格或实践经验,提升职业胜任能力。

完善专业学位研究生教育评价机制。强化专业学位论文应用导向,硕士专业学位论文可以调研报告、规划设计、产品开发、案例分析、项目管理、艺术作品等为主要内容,以论文形式呈现。博士专业学位论文应表明研究生独立担负专门技术工作的能力,并在专门技术上做出应用创新性的成果。完善专业学位论文评审和抽检办法,推动专业学位论文与学术学位论文分类评价。健全专业学位授权点合格评估制度,将产教融合培养研究生成效纳入评估指标体系,并与专业学位授权点建设等支持政策挂钩。打破单纯依靠论文发表来评估教师的方法,把教学案例编写、行业服务等教学实践和服务成果纳入教师考核评聘体系。

此外,专业学位研究生培养离不开行业产业的指导、参与协同。一方面,要充分利用行业协会和专家组织,积极完善专业学位、职业资格准入及水平认证的有效衔接机制,加强课程免考、缩短职业资格考试的实践年限、任职条件等方面的对接。加强专业学位与国际职业资格的衔接,促进专业学位人才的跨国流动,大力宣传和推广专业学位研究生教育的中国标准,提高我国专业学位在国际上的影响力和竞争能力。另一方面,鼓励行业产业参与专业学位研究生教育,使规模以上企业的参与率得到显著提升。强化企业职工在岗教育培训,支持在职员工攻读硕士、博士专业学位。鼓励行业产业或大企业建立开放式联合培养基地,带动中小企业参与联合培养。

第五章　高层次职业教育与产业匹配关系及评价

　　职业教育是建设教育强国、人力资源强国和技能型社会的重要力量。从职业教育的外部环境看，当前，我国正处于深化供给侧结构性改革的关键时期，对实践型、应用型、专业型人才的需求已发生结构性改变，特别是随着新一代生物医学、信息技术、新能源、环保节能、新材料等新兴产业的兴起，对于高层次应用型人才的需求日益迫切。"双循环"经济发展新态势要求职业学校专业设置与产业结构高度匹配，支撑产业转型升级与服务区域经济社会发展。从职业教育的内部规律看，职业教育即指受教育者为获取生产劳动或者职业发展所需要的职业知识、技能与道德的统称，是一种具有鲜明企业行为与经济行为的教育形式。推动职业教育与产业实现协同发展，产教融合、校企合作，符合职业教育自身科学发展的内在需要，是职业教育特殊性的表现和本质属性的理性回归，是职业教育遵循经济社会发展规律、主动适应时代需求和社会发展进步做出的必然选择。本章分析了专本研衔接下的高层次职业教育与产业结构匹配性，探讨高层次职业教育校企合作模式与机制，提出了基于产业需求导向的高层次职业教育质量评价体系。

第一节　专本研衔接下的高层次职业
教育与产业结构匹配性

一、高层次职业教育专业结构现状及分析

伴随我国经济结构调整和产业结构升级,在大数据、物联网和人工智能等新兴科技的推动下,亟须对我国产业人口的各项劳动技能结构进行有效调整,提升职业教育的层次是破解该问题的关键,让高层次技术技能人才契合时代发展的需要。国务院于2019年1月颁布的《国家职业教育改革实施方案》,强调要对现代职业教育体系进行构建,培养高层次、高素质、高技能人才是国家关注的重点。2020年9月,教育部等九部门印发了《职业教育提质培优行动计划(2020—2023年)》,强烈提出要稳步发展高层次职业教育。2021年3月,《中华人民共和国国民经济和社会发展第十四个五年规划和2035年远景目标纲要》强调对职业教育国家标准进行完善,实现职业教育与普通教育双向互认、纵向流动。

职业教育是一个国家和地区经济发展的基石,是与经济社会发展关系最为紧密的教育类型,为我国经济社会发展进程提供了极重要的智力保障和人才支撑。职业教育作为高等教育的初级层次,低于本科教育,包括成人高等学校、高职(专科)院校以及普通本科学校内招收专科生的实际实行机构。高职(专科)院校是目前兴起的一个"新生概念",其由高等专科学校、本科层次职业学校、五年制高职院校组成并由此发展而成。在高等专科学校方面,上海美专等在新中国成立初期就已享有较高声誉,但在之后改办或拆并,发展道路异常曲折。从本科层次职业学校的发展历程来看,其主要是背靠一些大学的各种资源建立的高职(专科)院校。南京金陵职业大学于1980年建立,作为我国高等职业学校第一家,而后在各地均设立了同体制、适合各地经济发展的相关专业的本科层次职业学校。在五年制高职院校发

展历程中,集美航海专科学校是改革开放以来第一个五年制专科班。起初,它以中专的标准招收初中毕业生,学生就读两年后,通过选拔的形式,可以进入专科学校继续为期三年的学习,并在完成相应的学业之后,获得高等专科证书;其余的一部分学生则是根据中专计划标准进行学习,同样是完成相关学业后获得中专毕业证书。教育部于1998年提出"三教统筹"的管理思路,即逐步整合高等专科学校、本科层次职业学校、五年制高职院校的资源。①

(一)我国职业教育专业布局总体情况

高职教育培养规模。从普通专科生培养的绝对规模看,2021年,我国普通专科招生552.58万人(含五年制高职院校转入专科招生45.20万人),同口径比上年减少18.03万人,下降3.16%;在校生1590.10万人,比上年增加130.55万人,增长8.94%;毕业生398.41万人,比上年增加21.72万人,增长5.77%。我国各类高等教育在学总人数4430万人,普通专科在学人数占总体在学人数的35.9%。

高职教育学科构成。2019年,国家发布的普通专科分专业大类学生数中,高等专科学校的招生是依据专业大类招生,共设19个专业大类。从专业布局看,申报的389个专业群覆盖了18个高职专业大类,布点最多的五个专业大类分别是装备制造大类、交通运输大类、电子信息大类、财经商贸大类、农林牧渔大类。从产业布局看,面向战略性新兴产业的专业群有113个,面向现代服务业的112个,面向先进制造业的100个,面向现代农业的32个,其他32个。②

(二)我国高等职业教育专业结构调整与产业结构升级的适应性发展

1. 第一产业的产业结构、就业结构、专业结构发展不协调

从改革开放后,第一产业在产业结构中的比重逐年下降,就总体趋势而言,其就业结构比重高于其产业结构比重,产业结构比重高于专业结构比

---

①任聪敏. 高等职业教育专业结构与产业结构适应性研究——以浙江省为例[D]. 上海:华东师范大学,2019.

②陈玄玄. 我国不同地区高等教育发展格局比较研究——基于高等教育主入学率的视角[D]. 南京:南京师范大学,2020.

重。2000年以后,就业比重逐年下降,到2016年已经下降到27.7%,说明随着城镇化的大力推进,农村剩余劳动力逐渐转移,产业结构与就业结构逐渐呈现较为协调的状态。但是第一产业的专业结构比重仍然远远低于产业结构和就业结构,说明针对农村、农业的高技术高素质人才仍然短缺,涉及第一产业的专业仍需增加。农业、农村、农民问题是关系国计民生的根本问题,大力实施乡村振兴战略是全党工作的重中之重。党中央提出到2035年,农业农村现代化基本实现,农村的第一、二、三产业融合体系形成,这些发展都需要一大批适应农村发展、推进农业现代化的高层次技术技能人才作为支撑,因此,高等职业教育需要适应农业现代化、科技化、产业化的发展,优化涉农专业,扩大招生规模,加大培训力度,大力培育新型职业农民,促进农村剩余劳动力转移,实现产业结构与专业结构的协调发展。

2. 第二产业的产业结构、就业结构、专业结构发展较为协调

改革开放以后,第二产业产业结构占比不断增加,成为国民经济的支柱产业,其就业结构比重随着发展逐年增加,劳动生产率逐年提升,产业结构比重总体大于就业结构比重,说明仍有可吸纳劳动力的空间。高职专业设置、毕业生数介于产业结构和就业结构比重之间,说明三者的协调性较好。在第二产业结构内部,制造业、建筑业、能源材料、资源环境大类的专业毕业生比重低于产业结构和就业结构比重,招生规模可适当加大。2019年7月30日召开的中央政治局会议提出,经济工作的核心是推动和支持实体经济发展,稳定制造业投资,加快推进信息网络等新型基础设施建设。《中国制造2025》《制造业人才发展规划指南》等都指出,高层次技术技能人才是建设制造强国的人才支撑,但是这个人才队伍缺口很大。高职制造业大类的毕业生比例在2016年是23.65%,制造业在第二产业中的比例为30%,要达到这个比例,制造业大类专业招生规模仍需扩大,以实现专业结构与产业结构的协调发展。制造业大类专业开设应面向新一代信息技术产业、高档数控机床和机器人、航空航天装备、海洋工程及高技术船舶、先进轨道交通装备等10个重点领域,开设新兴专业,扩大招生规模,提升培养质量,适应新产业、新业态、新领域的培养标准。

3. 第三产业的专业结构部分"超前"发展

就第三产业的产业结构比重与就业结构的比重而言,协调性较好,但总

体高职第三产业专业设置、毕业生比重明显高于产业结构和就业结构比重，第三产业毕业生比重为64.1%，产业结构比重为51.6%，就业结构为43.5%，规模超前，总体并不适应。对应第三产业内部结构的专业结构，财经商贸大类、文化教育大类的高职毕业生比例较高，需要适当压缩规模。加快发展现代服务业是我国现代经济体系的重要组成部分，有别于传统服务业，它的范围日益广泛，应用于制造业、物流业、高新技术产业、外贸行业等。高职专业结构的调整需要结合现代服务业的特点和发展趋势，优化专业设置，控制整体招生，培养学生创新服务能力，促进现代服务业的发展。

（三）浙江省职业教育现状

目前，浙江省高职（专科）院校共有49所，其中，从院校类型来看，最多的是综合类院校，有22所，其次理工类10所，财经类七所，医药类、艺术类以及其他类各有两所，政法类、体育类、农林类、师范类各有一所。从性质进行分类，公办和民办高职（专科）院校分别为39所、10所，2021年，浙江省高职招生数为23.52万人，在校生为64.13万人，毕业人数为16.94万人。统计平台数据显示，49所独立设置的高职（专科）院校覆盖浙江省全部11个市，主要集中在杭州市，其他较多分布在宁波、温州、绍兴。杭州19所，占总数的38.77%；宁波六所，占总数的12.24%；温州五所，占总数的10.20%；绍兴四所；台州三所；金华五所；嘉兴、舟山各两所；丽水、衢州、湖州各一所。

1. 高职（专科）院校建设水平与院校类型分析

浙江省的高职（专科）院校坚持以服务地区经济发展、面向市场为办学目的，逐步推动产教融合。整体而言，浙江省的教育建设水平始终居于全国高等职业教育前列。浙江省在2019年推荐申报"双高计划"的项目中，报选的15所高职（专科）院校全部成功入选。在这15所高职（专科）院校中，入选高水平专业群建设的学校有九所，入选高水平高职（专科）院校建设的有六所（见表5-1、表5-2）。在"双高计划"项目中，浙江省拥有全国唯一一所政法类高职（专科）院校，以及1/4的艺术类高职（专科）院校。从全国层面来看，浙江省高职（专科）院校数在全国范围内仅占3.44%，但在"双高计划"项目中的占比为7.61%。从浙江省层面来看，浙江省入选"双高计划"的学校数占本省的比例为30.61%，居全国第一，超过全国平均水平三倍。"双高计划"

入选数量、比例和排名,都说明了浙江省高职院校整体发展水平位于全国第一方阵。

表5-1 浙江省高水平高职(专科)院校建设单位

序号	学校	专业群	档次	城市
1	金华职业技术学院	机械制造与自动化、学前教育	高水平学校(A档)	金华市
2	浙江机电职业技术学院	机械制造与自动化、智能控制技术	高水平学校(A档)	杭州市
3	杭州职业技术学院	电梯工程技术、服装设计与工艺	高水平学校(B档)	杭州市
4	宁波职业技术学院	应用化工技术、模具设计与制造	高水平学校(B档)	宁波市
5	浙江金融职业学院	金融管理、国际贸易实务	高水平学校(B档)	杭州市
6	温州职业技术学院	鞋类设计与工艺、电机与电器技术	高水平学校(B档)	温州市

表5-2 浙江省高水平高职(专科)院校专业群建设单位

序号	学校	专业群	档次	城市
1	浙江建设职业技术学院	工程造价	高水平专业群(A档)	杭州市
2	浙江交通职业技术学院	道路桥梁工程技术	高水平专业群(B档)	杭州市
3	浙江经济职业技术学院	物流管理	高水平专业群(B档)	杭州市
4	浙江经贸职业技术学院	电子商务	高水平专业群(B档)	杭州市
5	浙江旅游职业学院	导游	高水平专业群(B档)	杭州市
6	浙江工贸职业技术学院	光电制造与应用技术	高水平专业群(C档)	温州市
7	浙江警官职业学院	刑事执行	高水平专业群(C档)	杭州市
8	浙江商业职业技术学院	电子商务	高水平专业群(C档)	杭州市
9	浙江艺术职业学院	戏曲表演	高水平专业群(C档)	杭州市

高等职业教育中学校类型结构及其专业布局呈现出正相关关系。对比"双高计划"项目中入选的学校,浙江省理工类高职(专科)院校的占比仅为20%,全国则达53.3%,是浙江的2.7倍;浙江省综合类高职(专科)院校占比

较大,高于全国平均水平。比较浙江省现有高职(专科)院校与全国申报"双高计划"学校的类型占比发现,在高职(专科)院校类型结构中,浙江省存在综合类高职(专科)院校占比过高,理工类高职(专科)院校占比过低的问题。[①]

2. 高职(专科)院校产业结构分析

改革开放以来,浙江省经济快速发展,经济结构调整步伐加快。2016—2021年,浙江省GDP年均增长率为9.2%,经济增长的重要动力源于产业结构的不断升级,第一产业比重逐渐降低,第二、三产业比重不断上升。浙江省通过"商业引领"的方式配套发展上游工业制造业进而形成"三产联动"的城市产业发展模式,走出了一条一般城市未曾经历的发展之路。截至2021年,浙江省完成GDP73515.8亿元,按户籍人口计算,人均GDP达到113032元(见表5-3)。

表5-3　浙江省GDP增长率与人均GDP增长率

年份	GDP/亿元	GDP增长率/%	人均GDP/元	人均GDP增长率/%
2021	73515.8	13.6	113032	12.2
2020	64689.1	3.6	100738	2.0
2019	62462	7.5	98770	5.9
2018	58002.8	10.69	93290	9.0
2017	52403.1	10.9	85612	9.2
2016	47254	—	78384	

产业结构是指各种生产要素在各产业部门间的比例构成及其相互关系,是一个国家或地区的生产要素在国民经济各部门的配置状况及制约方式,反映了各个产业在国民经济整体中的分布状况及产业之间的内在联系,通常用各产业部门产值占国民生产总值的比例来表示,即第一产业、第二产业、第三产业之间的构成以及比例关系。浙江省统计局数据显示,省内第一、二、三产业的产值表现出"三二一"发展模式。三次产业结构在2016年占比分别为4.0∶45.6∶50.4,而三次产业结构在2021年占比分别为3.0∶42.4∶

---

①朱永祥,程江平,麻来军. 人才供给视角下浙江省高职专业布局的实证分析[J]. 中国职业技术教育,2021(5): 46-55.

54.6。相较于2016年，第一、二产业占比在2021年有下降趋势，而第三产业的占比却上升。从三次产业就业人员总数来看，第二产业就业人数远超第一产业，但第三产业经过近年来的发展，相关就业人数逐年增长，在就业结构中占据主导地位（见图5-1、表5-4）。通过对比研究发现，浙江省劳动力在三次产业中的分布差异比较大，但是这种比例符合浙江省未来劳动力分配趋势，今后优化调整的方向是逐渐向第三产业流动。在"十四五"期间，浙江省旨在成为新时代全面展示中国特色社会主义制度优越性的重要窗口，对数字经济"一号工程2.0版"进行深入发展，努力实现产业链、供应链现代化水平质的提升，将战略性新兴产业及其未来产业做强做优做大，实现现代服务业的快速发展。众所周知，职业教育服务于当下经济社会的发展，依据浙江省现代产业体系建设的现实需求，为其提供强有力的技术、人才支撑，才是推动浙江省高等职业教育教育高质量发展的重中之重。

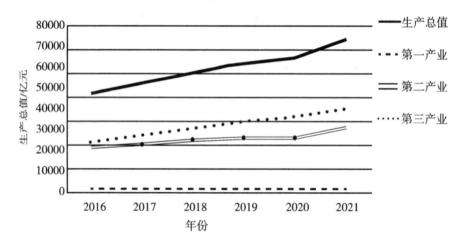

图5-1 浙江省2016—2021年生产总值及其构成

表5-4 浙江省2016—2021年三次产业就业结构和占比情况

年份	就业人员总数/万人			三次产业占比/%		
	第一产业	第二产业	第三产业	第一产业	第二产业	第三产业
2021	206.00	1727.00	1964.00	3.0	42.4	54.6
2020	208.00	1692.00	1957.00	3.3	40.8	55.9
2019	244.41	1673.08	1853.51	3.3	42.1	54.6

年份	就业人员总数/万人			三次产业占比/%		
	第一产业	第二产业	第三产业	第一产业	第二产业	第三产业
2018	278.13	1649.05	1763.82	3.4	43.6	53.0
2017	319.22	1629.66	1664.12	3.7	44.4	51.9
2016	351.64	1609.18	1591.18	4.0	45.3	50.4

3. 高职(专科)院校专业大类就业布点情况

2016—2021年,浙江省细分行业职业教育大类就业布点变化情况如表5-5所示。教育部高等职业学校专业设置备案平台数据显示,2016年,浙江省内高等职业学校共有47所,到了2021年,增加至49所,其中,本科层次职业学校两所。《普通高等学校高等职业教育(专科)专业目录(2016年)》中详细记录了浙江省2016年高职专业整体设置情况,其中,专业大类共有19个,占该类总数的100%;专业类占该类总数的76.77%,有76个;专业占总专业数的40.11%,有300个。《职业教育专业目录(2021年)》中详细阐述了浙江省2021年高职专业整体设置情况。其中,专业大类占该大类总数的100%;专业类占该类总数的78.35%,保持2016年的76个;专业320个,占比为43.01%。①第一产业和第二产业职业教育就业比重呈下降趋势,而第三产业比重则在逐渐增加,这一现象与浙江省三产结构的优化和调整密切相关。从细分行业来看,第二产业中的职业教育就业布点数居首的当属装备制造大类,浙江省政府印发了《关于高质量发展建设全球先进制造业基地的指导意见》,提出到2035年,力争成为全球数字变革创新地、全球智能制造领跑者、全国绿色制造先行区,基本建成全球先进制造业基地。其中,浙江省内拥有作为世界小商品之都的义乌,义乌正在加速传统制造业的转型升级,不断向高端化发展,当然离不开这些受过专业职业教育的年轻劳动力。财经商贸大类和电子与信息大类的职业教育布点是第三产业中最多的,浙江省作为全国网商的集聚中心,电子商务集聚集群发展势头十分迅猛。从三次产业就业人员来看,第一产业就业比重总体很低,且较为稳定;第二产业所吸纳的劳动力人数仍然较多,但吸收劳动力的能力在逐渐变弱;第三产业的从业人数近年来虽有所波动,但数量仍远超第一产业和第二产业,发展前景

---

①张慧青. 基于产业结构演进的高职专业结构调整研究——以山东省为例[D]. 上海:华东师范大学,2017.

良好,具有吸收大量潜在劳动力的能力。[①]

表5-5 浙江省细分行业职业教育专业布点情况

单位:个

产业类型	细分行业	2016年	2017年	2018年	2019年	2020年	2021年
第一产业	农林牧渔大类	12	11	12	12	12	12
第二产业	轻工纺织大类	9	10	9	10	10	9
	生物与化工大类	6	6	5	5	5	4
	资源环境与安全大类	9	12	14	14	14	14
	能源动力与材料大类	2	3	3	2	2	3
	土木建筑大类	29	29	29	29	29	30
	水利大类	2	2	2	2	2	2
	装备制造大类	33	33	33	33	33	34
第三产业	交通运输大类	15	18	20	23	25	34
	电子与信息大类	39	36	39	39	39	40
	新闻传播大类	9	8	8	9	9	11
	财经商贸大类	43	43	42	43	43	44
	医药卫生大类	10	11	11	13	14	17
	旅游大类	28	29	30	30	30	32
	公共管理与服务大类	10	9	11	13	15	21
	教育与体育大类	35	36	35	35	35	32
	文化艺术大类	34	35	36	37	37	37
	公安与司法大类	3	3	3	3	3	3
	食品药品与粮食大类	10	11	10	10	10	10

二、浙江省高层次职业教育与产业结构的匹配度

(一)专业与产业匹配情况

制约教育学科结构的主要因素为经济产业结构,所以评价教育学科结构是否合理的关键在于判断教育学科结构和产业结构在人才供求方面是否匹配。在对浙江省地区经济产业结构与教育专业结构匹配度的分析上,重

[①]沈陆娟.供给侧改革背景下高职专业结构与产业结构的适配分析——以浙江省为例[J].职业技术教育,2017,38(17):25-30.

点考察该地区第一、二、三产业所对应的职业教育就业布点的相关比例及其产值的相应比例,并分析该比例的平均增长率,计算结构协调度。考虑到数据可获得性问题,本部分的分析将利用2017—2021年的平均增长率,如表5-6所示。

通过翻阅相关资料可知,第一产业结构匹配度等于第一产业对应职业教育专业大类比例的平均增长率与第一产业产值比例的平均增长率之差,第二、三产业的结构匹配度的计算方法与第一产业一致。第一、二、三产业的结构匹配度指标的加权均值的加总组成了结构总匹配度,权重来源于浙江省2017—2021年第一、二、三产业产值的平均比重。结果显示,地区经济产业结构与职业教育专业结构越不匹配,该加权均值越大;两者越匹配,该加权均值越小。

表5-6 浙江省职业教育结构指标与经济结构指标的平均增长率

年份	三次产业对应职业教育就业比例			三次产业产值比例		
	第一产业	第二产业	第三产业	第一产业	第二产业	第三产业
2017	-0.08	0.053	0.013	0.110	0.078	0.144
2018	0.091	0.000	0.025	0.107	0.089	0.128
2019	0.000	0.000	0.041	0.077	0.039	0.109
2020	0.000	0.000	0.020	0.036	0.002	0.061
2021	0.000	0.021	0.081	0.136	0.183	0.109

可见,近几年浙江省职业教育专业设置与产业结构的总匹配度基本上都在0.1以下,说明浙江省职业教育专业设置与区域产业结构匹配比较好(见表5-7)。

表5-7 浙江省职业教育与地区经济的结构匹配度

年份	第一产业		第二产业		第三产业		结构总匹配度
	权重/%	匹配度	权重/%	匹配度	权重/%	匹配度	
2017	3.3	0.118	40.8	0.025	55.9	0.131	0.087
2018	3.3	0.016	42.1	0.089	54.6	0.103	0.094
2019	3.4	0.077	43.6	0.039	53.0	0.068	0.057
2020	3.7	0.036	44.4	0.002	51.9	0.041	0.023
2021	4.0	0.136	45.6	0.162	50.4	0.028	0.086

（二）专业与产业匹配总体情况分析

1. 专业大类布点契合浙江省发展战略，与产业结构契合度呈倒U形发展

为了对产业结构和专业大类布点之间的契合度进行更加深入的分析，本部分利用产业结构与专业大类布点的偏离度指标进行分析，即偏离度等于专业大类比重与产业结构比重之差，判断标准为偏离度与两者契合度成反比关系，即绝对值越大，表明专业大类布点与产业结构之间越不契合，反之亦然。2016年，浙江省第一、二、三产业的偏离度分别为0.0045、0.1897、0.1952。2016年和2021年三次产业的偏离度绝对值均值分别为0.1298、0.1194。显而易见，偏离度绝对值均值整体上呈现减小的趋势，存在不稳定的波动问题，这表明浙江省产业结构和高职（专科）院校专业大类布点整体上逐步匹配，但存在不稳定的波动，与前文匹配度的相关分析契合（见表5-8）。

表5-8 浙江省专业大类布点和产业结构偏离度

年份	偏离度绝对值			偏离度绝对值均值
	第一产业	第二产业	第三产业	
2016	0.0045	0.1897	0.1952	0.1298
2017	0.0051	0.1686	0.1738	0.1158
2018	0.0001	0.1661	0.1660	0.1107
2019	0.0001	0.1586	0.1584	0.1057
2020	0.0003	0.1491	0.1494	0.0996
2021	0.0009	0.1792	0.1782	0.1194

2. 专业大类布点结构趋于优化

2016年，财经商贸大类、电子与信息大类、教育与体育大类、文化艺术大类、装备制造大类为浙江省专业大类布点数量前五位的专业大类；2021年，财经商贸大类、电子与信息大类、文化艺术大类、装备制造大类以及交通运输大类为浙江省专业大类布点数量前五位的专业大类。43所高职（专科）院校在2016年设置了财经商贸大类，占当年浙江省高职（专科）院校总量的91.49%，远远超过了综合类院校以及财经类院校。2021年，浙江省有44所高职（专科）院校设置了财经商贸大类，同年占比为91.67%，远高于综

合类院校和财经类院校。偏离系数整体上显示了数据分布对中心位置的偏离程度,标记为 *SK*,即 *SK*=(均值−中位数)/标准差。在正态分布条件下,*SK* 等于 0;当 *SK* 大于 0 时,则为正偏态 *SK* 的绝对值越小,表明数据的偏倚程度越小,反之亦然,如表 5-9 所示。可以发现,2016 年 *SK* 为 −0.43,表明排名前五位的专业大类布点分布表现为负偏态,2021 年 *SK* 为 0.14,排名前五位的专业大类布点分布呈现出正偏态,所以浙江省高职(专科)院校的专业大类布点结构在逐渐优化。

表 5-9　浙江省 2016 年和 2021 年专业大类布点数量前五位

年份	专业大类	布点数量占高职(专科)院校总数的比重/%	对应院校类型占比/%
2016	财经商贸大类	91.49	57.45
	电子与信息大类	82.98	65.96
	教育与体育大类	74.47	44.68
	文化艺术大类	72.34	44.68
	装备制造大类	70.21	65.96
2021	财经商贸大类	91.67	56.25
	电子与信息大类	83.33	66.67
	文化艺术大类	77.08	43.75
	装备制造大类	70.83	66.67
	交通运输大类	70.83	66.67

3. 专业大类布点存在低成本专业、热门专业大量聚集现象

值得关注的是,在 2016 年和 2021 年,浙江省高职(专科)院校专业大类布点数量前五位中都有财经商贸大类、电子与信息大类、装备制造大类以及文化艺术大类等四大类。一方面,工科类院校和医药类院校都开设了财经商贸大类、文化艺术大类,究其原因,主要是这些专业大类的办学成本较低。联合国教科文组织的统计数据显示,普通教育约为职业教育办学成本的 1/3。目前,高等职业教育招生人数占高等教育招生人数的 55% 以上,而高等职业教育的财政直接投入仅约占了整个高等教育的 1/5。鉴于高职(专科)院校的办学经费来源渠道单一,获批金额有限,办学成本较高,为有效缓解高等职业学校办学经费紧张的情况,针对性地设立了办学成本较低的专业大类。另一方面,财经类院校和政法类院校都开设了电子与信息大类、装备制造大类,主要因为这些专业大类办学成本虽高,但市场需求量大、就业前景较好。目前,由于低成本专业大类、热门专业大类大量重复建设,对高职(专科)院校内涵发展、区域产业结构的转型升级、人才供给结构的优化都造成了一定程度的阻碍。

三、浙江省高层次职业教育发展对策

（一）政府部门要发挥宏观指导作用,基于产业链强化专业结构调整和优化外部供给

作为调整和优化高职专业结构的顶层设计者,政府部门针对浙江省高等职业教育面临的专业集聚度、专业特色逐渐削弱等挑战,在产业链的基础上,依托资源、政策以及公共服务等外部保障和供给,调整和优化专业结构。

1.充分发挥政策的监管作用,巧借立法手段保障制度的实施

浙江省职业教育政策保障和支持着高等职业教育内涵提升、规模发展。在德国职业教育中,"双元制"教育模式获取成功的主要原因之一是,德国通过立法形式对专业和职业之间的紧密衔接进行了保障。参考和借鉴成功经验,响应教育部颁布的专业设置管理办法,省级政府部门应在政府层面构建起具有法律效力的监督体系以及规范程序,对专业设置程序进行规范化处理并对专业建设成效进行有效监督,保证高职专业结构能够契合并满足产业发展战略需求及区域经济发展要求。

2.巧用大数据对专业结构进行中长期预测分析和规划

依据浙江省经济发展现状及其发展规律,合理设计高职专业,优化专业结构,深入调研和论证该地的产业结构演变和人才需求趋势,而不应满足于简单的线性对应关系,应就社会经济发展趋势,预测高技术、高技能型人才的社会需求,这样才能保证专业有更广泛的适应性、超前性。与此同时,政府应基于大数据,依托相关手段对目前、未来5年或10年内的专业发展趋势进行深入分析,并将结果及时反馈给学校。一些高职(专科)院校,甚至是本科学校,盲目设立热门专业,抑或是一些市场已然饱和的"长线专业",以此来扩充专业门类,造成专业人才培养质量不达标、就业困难等困境,时有发

生专业"沉没"现象。[①]出现此现象的原因是对市场的认知不足。依托大数据进行预测分析,有助于地区政府教育部门科学设置专业,引导高职专业的合理布局,适度发展。

3.大力发挥教育资源的鼓励和刺激作用

国家对高等职业教育的发展高度重视,尽管政府为加大高职(专科)院校的办学投入力度,采取了财政拨款、项目建设等途径,但由于受到高等职业学校办学成本增加、办学经费来源渠道单一、经费有限以及社会力量投入不足等各项因素的影响,高职(专科)院校依然面临办学经费紧张的困境。实际上,政府部门紧握资源配置权,必要时应制定一些倾斜性政策,持续强化对高职(专科)院校的支持力度。政府应针对现实情况对症下药,比如鼓励和刺激高职(专科)院校建设高新技术产业和战略性新兴产业的相关专业,大力扶持有利于地方产业发展的特色专业;同时,政府应要求高职(专科)院校对就业率低以及与区域产业匹配度低的专业采取限时整改、淘汰等措施,借以提升专业育人成效和服务功能,并在之后的资源投放上将整改成效作为重要依据。

4.建立多元主体参与体系,增强专业规划前瞻性

构建合理的专业结构的重要前提是科学的专业规划,而该前提的有效实现,有利于政府、学校以及行业产业之间形成合力并共同发力。职业教育改革发展的重要经验之一是始终坚持政府、行业产业和社会力量共同参与办学。[②]首先,由政府牵头,统筹协调行业产业以及高职(专科)院校共同组建高职专业规划咨询委员会,教育管理部门人员,行业产业负责人以及院校教务处长等相关人员担任委员,对高职专业结构进行整体设计和规划。其次,定期开展咨询委员会相关会议,对产业结构变化趋势进行研究,并对高职专业规划方向进行科学研判。最后,专业规划指南应依据咨询委员会的考量,按照一定时期进行制定,主要包括高职(专科)院校所处区域的产业结构发展情况、高职(专科)院校的空间布局、行业和企业急需的专业类别等,为学校进行专业设置参考提供一定依据。

---

①廖茂忠.中国本科专业设置与经济发展关系研究[M].北京:中国社会科学出版社,2012.

②周凤华.职业教育多元办学格局的现状与发展策略[J].中国职业技术教育,2021(12):75-81.

（二）激发专业结构调整和优化的内部动力，促进产业转型升级

高职专业结构调整与优化的外生性发展驱动力，来源于政府部门的外部供给。作为专业设置主体，高职（专科）院校具有高职专业结构调整与优化的内生性发展驱动力。第一，政府部门借助外部供给，如项目、政策、资金以及奖励等手段，动态调整和统筹优化专业结构，助推专业设立紧贴区域产业结构布局。第二，为了积累社会资源与专业建设经费，外部项目成为高职（专科）院校专业发展的主要驱动力，将资源的积聚和投入作为专业高质量发展的圭臬，客观上却斩断了专业内生性的驱动源头，滋生了不顾学校实际情况，一味跟随项目开发，盲目对专业大类进行扩张，跟风建设热点专业等乱象。基于外生性发展驱动力，高职（专科）院校内生性发展驱动力的激发，是高职（专科）院校调整专业结构的关键对策。

1.紧盯地区经济发展目标，树立长远发展理念

实际上，专业建设亟须克服盲目性和跟风性建设，专业设立关联性弱，专业布点高度集中化等问题。浙江省"十四五"规划强调，"建设具有国际竞争力的现代产业体系，巩固壮大实体经济根基"以及"全面优化升级产业结构，打好产业基础高级化和产业链现代化攻坚战，加快建设全球先进制造业基地，做优做强战略性新兴产业和未来产业，加快现代服务业发展"。各类高职（专科）院校应立足本校办学实际，紧密结合浙江省的经济发展目标，对专业结构进行有效调整和优化，提供充足的人力资源。[①]

2.重视区域产业发展趋势，形成区域产业发展环境和专业结构良性互动局面

随着我国经济社会的发展，新一轮科技革命和产业变革正在孕育兴起，调整产业结构的力度逐渐加大，步伐明显加快。为此，高职（专科）院校亟须科学调研和预测产业体系、民生需求、新兴产业等方面的内容。参考和借鉴其他高职（专科）院校专业设置、课程体系以及招生计划等方面的成功经验，有目的、有计划地调整和升级弱势专业；针对关联性较强的专业以及具有鲜明特色的专业进行必要增设；对于专业课程体系进行优化和改造，使专业结

①孟攀.中国特色高等职业教育高水平专业群建设特征、问题与优化方略——基于141个中国特色高水平专业群建设项目的实证分析[J].职业技术教育,2021,42(28):31-36.

构更加契合院校类型和产业结构,增强产业链现代化的内生能力。1997年,金华职业技术学院应用电子技术专业在新一代信息技术迅猛发展的趋势下,深入把握产业结构发展趋势,改革和优化课程教育体系,适当开设了微控制器应用、电子电路调试与应用、智能电子产品设计与制作、电子产品生产工艺与管理以及电力电子技术等专业核心课程。

3.致力于优势特色专业的打造,坚持特色化办学

在产业转型升级的背景下,高职(专科)院校在保证自身专业结构特色及优势的前提下,要坚持走特色化、差异化的发展道路。例如,依托浙江省丰厚的历史人文资源,浙江艺术职业学院适时开设了戏曲表演专业,并通过打造优势专业群的模式,传承发展优秀传统文化,为"文化浙江"建设做出了重要贡献,并彰显了中国特色、浙江特色和行业特色。①与此同时,改革课程体系,在专业教育灵活性提高,学生社会适应性增强等方面发挥了重要作用。首先,以"必修+选修"的形式对专业课程结构进行调整和优化,增设专业方向相关课程。其次,对实践课程的形式进行改进,对其陈旧化弊端进行摒弃。坚持基础性、先进性、可迁移性原则,强调技能发展。最后,打通专业壁垒,增加学生选择机会,但需注重体系的系统性和完整性。毋庸置疑,通过在课程体系中融入创新创业理念,强化学生创新创业能力,能有效提升学生的综合竞争力。高职(专科)院校在实践课程、通识课程、专业主修以及辅修课程等教学中,都应将创新创业能力培养渗透其中,着力提升学生就业质量和就业水平。

4.破除产教深度融合发展困境,提高专业调整敏锐性

产教未融合是专业结构调整滞后于产业结构发展的主要原因。党的十八大以来,国家对职业教育高度重视,多次发文呼吁要坚持推进产教融合、校企合作。但从普遍的实践情况来看,存在"上热下冷""学校热企业冷"等乱象,发展成效不尽如人意。为了破除产教融合瓶颈,地方政府应率先出台产教融合落地政策,把控大局发展方针。第一,政府应对各有关部门进行统筹协调,构建高等职业教育和产业发展的对话机制,针对实际情况制定产教融合实施细则,并实时监督其实施过程,评价其实施效果,促进产教深度融

---

① 徐旦.基于产业结构的高职专业结构分析及调整对策研究——以浙江省为例[J].职业技术教育,2022,43(17):29-34.

合。第二,建立校企合作命运共同体。激励企业积极参与高等职业教育办学,依托财税补贴、经费倾斜以及税收优惠等政策,对积极参与高等职业教育并取得显著成效的企业进行实质性的奖励。对企业履行"产教融合、校企合作"的相关情况进行定期检查和评价,在企业的评优评先、政策支持中,将评价结果纳入评选指标中。第三,由政府牵头,构建技术技能人才的需求信息共享平台。行业、企业作为主要的信息发布者,定期在平台上发布相关紧缺人才开发的专业目录,形成高职(专科)院校进行专业布局的参考依据,提升产业结构和专业结构之间的匹配度,构建"专业跟着产业走"的良好格局。[①]

第二节　高层次职业教育校企合作模式机制

一、职业教育产教融合与校企合作理论基础

(一)产教融合与校企合作的教育学基础

1. 教育与生产劳动相结合的思想

(1)教劳结合理论。欧洲文艺复兴时代,托马斯·莫尔在《乌托邦》中写道:"从小就学习农业,部分是在学校接受理论,部分是在城市附近的田地里实习。"19世纪,空想社会主义者欧文在《新道德世界书》中,论述了通过教劳结合促进人的理性发展和获得新社会制度的观点。另外,马克思也在相关著作中指出,教育与生产劳动相结合不仅是提高社会生产的一种方法,而且是造就全面发展的人的唯一方法,是改造现代社会的最强有力的手段之一。列宁也曾说过,没有年轻一代的教育与生产劳动的结合,未来社会的理想是不能想象的:无论是脱离生产劳动的教学和教育,或是没有同时进行教学和教育的生产劳动,都不能达到现代技术水平和科学知识现状所要求的高度。"我国著名教育家黄炎培先生也提出:"办职业教育学校的,须同时和

[①]麻灵.高等职业教育专业结构与产业结构的匹配度研究——以重庆市"十三五"时期为例[J].中国职业技术教育,2022(16):45-50,82.

一切教育界、职业界努力沟通联络，着重在社会需要。"

（2）做中学理论。美国著名哲学家、教育家杜威提出"教育即生活"的命题，提倡加强教育与社会的联系，认为传统教育仅仅适合人性的理智层面，满足研究、积累知识和掌握学术的愿望，不能适应人们制造、创造、生产的冲动和倾向。他又提倡要从做中学、从经验中学习，要以活动性、经验性的活动来取代传统书本的地位。

（3）产学合作理论。福斯特是最有影响的学者之一，他积极倡导"产学合作"，其理论主要包括：一是基于市场需求培养高等职业教育人才。即"按需培养"。二是技术浪费问题。高等职业教育培养出的人才是为了适应快速发展的市场需要，若无法服务于社会势必造成浪费；若当前市场所需的人才被安排在不合适的岗位上会造成所学与实际脱节。三是转变传统教育模式。学校要和企业合作解决"高等职业教育内容脱离企业实践生产"这一关键问题，共同培养学生。四是实施产学合作的办学模式。福斯特认为高等职业教育主要是针对技术型人才进行培养，也包括理论知识的培养，具有可靠的效益和一定规模，这是普通教育所没有的。[①]

2. 建构主义学习理论

1966年，瑞士心理学家让·皮亚杰提出了建构主义观点，他认为人的理解能力依赖于人的经验和背景，也就是说，由于每个人的经验不同，对世界的看法也必然不同；知识是个体与外部环境交互作用的结果。知识不是通过教师的传授得到的，必须与现实生产场景交互，学习者才能通过自己的判断、理解对知识以及技能进行意义的构建。学习者是主体和中心，教师是辅助和帮助者。根据建构主义学习理论以及职业教育的学习设计，必须将课堂教学与工作岗位实践密切结合，将理论知识运用到生产实践。学生通过实践将遇到的问题和学到的东西带回课堂，有效地促进教与学的积极性和主动性，而产教融合、校企合作是将教与学紧密结合起来的唯一有效途径。

3. 实用主义教育论

所谓实用主义教育论就是把教育或知识看成一种工具，一种实现个人生活和社会发展需要的工具。该理论认为，教育不仅应与社会生产相结合，还必须与社会生活相联系。教育是社会生产中的一部分，应注重实用知识

---

① 石伟平. 比较职业教育技术[M]. 上海：华东师范大学出版社，2000.

和技能的传授，应与受教育者的实际需求相结合。

（二）产教融合与校企合作的组织学基础

1. 贝塔朗菲的系统论

奥地利生物学家贝塔朗菲于1947年提出了系统论，他认为，一切有机体都是一个整体，一切生命现象本身处于积极活动状态，一切有机体都按照严格等级组织。从系统本质来看，系统具有整体性、动态性、开放性、环境适应性和综合性等特征。从系统功能来看，系统功能不等于要素功能的简单求和，而是大于各个部分功能总和。

从系统论看，职业教育校企合作具有如下特点：一是人类社会是一个大系统，教育是其中一个子系统，具备开放性、相互渗透性等特点。现代教育与现代生产作为大系统中独立存在的子系统，其功能大相径庭，其本质特征决定了它们进行有机结合的必要性，从而形成一个较大系统。二是任何一个系统都是由许多要素组成，各要素相互协调，彼此促进才能使得整个系统良好运行，且其整体功能远远大于各部分功能之和。对于校企合作，不同企业和院校互利互惠，实现师资技术、设备和资金等要素的有效组合，从而增强整体的竞争力。三是不可分割的系统及其内部各要素间相互影响，而且内部各要素之间也相互依赖和制约，使得系统表现出特定功能和综合行为，合理安排系统内部各要素的排列顺序和层次能充分发挥系统功效。高职（专科）院校与企业按一定规则建立人才培养体系能获得最佳效果。四是系统不能独立存在，必须存在于一定环境中。由于环境的变化，系统也要不断调整来适应相应的环境。系统这种环境适应性通过它与环境之间的物质、能量和信息交换实现。环境的不断变化会改变系统特性，系统则根据反馈功能调整或恢复原有的特性。

2. 巴纳德的组织三要素理论

切斯特·巴纳德提出了系统组织理论，该理论侧重于研究人的行为和人的协作关系。巴纳德将"组织"阐述为一个系统，一个有意识地去协调两个以上人的活动或力量的系统。他认为"组织"就是一个系统，该系统是一种关系，一种按照一定方法对人的行为、活动进行调整的相互关系，该关系是动态发展的。随着系统中的其中两个部分的关系变化，组织也随着变化。

作为协作系统的一个重要组成部分,组织的工作不仅指其内部,内部与外部协作关系同等重要。基于上述认识,巴纳德把组织分为共同目标、协作意愿以及信息交流三个要素,三要素是组织初期成立的充分必要条件,存在于一切组织中。

巴纳德认为所谓协作意愿是指自我约束,放弃个人行动控制,是各组织必须具备的要素。对于个人而言,协作意愿是参与组织的个人愿意,对是否愿意做某事进行权衡的结果。就组织而言,协作意愿是组织受到的利益诱惑与付出的代价两者权衡的结果。他认为要培养组织成员的合作意愿,就要有一定程度上的奖励,该奖励既可以是精神上的,也可以是物质上的。意愿的培养不能靠强制而要用灌输的方式使其思想发生转变。

巴纳德还认为,组织成员是否有合作意愿直接关联于组织成员是否接受和理解合作目标。若组织成员不清楚合作目的及结果,其势必不愿意合作,因此组织所设定的目标一定要使成员接受。另外,信息交流能够使以上两个基本要素在静态与动态间进行转换。

综上所述,组织三要素理论对校企合作提供了理论支持并具有启发和指导作用。

(三)产教融合与校企合作的经济学基础

经济社会的发展决定教育模式,职业教育更是与经济发展密不可分,经济学原理是产教融合、校企合作思想的重要理论支撑。

1. 人力资本理论

20世纪中叶,美国著名经济学家舒尔茨创立了人力资本理论,他认为全面的资本概念应当包括人和物,即人力资本、物力资本。人力资本也是生产要素资本,是经济增长的重要来源,除了医疗保健以及为变换就业机会所需的流动费用外,人力投资重点应放在正式建立各级各类学校教育、在职人员的培训和各种成人教育等方面。该理论使得整个教育体系及产业经济部门都受到了极大挑战。一方面,产业逐渐意识到企业的生存和发展不仅依赖有形资产,还与是否拥有高素质应用型人才密切相关。另一方面,学校由于经费、生源和就业的压力,希望和产业界合作以便减轻压力,提升核心竞争力。因此,产教融合、校企合作是教育部门和产业界为适应社会经济发展的不二选择。

2. 市场经济理论

市场经济是指在市场交换中，通过竞争、供求、价格等市场机制来调节流通，并通过流通来调节生产、分配、消费的经济，市场在资源配置中起着基础性作用，主要由市场机制、利益原则引导资源配置。校企合作处在市场经济的大环境中，校企双方有各自的利益需求，无疑会受到市场经济的制约和调节。

二、高层次职业教育校企合作模式

（一）国外校企合作模式分析

1. 德国"双元制"模式

居于世界工业发展进程前列的德国，很早就提出了"工业4.0"的发展新战略，这是智能化时代到来的标志。德国的人才培养模式直接决定着其工业高速发展，凭借世界职业教育典范的"双元制"，形成了其工业人才培养上的独特模式。"双元制"，其中一元指私人企业，另一元指公办学校，二者合作培养职业人才。整个培训过程在企业和学校共同进行，将实践操作与理论学习紧密结合。"双元制"模式，最重要的是校企合作贯穿了高等职业教育的整个过程。其该模式的特点是严格选拔符合企业需求的学生，他们经过层层筛选后与企业签订教育合同，接受"双元制"培训；在学生接受培训期间，企业向学生提供学习、工作和生活补贴，保障学生顺利完成学业，并且为学生提供平等的就业机会，但这并不表明企业有为毕业学生提供就业岗位的义务。普通职业学校的学生在基础教育完成之后，在符合条件的情况下，与"双元制"模式培养的学生可以实现双向流通，既注重个人能力，又充分尊重个人选择。[1]

2. 美国"合作式"模式

目前，作为美国职业教育校企合作的主要模式，"合作式"教育模式是把课堂学习与学生专业或职业相关工作内容结合起来。美国实施的是单轨制

---

[1]姚远.现代学徒制及校企合作模式研究——以昆明冶金高等专科学校为例[D].昆明：昆明理工大学,2021.

教育,负责职业教育的主要机构是综合类高中和社区学院。而接受职业教育的对象一般为在校中学生或中学毕业生,以及继续接受培训的社会人员和无法完成常规教育的人。美国职业教育模式的特点是有专门机构来负责协调职业教育活动,美国国家合作教育委员会专门负责协调全美合作教育工作;在美国,合作教育有完善的跟踪体系,学生与企业都有较为详细的记录。通过多种方式实施合作教育,包括工读轮换、半工半读、劳动实习等,来满足不同企业和学生的需要。

3. 英国"三明治"模式

英国的"三明治"模式,是"理论—实践—理论"或"实践—理论—实践"交替式人才培养模式。以高等职业教育为主体,旨在培养高素质技能型人才,通过学校的基础理论课程与企业的实践课程实现多重交叠,增加校企之间的联系,提升学生的实际操作能力,使学生通过较长时间的顶岗实习,完成相应职业技能的学习。"三明治"模式具有多样的特点:政府在推动教育改革与企业合作中发挥重要作用,借助教育拨款、法律政令以及政策宣传等保障措施,提升职业教育的社会地位;实行弹性课程模式,针对不同专业和课程合理分配理论与实践课程的比例;理论联系实际,并贯穿于整个职业培养过程,在制定培养方案、设置课程体系以及开发项目制课程等各个环节都充分地体现学做合一。

4. 新加坡"教学工厂"模式

在借鉴众多发达国家职业教育模式发展的基础上,新加坡的"教学工厂"模式是结合自身实际情况所创立的一种人才培养模式。学校承揽企业工程项目,而企业帮助学校建设仿真生产车间,在教师或技术工人的指导下,学生进行实际生产操作以完成相应的工程项目。这种学校、企业和实习工厂"三合一"的人才培养模式,为提高学生实际操作能力、丰富实践知识提供了有力的保障。新加坡的"教学工厂"模式的主要特点是:项目式教学始终贯穿学生培养。引企进校举措不仅有厂房、设备等资源作为依托,而且通过承揽具体的项目作为学生学习的实际案例,没有流于形式的教学活动,学生能够进行生产实践操作,起到提升职业能力的目的。当然,企业的生产活动在为学生提供实习机会的条件下,也适当追求一定的利润维持其发展。借助学校本位的教育思想、企业背景以及良好的社会环境氛围,充分利用校企资源并对其进行调整优化。

（二）国内校企合作模式分析

选择有效、合理且符合自身实际情况的发展模式是保证职业教育校企合作有效性的首要前提。着眼于校企合作的办学经验，我国职业教育实现校企合作有效性的关键要素主要表现在：职业学校自身的办学理念及其综合实力，地方政府的政策、平台以及资金支持，区域的产业融合及市场带动作用。当前，"产业园校企合作"模式、"现代学徒制"模式、"职教集团"模式、"校中厂、厂中校"模式以及"政校企"模式等五类模式是我国职业教育校企合作模式的成功案例。

1. "产业园校企合作"模式

"产业园校企合作"模式依托高职（专科）院校的教学用地，建立与高职（专科）院校办学方向相匹配的产业园区，借助灵活的产业导入政策，吸引对口企业入驻园区，搭建校企强匹配的合作平台，这是一种集产业孵化、人才培训、科研开发于一体的职业教育校企合作办学模式。高职（专科）院校和企业的强匹配性是"产业园校企合作"模式最显著的优点，在高职（专科）院校教学用地上建设产业园区，并在政策和制度方面予以保障和约束，便于校企双方资源得以最大化利用。

2. "现代学徒制"模式

对比传统学徒制，"现代学徒制"强化了企业技术人员和教师的联合教学，是一种以企业为主体，"招工"和"招生"一体化的校企合作人才培养模式。该模式下，学生在岗工作的同时，学习基础理论知识，同时，企业指派专业技术人员教授专业技能，帮助学生知识、技能、学历的多重提升，助推职业教育体系与劳动就业体系融合发展。"现代学徒制"模式在多个层次上切实提高了学生在企业实习的效果：在时间方面，学生大多数时间在企业，拥有充足的实训时间及机会；在技能考核方面，考核内容包括两个方面，即职业资格和实际工作，学生可以真正学到技术和方法，切实提高实训效率；在职业道德方面，导师一对一的教育指导，能有效提高学生对职业道德的认知，并将其内化到实践中，成为具备工匠精神的高素质专业人才。①

①徐冬冬.职业教育校企合作模式实践与运作机制探究[J].职业技术,2021,20(9):43-47.

3. "职教集团"模式

"职教集团"模式是以行政区域为基础,以相互促进、合作共赢为基本原则,多元主体共同参与办学的教育组织形式。"职教集团"模式的参与主体多元化,主要包括政府部门、合作企业、高职(专科)院校、科研院所、社会组织等,有利于推进我国职业教育改革,整合各方资源,完善政府主导、企业参与以及行业产业指导的职业教育办学模式。在职业教育校企合作过程中,"职教集团"模式提供了强有力的平台,是职业教育领域的又一创新,广泛吸纳了优质生源,为地方企业培养了大批高素质专业技术人才,能够更好地满足市场需求。①

4. "校中厂、厂中校"模式

"校中厂、厂中校"模式延伸和拓展了校内基地生产化和校外基地教学化合作思路。高职(专科)院校办学经费和企业参与职教动力不足的问题催生了"校中厂、厂中校"模式,该模式体现了"做中学、学中做"的教育理念,直接将实训教学转化为工作实践,加强了高职(专科)院校职业教育的实用性,显著提高了技术人才输出的质量;同时,该模式实现了在校内建设生产流水线,高职(专科)院校可根据需要有序开展生产性实训,便于院校师生及时学习最新生产技术,在降低办学成本的前提下保障人才培养质量。②

5. "政校企"模式

"政校企"模式,即指高职(专科)院校及其所在辖区内具有产业导向职能的政府部门合作开设二级学院,形成地方政府、高职(专科)院校以及入驻企业三方合作办学的发展模式,其开设的专业技术课程,直接与当地产业引入名录对接,为当地产业发展和经济建设提供服务。一般情况下,"政校企"模式集中于产业聚集度和经济发展水平都较高的地区,地方政府可为高职(专科)院校提供丰厚的教育发展资金,致力于解决高职(专科)院校办学经费短缺等问题;高职(专科)院校与地方产业的合作更具针对性,定向输出企业缺乏的高素质、高技能人才,稳定人才供给数量和质量,为地方产业及其经济发展提供长足的驱动力。③

---

①刘晓宁.职教集团参与主体的利益博弈与共轭协调[J].职教论坛,2019(2):14-21.

②何业军."校中厂,厂中校"办学模式的探索与实践[J].科教导刊(中旬刊),2013(12):11,29.

③汪发亮,赵燕宁,陈燕君.基于政校企行协同合作下的高职生职业素养培育[J].合肥学院学报(综合版),2019,36(1):122-126.

三、高层次职业教育校企合作运行机制

职业教育校企合作运行机制是决策落实的保证，该机制是指在职业教育校企合作决策执行中，通过内在的作用方式，将所有涉及职业教育校企合作的内部要素和外部要素进行整合，使校企合作能够协调、有序进行。

（一）一致性

一致性是指培养技能型和技术型人才目标的一致性。在校企合作实施的过程中，无论是高职（专科）院校，还是企业等实施主体，在衡量校企合作成败的评价标准中，都将能否培养出合格的技能型和技术型人才纳入其中。

（二）双向性

双向性是指校企合作的双向性。校企一体关系确立了在合作中，职业学校和企业都是实施的主体，两者相辅相成，缺一不可。在合作中，要坚持实施主体的双向性，即指高职（专科）院校和企业；坚持双向的受教育者身份，即指学生和学徒；坚持双向的学习场所，即课堂和工作现场；坚持双向的实施教学过程，即实践工作过程和理论学习过程；坚持双向的教学计划、组织和实施，即教师与专业人员共同合作，共同参与制定计划和实施计划；坚持双向的考核评价结果，即职业资格考试和毕业考试。

（三）开放性

开放性是指校企合作实施过程的开放性。职业教育是面向人人的教育，是最直接服务于经济社会的教育。校企合作的运行要始终坚持面向社会，使培养目标、教学计划、教学内容更加贴近企业和社会的现实需要；借助于开放课堂教学、实习等手段，使学校教学和企业实训紧密结合；开放教师的继续教育与培训，持续开展"双师型"教师队伍建设；开放实验、实训设备，产生最大的经济效益；开放学生职业理想和职业道德教育，让开放的企业环境和文化打造合格的技能技术型人才。

（四）制度化

制度化是指在完善校企合作制度的背景下，形成有序、规范且良好运营

的合作环境。制度是校企合作组织和实施的保障,在严格的规章制度下,校企合作各主体的自律性得以加强,以保证运行的效果,规避合作中可能遇到的问题,使得校企合作得以井然有序、健康平稳地发展。

(五)集群化

集群化是指在校企合作中,在政府统筹下高职(专科)院校和企业以群的形式进行合作。在大职业教育系统中,根据各区域、地市经济发展规划及其特点,产业结构布局,对技能技术型人才的需求等,从区域一体化发展战略的角度,对职业教育校企合作进行统筹规划。

我国职业教育改革发展的新战略是职业教育校企合作,其中,构建良好的运行格局是重中之重。在校企一体化背景下,亟须形成"政府主导、校企一体化"的运行格局,构建校企合作的长效机制。如图5-2所示,"政府主导、校企一体化"的运行机制总体上包括四个部分、三个层面以及一个目标。

四个部分:一是运行的决策规划和保障系统,主要是建立部级、省级职业教育校企合作指导委员会等,并明确其相关职责。二是运行的实施系统,为企业层面和高职(专科)院校的具体操作过程,是主体部分。三是运行的监控反馈系统,主要包括信息反馈和过程控制评估反馈,评价并反馈运行过程和效果。四是运行的支持系统,由协作主体研究相关的理论及其实践,并在制定法规、政策、制度的过程中将研究成果作为相关依据。

三个层面:一是宏观层面,主要包括部级职业教育校企合作委员会一级机构,领导、规划校企合作,依据社会和经济发展的现实需求、运行的监控反馈、理论和实践研究成果,制定有针对性的法规、政策,积极筹集政府、行业产业、企业、社会等各方面的资金,建立专项基金制度,制定合理的资金管理和使用政策,并加强对内对外的宣传教育,营造良好的社会氛围,为实现良性的校企合作,提供适宜、宽松的资金、政策和社会环境。二是中观层面,主要是省级或地市、县级职业教育校企合作委员会二级组织机构,主导和调控校企合作,根据企业以及高职(专科)院校的发展需求,利用各行业及其部门的优势,提供综合且有效的信息,并制定有针对性的制度措施,促进校企双方的交流,为合作提供规范、便利的制度、信息和交流环境。三是微观层面,主要为三级组织机构,即高职(专科)院校和企业,核心是完成校企一体的技能型和技术型人才培养,在培养目标、培养规格、培养计划、培养方式、专业开发、教学计划、教学大纲、师资配备、课程设置、课程编排、教材编写、教学方法、评价考核、实习就业安排以及在职培训、继续教育等方面制定具体实施细则,操作过程中体现校企双主体的结合、校企教师双师资的结合、课堂和现场双场所的结合、课堂学习和现场学习双过程的结合。

一个目标:培养合格的技能型和技术型人才。

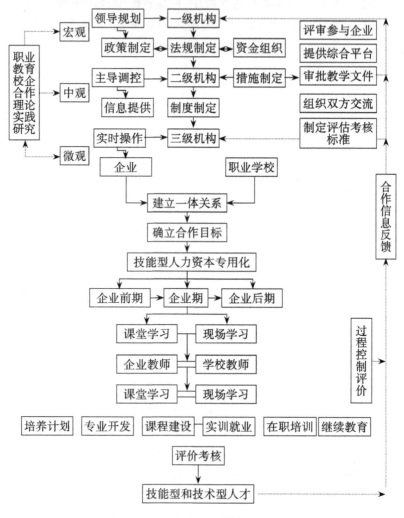

图5-2 职业教育校企合作运行机制

第三节　产业需求导向的高层次职业教育质量评价体系

一、专本研衔接下的高层次职业教育质量评价要素

教育质量是高等教育发展的一个核心问题。我国的职业教育已呈现出纵向贯通、横向融通的态势,在国家对高水平应用型技能人才的需求日增的背景下,高等职业教育、本科层次职业教育和专业学位研究生教育的质量成为社会关注的问题。那么在高层次教育质量评价过程中,关注哪些要素便成为我们要思考的问题。

（一）专业设置

在专业设置方面,一方面,高职(专科)院校要依托于区域经济产业发展的特色,设置特色专业,同时也要凸显院校的办学特色;另一方面,还要以市场产业需求为导向,合理设置专业,培养高水平应用型技能人才,为国家的经济发展建设服务。在进行专业设置时,首先,要明确职业教育是一种类型教育,不能一味追求"大而全",而要坚持"小而精"的特色;其次,专业的设置要根据实际,要对接产业需求,每五年更新一次专业目录,进行专业动态管理,删减"老而旧"的专业,增加新兴专业。

（二）师资队伍

《本科层次职业教育专业设置管理办法(试行)》中明确规定了本科层次职业学校教师队伍的条件,该文件要求教师队伍中具有研究生学位专任教师比例不低于50%,具有博士研究生学位专任教师比例不低于15%。但是在实践中,由于长期以来高职(专科)院校比普通高校低一层次的观念仍存在,而这种观念潜移默化地影响着人们的职业选择,所以很多优秀毕业生毕业后不愿进入高职(专科)院校,这就使得高职(专科)院校中师资的学历结

构呈现出单一化态势。同时,除学历结构,高职(专科)院校中师资的性别结构、年龄结构等也具有单一化特点,也会影响职业教育的育人效果。针对这些情况,高职(专科)院校要有所作为,可制定一些政策吸引优秀人才,比如在职称评选、教师编制、福利待遇等方面向优秀毕业生倾斜;也可请一些经验丰富的、具有一定技术的技能型大师为学生授课,比如能工巧匠、非物质文化遗产传承人等高技能、高技术人才。

(三)课程结构

课程结构的安排会影响学生的学习效果,[1]而学生的学习效果恰恰是教育质量的一种表现,因此,课程结构间接对教育质量起作用。我国现在很多高职(专科)院校的课程安排顺序是传统基础课、专业基础课、专业实践课,初衷是学生能够在后期实践中将理论更好地应用于实践,但这也成为一种弊端。很多学生在进入学校之后,对所学专业并未有深入了解,便开始学习专业知识,这就造成了学生缺乏专业认同感,很难在一开始对专业产生热爱之情并全身心投入到学习之中。以教育学专业为例,大一、大二的课程是比较重要的专业课,比如教育学原理、教育心理学、中外教育史、教育研究方法、教育哲学、教育社会学等,直到大四上学期学生才开始实习。在课程设计和安排上,可将教学实践环节提前,让学生一开始就接触到专业领域,有利于培养学生的专业兴趣,从而提升教育质量。

(四)办学条件

职业教育具有其特殊的教育属性,在教育过程中,尤其注重职业技能的培养与训练,因此要注重教学设施和仪器的完善,而这也应成为高层次职业教育质量的一个重要评价指标。近年来,产教融合、校企合作的办学理念和方式被频频提及,国家也颁布许多政策来引导学校和企业合作培养学生。在合作中,学校根据自身特点和人才培养的需要提供一定的课程、师资等资源,企业提供资本、技术、知识、设施、设备和管理等要素,两者作为人才培养的双主体共同促进人力资源的开发。充分利用好企业这一办学资源,不仅

---

[1] 赵志群,林来寿,张志新. 高等职业教育课程改革学习效果评价:一项实证研究[J]. 国家教育行政学院学报,2014(7):74-79.

能够改善学校的办学条件,也能充分发挥企业的主体地位,从而更好地为企业和社会输送人才。除此之外,学校的自然条件也是办学条件之一,从学校的地形到学校的自然风光、校园环境等都影响着学校教育质量。

(五)生源质量

生源质量高,教学环节将会更有效地实施,相应教育质量也会更高;生源质量低,那么教育质量也会低一些。近年来,由于产业结构的调整和社会经济的发展,国家和社会需要大量有技能有能力的应用型人才,普通教育难以满足社会和产业发展的需求,于是以职业型人才为培养目标的高职(专科)院校成为社会和教育界关注的重点。由于高职(专科)院校生源具有多样性,相对应招生形式也具有多样化的特点。但是,在传统的招生过程中,大部分高考生是由于考试失利才进入高职(专科)院校的,这也是高职(专科)院校是比普通高校低一层次教育说法的由来。为提高生源质量,要转变学生和家长的传统观念,使其意识到职业教育培养的人才也是国家需要的栋梁,这个过程需要国家和社会的引导和支持。

(六)教育教学

在职业教育"百万扩招"的大背景下,如今我国高职(专科)院校的生源呈现出多样化特点,主要有企业技术工人、新型职业农民、退役军人、下岗职工、农民工、往届高中毕业生和中职毕业生。在生源多元化的背景下,学生的水平参差不齐,知识背景、能力水平、工作经历各不相同,而这些不同点就使得对待不同学生时教学方式要有所差异,遵循因材施教的教育原则是提升学生学习兴趣、提升教学质量最有效的方式之一。此外,职业教育的目标是培养职业人才,在教学过程中不仅要注重理论和实践的结合,更要注重学生实践技能的训练,要调动学生学习的主动性,将传统的以教师讲解为主转变为以学生为中心,发挥学生的能动性,在教学理论的选择上,要摒弃赫尔巴特的"三中心论",注重学生中心、活动中心、经验中心的"新三中心论"。

(七)就业质量

就业质量是学校教育教学质量和效果的表现,是以成果为导向的教育质量评价指标。高职(专科)院校毕业生的就业质量并非一个静态的事实,而是一个动态的过程,包含高职(专科)院校对学生的培养过程、学生的求职过程和学生的入职阶段,其中入职之后是就业质量的显现阶段。[1]那么针对学生的就业质量可从哪几个方面进行分析呢? 有学者将就业质量评价指标分为就业环境、就业状况、就业能力、劳动报酬、社会保障、劳动关系六个方面。[2]也有学者从大学生毕业去向落实率、就业流向、工作薪酬、单位性质、就业满意度、就业稳定性、失业担忧等七个维度测量大学毕业生的就业质量。[3]就业质量是一个复杂的概念,包含多元化要素,从不同方面可以构建出许多评价指标,结合本书的研究内容和对象,专本研衔接下的高层次就业质量可分为就业率、就业环境、工资报酬、福利待遇、就业稳定性等五个方面。高职(专科)院校部分学生毕业后会进入与学校合作的企业进行实习和工作,学校可通过企业了解学生的就业质量,或者利用第三方评价机构对学生的就业情况进行了解;同时还可以通过访谈、问卷调查等方式和手段向学生本人了解就业质量。此外,还需要建立反馈机制,对学生的就业情况进行反馈,从而找出学校教育上的不足并进行针对性调整,通过学生就业质量的反馈来更好地服务于学校的教育工作。

(八)教学成果

在实践主体上,教学成果集中体现在两个方面:一是教师的科研成果,根据学术界对科研成果的界定,可以将高校开展的科学研究工作分为应用技术研究和教育教学研究两大类,如教师的科研论文、创新成果、教学成果奖、校本研究成果等。二是学生的学习成果。教师本人的科研成果产出是教师追求个人专业发展的结果,也是教师在教学过程中的思考。普通高校注重学生学习成绩和思维能力的培养,与普通高校不同,高职(专科)院校更加注重学生实践能力和实操技能的发展。在学生的学习成果上,专业技能、实践水平和职业技能大赛成为重要的衡量指标。为了提高技能型人才的质

---

[1]赵文学.高校毕业生就业质量影响因素与提升策略[J].黑龙江高教研究,2022,40(2):133-138.

[2]高学东,潘莹雪,薄启欣.中国省际就业质量影响因素的空间计量分析[J].地域研究与开发,2022,41(4):13-18.

[3]刘保中,郭亚平,敖妮花.新冠肺炎疫情对大学毕业生就业质量的影响——基于疫情前后全国19所高校的调查对比分析[J].中国青年研究,2022(10):110-119.

量,教育部发起了全国性的职业技能大赛。例如,2022年的全国性职业技能大赛,比赛分为中职组和高职组,其中,中职组包括10个专业大类,40个赛项;高职组分为15个专业大类,62个赛项。由此可见,职业技能大赛的比赛内容具有广泛性,涉及职业教育的诸多领域。

（九）毕业生质量

毕业生质量评价的主体可以是学校,也可以是用人单位,但最终毕业生是要为用人单位服务的,毕业生质量的评价标准和要求也应由用人单位进行设定,因此本书在研究毕业生质量评价问题时,将评价主体设定为用人单位,对毕业生质量的评价可以包含专业水平、社交能力、基本素养、特殊能力四方面。其中,专业水平包含专业知识与能力;社交能力包含沟通能力、应变能力等;基本素养包括政治素养、身体素质和心理素质;特殊能力包括创新能力、外语能力、语言表达能力。用人单位通过对毕业生质量进行评价,将结果反馈给高职(专科)院校,有利于高职(专科)院校改进教育教学方式。因而,在对高职院校的教育质量进行评价时,要重视毕业生质量。在具体措施上,学校可开设职业生涯规划课,让学生对自己的职业前景有一定的规划和认识。

二、高层次职业教育质量评价体系构建

（一）高层次职业教育质量评价体系的构建目标和要求

一是坚持以习近平新时代中国特色社会主义思想为指导。我国职业教育发展的路径选择和方式必须扎根中国大地,根据我国职业教育发展的现实情况提出有针对性的建议。在职业教育的发展过程中,可以借鉴德国、日本等职业教育发展较好国家的经验,但不能盲目照搬,要在本国发展的基础之上取其精华、去其糟粕,否则会造成与中国实际相脱节,失去了职业教育本身存在的价值和意义。

二是高职(专科)院校的人才培养目标要适应当前产业和社会的需求。《现代职业教育体系建设规划(2014—2020年)》中,强调职业教育的建设需要始终以市场需求为导向,充分发挥市场在资源配置中的重要作用,推动学

校面向市场需求办学。职业教育培养的人才最终是要流向市场和企业的。因此,在职业教育人才培养目标的确定上,必须对接产业和市场的需求;在职业教育质量评价体系的构建上,要坚持以市场为导向,注重市场对学生的评价。

三是提升高层次职业教育的质量。2022年10月,国务院办公厅印发的《关于加强新时代高技能人才队伍建设的意见》中提出加大高技能人才培养的力度,体现了国家对高技能人才的需求和重视,高职(专科)院校作为培养高技能应用型人才的主战场,要不断提升教育质量,优化教育服务供给。对职业教育质量进行评价就是通过对职业教育本身的教育水平和教育能力进行反馈,从而不断完善职业教育的课程结构、教学方式、专业建设、办学方式等,最终提升职业教育的质量。

（二）高层次职业教育评价体系的构建原则

1. 科学性

德国柏林大学,将教学和科研相结合,从此确立了高等教育的一大职能——科学研究。为什么研究要讲求科学性？这是由研究的内在本质决定的,无科学性就无研究的价值属性,同时也就失去了研究的意义。作为教育研究过程中的一种价值取向,我们所进行的各种研究都要追求科学性,或者说,向科学靠近,要以"求真"为目的。

2. 全面性

在构建高层次职业教育质量评价体系时,要力求全面,覆盖社会层面、学校层面和学生个人层面。针对教育质量的评价不仅要注重基础,还要注重教育的投入以及过程,更要注重教育质量和成效。因此,在进行教育质量评价的过程中,要注重全面性,防止只注重其中的某一方面而忽略了其他方面。

3. 系统性

系统性是一种逻辑关系,是指在一个层次分明的整体中,不同的指标处于不同层级,形成一定的秩序,同层指标之间、指标层与指标层之间具有清晰的逻辑关系。高层次教育质量评价体系的构建要注重系统性,注重各个指标之间以及指标层之间的联系和逻辑关系。

（三）高层次职业教育质量评价体系的构建过程

评价指标构建的理论基础主要有输入—过程—结果模型、生态系统理论、融合教育理论、全面质量管理理论和CIPP评价模式等。在对高层次教育质量评价要素进行分析之后,结合以上教育质量评价体系的构建原则,本书将采用输入—过程—结果模型来进行高层次职业教育质量评价体系的构建。

1.输入评价

在一级指标输入评价之下,构建二级指标,具体包括师资、生源、办学条件,这三者可以看作教育过程中的教育者、教育对象和教育影响,是教育的"三要素"。其中,师资评价包括教师的学历结构、性别结构、年龄结构。生源评价包括学生的来源、质量。办学条件评价包括校企合作的水平以及学校的自然条件。

2.过程评价

过程评价的评价要素主要包括课程、教学和专业建设。从广义上看,课程是学生在校期间所学内容的总和以及进程的安排;从狭义上看,课程是指某一门学科,是教师教学的具体科目,比如数学课、历史课等。课程结构设置的合理性深刻影响着教育质量和教育效果。教学方式、教学理论的选择,专业设置和专业建设也影响着教育质量的过程指标评价。

3.结果评价

结果评价是对教育质量结果和效果的评价,是一种产出和输出性的评价,是较为直观的评价维度。基于结果导向的教育质量评价方式是对教育质量的结果进行评价,有利于从教育产出方面找到教育输入过程中存在的问题。教育质量的结果评价主要包含毕业生质量、教学成果、学生的就业质量。

三、高层次职业教育质量评价体系保障

在高层次职业教育质量评价体系运行和保障方面需要政府、学校和社会三方共同合作,政府要发挥宏观上的指导作用,加强对职业教育的资金支持以及政策上的鼓励和引导;社会及企业要增强社会责任感,积极与高等职

业学校进行合作,为职业教育的发展提供支持;学校要在微观上有所作为,明确自身定位、加强与企业的合作、注重师资建设和学生的就业质量,为学生提供满意的教育服务。三者形成合力,才有利于高层次职业教育的健康发展和高层次技能型人才的培养,最终适应并推动产业和经济社会的发展。

(一)政府层面

一方面,政府要对职业教育的发展提供资金支持。目前,高职(专科)院校的资金来源主体主要有政府、学校和社会三方面,其中最主要的是政府的资金支持。资金对高职(专科)院校的发展意义重大,高职(专科)院校的教学设施和仪器设备甚至教师的工资都依赖于政府的资金支持,如果没有充足的资金,职业教育的发展将难以为继。政府要优化职业教育经费的支出结构,根据职业教育的发展规模、培养成本和教育质量进行教育经费的配置,还要按规定发挥好教育经费等各类资金的作用,提高资金的使用效益;同时,政府也应鼓励职业教育多途径筹集教育经费,使学校统筹利用好现有资金渠道,按规定支持高技能人才工作,支持职业教育的发展。

另一方面,政府宏观上通过政策的鼓励、支持和引导,对职业教育的发展起着重要作用,使职业教育充满活力和生机。虽然政府已经颁发了一系列政策支持职业教育,但仍有职业教育低于普通教育等传统观念。在职业教育大有可为的今天,需要政府用公信力来转变大众观念,让全社会对职业教育充满信心。同时,校企合作是高职(专科)院校的主要办学方式,学校和企业相互合作共同培养学生,对双方来说都是一个双赢的选择,因此,从政府角度来讲,要不断完善相关政策,引导双方积极进行合作,共同致力于人才的培养。

(二)学校层面

首先,高职(专科)院校要明确自身定位,坚持职业教育的属性,在专业建设上,聚焦职业教育特色,集中精力建设优势专业、特色专业,只追求"全"而忽略学校自身的办学资源和条件,会导致没有特色专业的支撑,难以培养出优秀人才,最终只会被大环境下遗弃。

其次,高职(专科)院校要加强与企业之间的合作,产教融合、校企合作是国家大力倡导的高职(专科)院校发展的模式和办学形式,具有一定的政策支持,并且可以追溯到一定的历史时期,有可供借鉴和学习的案例;在校企合作的人才培养模式下,学生在校学习和在企业实习相结合,不仅能够提升学校的教育质量和办学质量,同时可向企业输送高质量人才,有利于企业的发展。

再次,高职(专科)院校要注重师资建设,师资水平的高低直接影响到学生的培养质量。

最后,关于学生就业问题,现在存在部分学校只注重学生的整体就业率,忽视学生的就业质量和就业满意度。要保证学生的就业质量,提升学生的就业满意度,就必须对学生进行全过程的就业指导。在学生刚入学时,可以开设职业生涯规划课作为必选课,让学生对于自己的职业有一个明确的规划,也可辅以职业生涯规划大赛等比赛增强课程的影响力;在学生学习的过程中,可以从学习成绩、作业情况、参与课堂讨论等方面进行考核,从而避免学生在就业指导课上出现应付了事的现象;在学生毕业后,可以提供就业指导,如协助学生进行简历修改、指导面试技巧等,同时也可结合学生就业的实际情况进行回访,提升毕业生对学校的满意度。

(三)社会层面

在校企合作的背景下,符合条件的企业要积极与高职(专科)院校开展合作,提供职业教育发展所需的场地、厂房、仪器设备等设施。反过来,高职(专科)院校人才输出阶段,可以为企业发展提供高水平技能人才和管理人才,有利于企业的人才建设和长足发展,双方还可以进一步探索人才培养的途径和方式,为深化产教融合提供智力支持。

第六章　职业教育专本衔接模式与实现路径

　　构建起纵向贯通、横向融通的现代职业教育体系,建立专本研衔接的多层次一体化人才培养系统是我国现代职业教育发展的重要目标。专本衔接模式作为重要枢纽,既对下带动衔接中等职业教育,又可以实现向上层次的延伸,贯穿整个职业教育体系。然而,目前的职业教育体系中尚未对专本衔接模式进行整体有效的构建,无论是"自上而下"的引领还是"自下而上"的实践探索都相对匮乏,上下层级体系之间的参照关系较为模糊。中本贯通的路径尚在探索,专本衔接的模式还不完善。这直接影响了职业教育高层次化培养的连贯性,导致职业教育培养体系缺乏系统性和统筹性。本章通过梳理职业教育专本衔接模式的理论与制度,研究实践过程中职业教育专本衔接的模式,提出职业教育专本衔接模式的实现路径。

第一节　职业教育专本衔接模式的理论与制度

　　职业教育专本衔接模式指将专科层次职业教育和本科层次职业教育有机地结合在一起,实现在学制、考试招生、专业设置、培养目标、教学内容、评价等方面的相互承接和分工,避免资源的浪费,满足不同层次、规格的职业技能和技术人才需求,以提高教学质量和办学效益。实现职业教育专本衔接模式需要形式和内容两方面的衔接:形式衔接主要表现在学制和考试招生方面,内容衔接则表现在专业设置、培养目标、教学内容、评价等方面。这样的衔接方式能够在低层次职业教育的基础上,推进高一层次职业教育的发展,实现职业教育的有机衔接,以适应经济和社会的发展需求。在实践中,职业教育专本衔接模式需要建立科学、完善的制度体系,实现不同层次教育之间的有机衔接,培养出适应社会需求的优秀人才。同时,需要充分发挥教育机构、企业等各方面的作用,加强对职业教育专本衔接模式的重视和支持,促进职业教育的可持续发展。通过文献梳理发现,对职业教育专本衔接模式的研究缘起于20世纪80年代,一直持续不断。不同学者针对职业教育专本如何衔接提出不同观点和理论,比较有代表性的制度有姜大源提出的国家职业资格证书制度[1]和徐国庆提出的职教高考制度。[2]国家职业资格制度主要针对内容衔接进行系统设计,职教高考制度则主要针对招生衔接,但无论是哪种制度,其基础均建立在职业教育类型属性的理论共识上。

一、类型属性理论

建立专本衔接模式不只是职业教育政策要求,还具有深刻的理论依据,其理论基础就是职业教育的类型属性理论。[3]在我国,最早为职业教育类型属性提供学理论证的是黄克孝先生。20世纪90年代初,黄克孝以人才类型理论为基础,把教育划分为基础教育、专门教育两类,并将专门教育进一步分为科学教育和技术教育两类。接着,他按照不同的教育内容将科学教育和技术教育分为学术性、应用性、技术性和技能性四种不同类别。在这个分类中,职业和技术教育被确立为一种独立类型的教育。这种分类方式可以帮助人们更好地理解不同类型的教育及其在人才培养中的作用。

在此基础上,徐国庆从技术知识的独立性、形成过程的复杂性和来源途径的多元性维度分析职业教育的类型属性。[4]首先,职业教育主要关注的是

---

①姜大源. 现代职业教育与国家资格框架构建[J]. 中国职业技术教育,2014(21):23-34.

②徐国庆. 作为现代职业教育体系关键制度的职业教育高考[J]. 教育研究,2020,41(4):95-106.

③王一涛,路晓丽."中高本硕"衔接的理论溯源、实施现状与路径优化——基于类型教育的视角[J]. 教育发展研究,2021,41(3):60-67.

④徐国庆. 确立职业教育的类型属性是现代职业教育体系建设的根本需要[J]. 华东师范大学学报(教育科学版),2020,38(1):1-11.

技术知识的教育,而这些技术知识是不可以从普通教育教授的科学知识中简单推导出来的。因此,职业教育需要独立的、针对职业技能的教学过程。这种教学过程需要对不同类型的职业技能进行分类,即所谓的"类型化",以确保人才培养的针对性和有效性。换句话说,职业教育需要独立的、有针对性的人才培养过程,因为职业技能的学习需要独特的教学方法和课程设置。其次,智能化时代使技术知识的广度和深度得到拓宽,技术技能形成过程更加长期和复杂。心理学界认为,动作技能是一种习得性能力,在内部心理控制条件下形成,需要一个长期反复实践和练习的过程。单一或低层次的职业教育或职业培训的范围有限,无法满足社会生产所需的多种职业技能和知识,同时也无法满足受教者不断提高职业素质的需求。因此,为了满足社会生产的多样性需求和受教者的学习需求,职业教育必须向多样化和多层次方向发展,包括不同职业领域和不同层次的职业教育和培训,以便更好地满足社会和个人的需求,同时提高职业教育的质量和效果。最后,技术知识不再简单通过学校学习进行传授,企业在其中的地位越来越重要,校企合作成为职业教育办学的基本模式,办学主体的多元化决定了职业教育的跨界性和管理方式的类型化。

因此,职业教育的类型属性理论成为职业教育专本衔接模式的首要理论基础。职业教育不仅限于中等职业教育和高等职业教育这两个层次,而是基于类型属性理论,不断拓展和完善职业教育层次结构。具体来说,职业教育在中等职业教育的基础上,以高等职业教育为主体,并逐渐扩大到应用型本科和专业学位研究生教育,实现从中等职业教育到高等职业教育、本科层次职业教育,再到专业学位研究生教育的连续贯通,形成现代化的职业教育层次结构。这种发展是基于职业教育的类型属性理论,即技术知识的独立性决定了职业教育需要类型化的人才培养过程,以适应社会生产需求和受教者学习需求的多样性。教育层次的完善是职业教育内部衔接的关键。[1]2018年底,教育部发文在全国开展本科层次职业教育试点工作,目前已有32所本科层次职业学校。除此之外,国家持续推动普通高校向应用型转变,扩大应用型本科学校招收中职、高职学生的规模与比例。2020年,教

---

①姜大源,王泽荣,吴全全,等. 当代世界职业教育发展趋势研究——现象与规律(之二):基于纵向维度递进发展的趋势:定阶与进阶[J]. 中国职业技术教育,2012(21):5-20,25.

育部出台《关于加快推进独立学院转设工作的实施方案》,鼓励独立学院与高职(专科)院校进行合并,为扩大本科层次职业学校提供了机遇,在高等职业教育和专业学位研究生教育中架起了衔接桥梁,以保障不同层次间的进路通畅和衔接紧密,从而为优化职业教育类型定位提供了坚实的实践基础。

二、国家职业资格证书制度

新中国成立初期,我国实行工人技术等级考核制度,随后伴随着三次工资改革和社会主义市场经济体制的确立,发展成为今天的职业资格证书制度,对加强职业教育培训、提高劳动者素质、增强就业创业能力、促进人员合理流动、推动经济社会发展都产生了积极意义。但是,随着经济发展和社会进步,尤其是人才评价机制改革的不断深入,现行职业资格证书制度存在的一些深层次矛盾逐渐凸显。至2014年底,我国至少有2695种职业资格证书,其中,1135种为人力资源和社会保障部和各部委颁发,1543种为各类行业协会、专业学术团体颁发,还有17种国际通用职业资格证书,各类职业资格名目繁多、重复交叉。[①]除此之外,职业资格证书制度在一定程度上造成了教育、就业相脱节的现状。姜大源深入剖析了制约现代职业教育体系建设的两个问题:第一个问题是劳动制度与教育制度之间的分离,这意味着人们的雇佣和聘用与他们所受到的教育和培训不相关联;第二个问题是职业资格证书与教育学历证书的分离。教育属性的学历证书结构始于初中层次的初等职业教育,经过高中层次的中等职业教育,止于专科层次的高等职业教育,证书为学历证书,由教育部颁发;然而,职业属性的职业资格证书结构包括初级技能、中级技能、高级技能、技师、高级技师五个等级,由人力资源和社会保障部颁发。[②]因此,整合教育和培训等各类证书、资格标准,解决职业资格证书制度与学历证书、职称、职业技能等级认定等制度的衔接问题,建立国家职业资格证书制度对完善现代职业教育体系具有重要意义。

发达国家和地区在20世纪80年代以来采取了一项重要举措,即建立资格框架制度。这个制度的目的是建立一个涵盖更广泛范围、更完善结构的体系,有利于不同教育间学分转换和学生流动。资格框架制度是一种对教

①肖鹏程,郭扬. 国家职业资格证书制度对职业教育的功能作用[J]. 职教论坛,2015(13):76-80.

②姜大源. 现代职业教育与国家资格框架构建[J]. 中国职业技术教育,2014(21):23-34.

育和培训的层次与质量进行分类、评价的体系，通常包括多个层次，例如初级、中级和高级，涵盖不同的学科和领域，这有助于提高学生在不同领域的学习和就业机会，并提高教育和培训的可比性和可互认性。例如，澳大利亚、英国、南非、新西兰等都建立了各自的资格框架，目前有近150个国家和地区已经建成或者正在建立资格框架。越来越多的区域开始探索和施行资格的跨国互通制度，目前已经实现和正在进行中的跨国资格框架有欧洲资格框架、南部非洲发展共同体资格框架、东南亚国家联盟资格框架、加勒比共同体资格框架、太平洋资格框架、海湾合作委员会资格框架、跨国界资格框架等。资格框架是一种旨在促进国内和跨国教育与培训体系改革、发展的体系化制度，可以对不同学历和资格间的关系进行整合和衔接，有利于学生在不同教育层次之间的流动和转换。这种体系化的制度通常会对不同的学历和资格进行级别划分，从纵向上将资格分为7到13级不等，由第一级开始难度逐级提升，此后每一级别的资格都建立在上一级别资格的基础之上，几乎涵盖中学到博士阶段的所有资格；横向上根据授权机构或教育类型的不同来划分，包括普通教育、职业教育与培训、继续教育等，实现资格在各级各类教育中的等值与衔接。这些发达国家和地区的经验表明，完善的国家职业资格证书制度必然包括通过正规教育、非正规教育和非正式教育所获得、所确定或所认可的各种资格，把基于认知规律的学历资格证书与基于技能形成规律的职业资格证书融合起来，通过各类证书所代表的资格的互认、沟通、衔接来实现职业教育与普通教育的等值，以及职业教育内部纵向衔接与横向沟通。

三、职教高考制度

自1999年高等职业教育被纳入普通高考统招以来，职业教育高考长期依附于普通高校的统一考试招生制度。[①]统一高考为主的招考制度不能满足职业教育的类型特色需求，不仅影响了高等职业教育的生源质量，也进一

---

①蒋丽君，边新灿，卓奕源. 对高等职业教育考试招生的若干思考——以新高考改革为视角[J]. 中国高教研究，2016(7)：97-101.

步加剧了"职教次于普教"的错误社会认识。[①]此外,职业教育一直被看作是为了解决就业问题而存在的,因此接受中等职业教育的学生一般被认为只有就业选择,而没有继续升学的自由。虽然在职业教育领域中,高等职业教育一直被认为是更高端的学习选择,但是没有一个具体的框架将中等职业教育和高等职业教育联系起来。但是,随着职业教育从分散发展逐渐转变为有组织、有系统的建设,对中等职业教育的人才培养目标也提出了重新定位的要求。过去,职业教育更多地以培养学生获得一定的职业技能为主要目标,而如今,随着经济和社会的发展,职业教育的需求也不断地发生变化。因此,中等职业教育的人才培养目标也需要重新审视和定位,更加注重培养学生的综合素质、创新能力和终身学习能力。中等职业教育的办学定位转向职业基础教育,从就业导向转向升学与就业双重导向,立足人的全面发展与终身教育,需要一种机制把中等职业教育与高等职业教育联系起来。因此,建立类型特色的职教高考制度,有助于进一步完善职业教育内外部衔接,这既是构建稳定的现代职业教育体系的关键制度建设,更是实现职业教育类型地位从强化到优化的重要改革任务。[②]

从2016年开始,很多高职(专科)院校进行了分类考试招生改革。据不完全统计,目前职教高考有"六模式十二类型"[②](见表6-1)。"三校生高考"是指高等职业学校招收中等职业学校(包括普通中专、职业高中、职业中专、成人中专、技工学校)和综合高中职高班的应届、往届毕业生,主要考核文化素质(语文、数学、英语)、专业基础和专业技能,在这种录取方式下,高职(专科)院校优先录取来自中等职业学校和综合高中职高班的学生,其次是普通高中的学生。这种录取方式相对于高等教育自学考试、单独自主招生和部分民办高职注册入学等录取方式,招生人数较多,范围更广,录取标准也更加明确。单独自主招生是指经教育部批准,由高职(专科)院校单独确定入学标准、单独组织入学测试、单独实施招生录取的一种招生录取方式,被录取者不用也不能再参加高考。单独自主招生考试通常采用文化笔试和职业技能面试(实操)相结合的方式,各校略有不同,但都侧重职业素质,这种录

①袁潇,高松. 改革开放40年来高等职业教育考试招生制度改革探析[J]. 复旦教育论坛,2019,17(1):76-82.

②吕玉曼,徐国庆. 从强化到优化:职业教育类型属性确立的实践路径[J]. 现代教育管理,2022(2):111-118.

取方式相对于其他录取方式,对学生的职业素质要求更高,是高职(专科)院校招收素质过硬学生的重要方式之一。部分民办高职注册入学指学生不需要通过普通高等学校招生全国统一考试,但需要具有一定的资格或通过高职(专科)院校统一组织的入学水平测试。注册入学的学生通常在学习过程中参加高等教育自学考试以获得国家认可的毕业文凭,与其他录取方式相比,这种方式对学生的要求相对较低,但是对学生的自主学习能力和职业素质要求较高,需要学生具备一定的自主学习能力和职业素质。虽然职教高考种类繁多,在很大程度上为中职生提供了升学机会,对于促进职业教育的发展和社会经济的进步具有积极意义,但是存在的问题也相当突出,表现在命题质量不高,考试内容太过理论化,过于注重基础知识和操作技能的考查,而忽略了实际应用能力和创新思维,不能真正培养适应社会和市场需求的职业人才;招生范围受限,对其他非中职生、成年人或有实际工作经验的人群来说,录取机会有限,不能真正发挥职业教育的社会功能;"先本后专"的僵化录取顺序,缺乏专业性的考试招生机构等。①徐国庆在对中职生现有升学途径进行考察后,认为目前我国只是构建了一些局部化的中职生升学途径,没有建成真正的职教高考制度。②首先,目前采用这些考试录取学生的高等学校数量上还很有限,主要集中在高职(专科)院校和地方本科学校,招生数量也不多,且采用这些考试录取学生的学校普遍源于"政策安排",而非内在地认为它是一种重要的人才选拔途径。其次,已有的升学途径尚未向考生提供充分的选择机会。目前的高考主要为普通高中毕业生服务,再加上职业教育内部没有打破专业壁垒,考生对高等学校及其专业的选择面非常狭窄,中职生只能选择特定高等学校的特定专业。最后,"六模式十二类型"大部分只是在省(区、市)范围内建立的地方政策,具体操作办法差别很大且具有临时性。因此,既要从国家层面对职教高考制度进行进一步规划,出台更为完善的全国职教高考政策,逐步扩大职教高考考生的学校选择范围,又要结合各省(区、市)自身实际情况,将职教高考制度落到实处,形成有效的政策联动,推进职业教育层次高质量衔接。

---

①雷炜. 深化高职院校招生模式改革的思考——以浙江省为例[J]. 中国高教研究,2016(10):98-102.

②徐国庆. 作为现代职业教育体系关键制度的职业教育高考[J]. 教育研究,2020,41(4):95-106.

表6-1 职教高考的"六模式十二类型"

类型	生源	形式	志愿填报、招录
统考统招	普高毕业生	统一录取	第三段(专科批),统一录取,平行志愿
		提前录取	第三段(提前批),统一录取,平行志愿
单考单招	中职毕业生	应用技术本科层次录取	平行志愿,统一录取
		高职专科层次录取	
自主招生	普高毕业生、中职毕业生	校考单录自主招生	参加高职(专科)院校自主招生测试,合格后直接录取,不参加高考
		高职提前招生	学考成绩、职业技能考试成绩为基本依据,结合高职(专科)院校综合素质评价,择优录取,不参加高考
		"三位一体"综合评价招生	高中学考成绩、高职综合素质评价成绩和高考成绩,择优录取
中高职融通招生	初中毕业生	"3+2""2+3"(独立结构)	中高职院校合作分段培养,前三年(或两年)安排在中职学校学习,后两年(或三年)经考核后转入协作办学的高职(专科)院校学习
		五年一贯制(一体化结构)	中高职院校一体培养,统筹制定和实施五年培养方案,五年实行高职大专收费标准、一贯制教学
注册入学	普高毕业生	注册申请	无需参加考试,通过申请、院校审核、考生确认三个环节直接入学
免试入学	中职毕业生	直接入学	无需参加考试,通过申请直接入学

第二节 职业教育专本衔接模式

自20世纪90年代以来,全国各地已经形成专科与本科专业群衔接模式、贯通培养模式和一体化模式等多种衔接模式。但是,专本衔接在本科阶段的教育教学模式基本遵循普通高等教育的教学内容和授课方式,存在着本科教育学术漂移、培养目标定位不准确、课程设置学科化等问题。究其缘由,可以归结为本科层次职业教育长时间缺失。2019年,《国家职业教育改革实施方案》提出开展本科层次职业教育试点后,各地陆续成立了32所本科层次职业学校,职业教育的上升渠道得以打开。然而,由于职业教育体系内专本衔接模式还不完善,目前仍有部分尚未解决的现实困难,如产业、企业与专科、本科层次职业学校尚未形成合力,课程内容的简单叠加增加了学生学习与教师教学的负担,以及资源配置不合理引发高职(专科)院校办学成本增加等。①从职业教育体系的系统性来看,专科与本科的沟通、衔接是现代职业教育体系的重要组成部分,是专科教育向专业学位研究生教育提升的一个重要过渡阶段,强化专科与本科的有效衔接有助于高层次技术技能人才的培养。②因此,厘清专本衔接模式的现实逻辑基础,分析专本衔接模式的现状,以学制衔接为基础,将其分为专本一贯制衔接模式和专本分段式衔接模式,更符合不同区域拥有不同专本培养模式的现实情况,也有助于职业教育内部各种因素的统一和协调。

一、专本衔接模式的现实逻辑基础

职业教育专本衔接模式既是社会经济转型和产业结构调整升级对培养更高层次技术技能人才提出长学制改革的外在需求,又是深化职业教育改革和提升人才培养资源使用效率的内在要求。自我国在21世纪初明确提出推进产业结构优化升级、发展高新技术产业的产业结构调整目标以来,原有的技术技能人才已难以满足产业进一步发展的需要。从社会经济发展逻辑来看,社会经济发展使企业需求发生变化,仅以重复的劳动技能操作为核心的职业活动逐渐被需要一定的职业知识理论基础和高层次复合职业能力的工作过程所取代。技术革命要求企业更具知识化、技术化、创新化,拥有本科及以上层次教育等级的技术技能人才更能胜任智能化时代产业生产方式与组织方式变革下不断升级与迭代的岗位工作。从个体成长发展逻辑来

---

①肖凤翔,赵懿璨. 合作开展本科层次职业教育的经验与困惑[J]. 中国职业技术教育,2019(31):41-45,63.

②刘松林. 现代职业教育体系视域下的专本科衔接研究[J]. 职教论坛,2013(9):18-22.

看,技能人才的成长具有渐进式、生发式、建构式、经验式规律。①简单的单项技能,例如某项基本工具的使用或某项特定的操作流程,可以在较短时间内通过系统的训练获得。但是,对于复杂的综合技能,比如某项完整的工作流程或者某项完整的职业技能,需要经过长期的学习和实践积累才能够掌握。因此,高层次技术技能人才培养不能被单一学校的短期学制限制,必须实现专本衔接模式的长学制培养。长学制的技术技能人才培养定位更高,学生职业知识基础更加牢固,职业技能学习更加全面,职业技术掌握更加扎实,未来职业生涯发展空间更大。此外,职业教育专本衔接模式能够提升人才培养资源使用效率,减少不必要的重复教学。目前,我国职业教育存在资金绝对投入不足和重复投入效益低下的双重风险:一方面,多数职业学校缺乏足够的教学设备;另一方面,同专业群的专科层次职业学校和本科层次职业学校又存在一定程度的重复建设。专本衔接模式通过多种途径进行资源整合,集中建设"共建共享"的实习实训基地,不仅可以使不同层次的学校都可以享受到先进的技术设备,也可以减轻学校的经济负担,有助于解决学校教学设施缺乏和低水平重复建设这两大难题。面对贯通培养要求的教学前移,学校在师资力量上配备不足。专本衔接模式打破了现有教师只属于单一层次学校的封闭状况,可有效解决专业师资缺乏、教学质量低下等问题。通过对校际、校院、校企的人力、物力、财力等资源进行集中整合,可以达到规模效应及专业化、专门化管理,减少资源浪费,提高管理效率,减少管理成本。②专本衔接模式可以形成纵向一体化的课程与教材方案,明确不同培养层次的课程范围和学生应掌握的技术技能水平,彻底解决目前专本衔接模式专业课程设置相似度高、培养目标梯度不明显等突出问题,避免出现学生在不同学段重复学习的现象。

专本衔接模式的重构不仅需要政策和相关保障激励机制的推动引导,而且需要内部体系的变革,比如人才培养目标和规格的重新定位,以及课程体系的打通和重构;既要体现不同学历层次的知识、技能衔接,也要对接职

①郝天聪,石伟平.职前阶段我国高技能人才培养的误区及路径新探——基于高技能人才成长的视角[J].河北师范大学学报(教育科学版),2017,19(6):67-72.

②王利,黄海珍.职业教育"订单式"人才培养实施过程中资源整合研究[J].辽宁教育研究,2008,225(12):47-49.

业标准、职业资格与岗位证书,突出就业与升学并进的培养导向。目前贯通培养模式往往呈现出一种简单的"叠加"结构形式,既存在院校课程设置重复、教学质量不高问题,又存在学生职业经验断档现象。①因此,首先,专本衔接模式要明确不同阶段技术技能人才的培养规格,将人才培养与市场需求相结合、与学生个体持续发展相结合,既要科学分析、共同制定不同培养阶段的总体目标,也要根据学生认知阶段特点,以岗位工作能力为本位,分阶段制定具有共同性、层次性和递进性的培养目标,使专本衔接模式能够循序渐进、动态调整和通畅有效。其次,不同层次职业教育衔接的关键在于课程体系(含技能实习实训)的打通和重构。各学校要推动校企机制体制创新,加强专业与行业、企业衔接,邀请业内大师名匠、行业专家等共同组建课程体系规划小组,通过实地考察、阅读文献、信息收集等多种方式方法主动融入相关产业活动,深度介入企业前沿,细致分析不同层次职业教育对应岗位的主要工作任务和职业能力需求,匹配适当的教学内容、教学方式、实习实训等,规避课程教学内容的重复问题,注重不同层次课程内容的延伸和衔接,在课程设计和教材设计上体现层次的差别性与衔接的科学性。②中高职衔接课程体系可以综合职业能力的层次化培养为指向,构建相互衔接、循序渐进的中高职衔接课程体系,实现人才培养与岗位、企业、社会需求的有机衔接。课程重点是学生对技术技能的学习和应用,职业标准、职业资格和岗位证书以高级技师为主。本科及以上层次衔接的课程体系需以促进产教融合与成果的转化、加快科研成果向现实生产力转变为指向,促进教育链、人才链与产业链、创新链的有机衔接。课程重点在于职业知识和职业能力的应用与创新。两者以专业特定技能结构组成、相应职业资格标准、理论课与实践课的课程结构差异、理论与实践课时分配比例差异为衔接依据,既做到兼顾彼此层次的差异性,又做到重视衔接的协调性。

---

①朱军,张文忠. 基于能力层次结构理论的职业教育中高本贯通教学衔接探究[J]. 职教论坛,2020,36(8):54-58.

②李坤宏. 类型教育视域下职业教育人才贯通培养的原则、问题及路径[J]. 教育与职业,2022(2):13-20.

二、专本衔接模式现状分析

近年来,我国一直积极探索专本衔接模式,围绕统一的培养目标进行一体化的课程设计与培养,打破常规学制的束缚,灵活地调整人才培养周期,从而提高人才培养的效益,尤其以长三角地区较为活跃。2019年12月,上海市政府办公厅印发了《上海职业教育高质量发展行动计划(2019—2022年)》,明确要求"使贯通培养成为上海职业教育人才培养的主要模式与方向",到2022年,建成80个中本贯通专业点、250个中高贯通专业点、20个高本贯通专业点和10所左右新型(五年一贯制)职业学校。在具体实践上,不同地区、学校的专本衔接模式各有区别。有的地方采取"点对点"项目合作式衔接模式,高职(专科)院校与本科层次职业学校建立"一对一"的合作关系。有的地方的同一所高职(专科)院校与多所不同本科层次职业学校的同一专业群或相同专业开展合作,呈现"一对多"的合作状态。还有的地方则是"多对一"贯通,多所不同的高职(专科)院校与同一所本科层次职业学校开展合作。通过专本衔接模式的筹备、调研、申报、立项、落地实施等一系列环节,让高职(专科)院校与本科层次职业学校的教师一起交流人才培养的理念及经验,共同制定长学制、一体化的人才培养方案、课程体系及教学方案,扭转固有学科化的办学思维。学生生源特征的变化和培养目标的转变也促使教师转变传统的教学思路,加强自身技术技能的学习,加快教学模式的革新。

但是在实践探索中,专本衔接模式存在的问题逐渐暴露出来,如目标定位与培养规格不明确、专业与区域经济匹配度不高、衔接体制机制不健全、课程体系衔接不够、师资要求不同和职业教育能力不足等。[1]在人才培养目标定位方面,专科层次职业教育和本科层次职业教育的办学方针、人才培养以及课程体系构建存在差异。高职(专科)院校长期以来以就业为导向,旨在培养高层次技术技能人才,更加注重学生对技术技能的掌握情况,对于技能实践应用的投入会更多,以满足就业市场的需求。而本科层次职业学校

---

[1]谢青松,胡方霞,许玲.基于行业资历等级标准的职业教育中高本衔接体系构建[J].职教论坛,2022,38(11):49-57.

更侧重培养应用型人才，注重应用技术技能解决实际问题，这必然涉及理论知识的理解和掌握。因此，专本衔接模式要求高职（专科）院校将办学导向转为"就业与升学并重"，既要考虑到本科层次职业教育要培养的专业技术技能，也要考虑到学生继续学习所需要的知识和能力。在课程体系上，目前专本衔接模式试点学校自主制定人才培养方案，以规范课程内容和结构框架。然而，由于缺乏固定的大纲标准，课程内容方面存在着重名或重复等问题，这导致了大量学习资源的浪费和学生学习积极性的降低。缺乏统一的课程标准导致学生在高等职业教育阶段过于关注实践操作能力，忽视了专业理论课程的学习。进入本科层次职业教育阶段后，专业理论课程和文化知识方面的基础不牢固导致学生学习进一步受阻。此外，专本衔接模式涉及的高职（专科）院校与本科层次职业学校独立办学，一般只限于专本衔接模式试点的项目负责人或专业负责人之间的交流，双方缺乏有效的教师沟通渠道。专本衔接模式的招生、人才培养方案、实验实训设备等方面在国家或地方政府层面还没有很成熟的制度文件，主要通过专本衔接培养领导小组机制实现组织管理，部分试点由本科层次职业学校牵头，制定了一些详细的管理制度。但总体来讲，专本衔接模式的制度保障仍存在一定缺陷，尤其是质量保障的体系、标准、制度尚未建立，缺乏规制性和规范性要素。

三、专本衔接模式的分类

基于专本衔接的现实逻辑基础和现状，本部分以学生学籍、学习场所为依据，将专本衔接模式分为两类："3+2"专本衔接模式和五年一贯制专本衔接模式。

"3+2"专本衔接模式。主要特点是由本科层次职业学校和高职（专科）院校合作，培养本科层次的高层次技术技能人才。该模式主张坚持整体设计，分工合作，明确各自的职责权益。每个阶段有相对独立的教学计划，两个阶段的课程设置和教学内容有序衔接。具体而言，学生先在高职（专科）院校学习三年，取得毕业文凭及相应职业资格证书后，可以免试或经过考核进入对口合作的本科学校继续深造两年，获本科学历和相应学位。

五年一贯制专本衔接模式。高职（专科）院校与本科层次职业学校协调合作，针对产业转型升级和新兴产业发展急需的专业共同制定人才培养方案和教学计划,分别完成各自的教学任务,联合培养五年制本科层次技术技能人才。学生在高职(专科)院校学习的成绩最终通过本科学校审定,成绩审定合格者转入本科学校学习,获本科毕业文凭和相应学位。

我国虽然已经建立了32所本科层次职业学校,也在逐步推动普通本科学校向应用型本科学校转变,但是都仅处于试点阶段,数量较少,无法满足逐年大规模增加的专科毕业生需求。而且,目前普通本科教育基本强调学科教育,高等职业教育强化职业教育,两种类型教育的思维差异导致联合培养合力较难形成。①因此,无论是"3+2"专本衔接模式,还是五年一贯制专本衔接模式,在实施时要结合专科教育阶段专业人才培养方案、人才培养模式、课程体系与教学内容等,制定本科阶段职业教育人才培养方案,完善人才培养模式、课程体系设置等。在专业设置上,应匹配国家政策、当地产业布局和人才需求缺口,可以优先依托当地新兴产业相关的专业进行专本衔接培养,开展专本衔接模式的专业之间必须是"强强合作"或"协同发展"。此外,要针对申请专本衔接培养的专业建立明确的准入和退出机制。在专业类别、专业基础、师资基础、校企合作基础等方面尽可能量化制定指标,充分考虑"就业和升学并重"导向,对于就业面窄、学生生涯发展受限的专业不予批准。每年定期对已经开设的专本衔接专业进行再论证,对于一些招生情况不佳、专业资源欠缺、就业率低下、培养质量不佳的专业,及时淘汰停招。

在培养目标定位上,两个教育层次的学校应当充分对话、沟通,了解专业人才培养的目标定位与学情状况,查缺补漏,通过建立衔接协议、学分转换协议以及实施"双学分课程"等措施,提高专本衔接模式的有效性和针对性,实现专本人才培养目标对接、课程体系及课程内容对接、教学模式和教学标准对接、学习模式与评价方式对接,有效解决专本衔接模式不连贯、不接轨的问题。在实际操作层面,要根据岗位能力分析,厘清专科层次与本科层次人才专业能力及技术技能等级,采取整体规划、分层培养的教育理念。所谓整体规划、层次培养,实质是区分专科层次、本科层次人才培养定位,以专业为单位,明确专科层次专业能力标准、本科层次专业能力标准,并根据

①钱吉奎,李从峰.高职与本科"3+2"分段培养的衔接问题研究[J].教育与职业,2017(5):53-57.

专业能力标准划定技能等级层次，专科层次专业能力对应初级技能水平，本科层次专业能力对应中级技能水平，硕士、博士层次专业能力则对应高级技能水平。根据不同技能等级层次在教学模式、教学方式、就业岗位要求等方面进行区别，分层分段培养。

建立适应高端技术技能、服务型人才培养的评价标准是实现专本衔接培养目标的关键手段，也是检验专本衔接模式对现代职业教育体系功能实现程度的重要标尺。[①]合作学校需制定专本衔接人才培养方案，建立连贯协调的评价标准衔接系统，打好专本衔接的质量保障基础。首先，明确高职（专科）院校与本科层次职业学校分别应达到的知识、技术技能、态度、能力等方面的内容和要求，以便为评价学生的综合素质提供明确的依据。其次，将知识、技能、态度和能力等方面的内容具体化，包括各个领域的知识、技能水平、实践能力、创新能力、综合素质等方面，以便进行有针对性的评价。再次，根据课程设置和学生学习进度，确定评价周期，如每学期、每学年或每阶段，以便及时掌握学生的学习情况，为学生提供有针对性的教育指导。最后，建立评价标准的反馈和调整机制，及时收集学生和教师的意见，对评价标准进行动态调整和完善，以保证评价标准的科学性和有效性。一方面，要加强培养过程的管理，调查收集不同阶段的教师对于每学期或者每学年教育目标的达成情况，设立严格的淘汰机制。特别是在"甄选"和"转段"环节中，对于那些学习习惯差、学习成绩达不到要求的学生，应让其退出专本衔接培养，而那些在单学段表现优异的学生也可以有机会加入专本衔接模式中。另一方面，优化考核评价体系，采用学生、家长、企业、第三方等多元主体评价，不仅要对学习情况、教学过程进行考评，而且要对专本衔接模式进行评价，将职业知识、技术技能训练与科研竞赛等活动有效对接，通过"赛中学、赛中练、赛中检"等多种方式进行考核评价。

第三节　职业教育专本衔接实现路径

目前，学历教育和职业教育在我国开始深度融合，已初步建立了职业教

---

①刘松林. 现代职业教育体系视域下的专本科衔接研究[J]. 职教论坛,2013(9):18-22.

育专本衔接的模式。但实质上只是解决了高一层次职业教育招生衔接渠道的问题,而在职业教育的层次衔接过程中,还存在诸多问题。首先,由于缺乏明确、统一的人才培养标准和畅通的发展路径,各层次职业教育专业设置口径不一,影响各层次的专业对接。其次,由于我国仍缺乏统一的课程教学质量考核标准,职业教育的人才培养目标不够具体明确,不同学校的专业课程设置可能存在雷同或重复的情况,不同学校的师资水平也存在差异。这些问题导致不同层次的职业教育之间的衔接存在一定的操作难度,可能会影响职业教育的整体质量和效果。最后,高职(专科)院校与本科层次职业学校的教师在教学理念和导向上存在一定冲突。在本科层次职业学校成立之前,高职(专科)院校一直都坚持就业导向,十分注重技术技能的应用,而本科层次职业学校学术化理念根深蒂固。因此,应从完善职业教育考试制度、优化课程衔接体系和强化"双师型"教师队伍建设这三条路径,促进专本层次职业教育衔接,推动完善现代职业教育体系。

一、完善专本衔接考试制度,畅通专本衔接渠道

考试制度不仅是一项基本的教育制度,也是一项重要的社会政治制度。从制度功能主义的角度来说,高等职业教育考试同时具有教育功能和社会功能。在国家层面,完善的职业教育考试制度是实现职业教育与普通教育相互融通、不同层次职业教育有效贯通的机制保障;在社会层面,职业教育考试制度可以实现社会阶层的向上流动,促进社会协调发展;在学校层面,职业教育考试发挥教育的引导作用,提高学校人才培养质量,提升职业教育办学水平;在个体层面,职业教育考试制度承载着个体持续发展、终身学习的希望。

目前高职(专科)院校招生普遍采取"3+X"考试方式。"3"指三门文化基础课:语文、数学、英语;"X"指专业综合考试。这种招生考试中的文化基础课一般由高职(专科)院校所在地方(一般指省一级)的教育行政部门统一出题。但是从相应的配套招生考试政策上看,具体措施尚未完全出台并落地,需要国家相关部委以及地方政府各部门协商制定。首先,为确保高职(专科)院校考试招生制度的公平性,应积极探索由国家统一组织、全国范围内实行的升学考试形式,由教育部统一组织和实施,以专业大类为设置依据,

设计考试科目和考试标准,统一分配各省(区、市)及各高职(专科)院校的录取名额。各省(区、市)、各高职(专科)院校可根据区域经济发展和职业技术人才需求,结合"单考单招"制度,丰富招生种类,拓宽招生渠道,提高招生的多样性,保证不同层次、不同类型、不同需求的考生都有符合自己实际情况的入学考试通道。其次,随着高等教育的普及,退役军人、下岗职工、农民工、残疾人等群体是除传统生源外更适合也更需要接受高等教育的人群。因此,应该细化职教高考的目标人群,针对各类生源设置不同考试。最后,高职(专科)院校分段式分类考试招生制度有"文化素质+技术科目+职业倾向能力""文化素质+职业技能"等多种模式。[①]其中,文化素质测试多以笔试形式进行,内容多为数学、语文、英语等学科基础知识,只有极个别高职(专科)院校会增加对专业知识及综合文化知识的考察;职业技能测试尤其是职业倾向能力测试一般由招生学校自主组织,在技能操作评价过程中,大部分考场无法做到多位考官对应一位考生,甚至1:1的比例都难以达到,这在很大程度上降低了技能操作评价的信度和效度。[②]因此,为凸显职业教育培养特色,应提高"文化素质+职业技能"的分数占比,重点考核职业能力,考试形式可以包括笔试、口试和实践操作,并邀请企业、行会等组织共同参与考试组织、评价与录取工作,增强考试内容与流程的科学性与行业适应性,从源头上保障本科层次职业教育的"职业性"和"高等性"。

从教育体系来看,近20年来,围绕不同生源和"文化素质+职业技能"要求,各省(区、市)积极开展高职(专科)院校分类考试招生改革,涌现出丰富多样的考试招生方式,如统一高考招生、春季高考招生、单独考试招生、综合评价招生、面向中职毕业生的技能考试招生、中高职贯通招生、技能拔尖人才免试招生、注册入学等。[③]这在一定程度上满足了高职(专科)院校学生的升学需要,也在一定程度上连接了不同层次职业教育。但是不足之处在于考试成绩的流通性、考试内容和评价标准的统一性等方面存在问题,未能有效杜绝不同学段之间衔接不畅、内容重复的现象。从职业系统来看,我国高

①袁潇,高松. 高职院校分类考试招生制度研究[J]. 高教探索,2018(10):72-78.

②雷炜. 深化高职院校招生模式改革的思考——以浙江省为例[J]. 中国高教研究,2016(10):98-102.

③罗立祝. 构建职教高考制度的三个着力点[J]. 职教论坛,2021,37(6):53-56.

等职业教育认证与职业资格认证的互通认证机制仍不完善。[①]虽然高等职业教育实施学历证书与职业资格证书的双证书制度,等级考试也会有学历证书方面的要求,但是两者并不存在等价互换的关系。因此,高等职业教育如果要在教育系统和职业系统内衔接,就要坚持职业教育能力导向的思想,贯彻技能导向、以证换证、课证融通的职教特色,完善国家统一考试制度,将职业资格证书融入考核体系,探索"资格证书+统一考试""资格证书+学历证书"的创新路径,贯通专本衔接渠道,进而完善现代职业教育体系的生态化内涵。

首先,"资格证书+统一考试"是教育系统内部衔接的实质。在教育系统内,高职(专科)院校毕业生的升学主要通过一体化培养制度、专升本制度、同等学力申硕制度实现。虽然在一定程度上缓解了高职(专科)院校毕业生升学和高职(专科)院校办学的困境,但是招生选拔制度饱受质疑,专业接续教育、知识连贯学习、能力持续培养的问题没有得到解决,学习成果无法转换。[②]要实现教育系统内部的衔接,就要建立和完善"资格证书+统一考试"的职业教育考试制度,畅通专本教育的上升渠道。国家统一考试制度的科目设置既要体现高等职业教育专业人才培养标准的要求,又要为考生提供自主选择的权利,而且要简便易行。2021年3月,教育部发布的《职业教育专业目录(2021年)》为职业教育考试招生选拔的专业设置提供了依据,在很大程度上保证了专业选拔对口率,解决了不同层次教育的专业对接问题。以职业教育专业目录19个专业大类为基础设置考试考核科目,结合培养目标明确各层次考试目标,依据培养定位界定各层次人才的技能门槛,建立专本不同层次衔接的考核标准,统一组织命题和评卷,企业与学校共同参与题库建设,专业考试机构从命题、标准化考点、评测等方面实施保障,考生参加相应大类的专业知识与专业技能考试。相较于以往高职(专科)院校既要组织职业技能测试,又要自主命题与组织面试等情况,国家统一考试极大程度地增加了高职(专科)院校招生选才的公平性与简便性。

通过"资格证书+统一考试",可以评价个人在某个特定职业领域内的技

---

①陈粟宋,张斌,肖坤. 高职院校实施"双证书"制度的探索与实践[J]. 中国职业技术教育,2008(9):56-57.

②何谐. 我国高等职业教育学位制度的构建研究[D]. 重庆:西南大学,2017.

能水平,帮助个人实现职业生涯规划,同时也为企业招聘、用人提供了重要的参考依据,从而实现"象牙塔"内的职业教育与工作世界的职业教育与培训之间的对接。两者的构建基础都是职业能力的培养与提高,代表对一定职业领域的职业知识、职业技术和职业素养的评价,蕴含着职业文化的特征。"资格证书+统一考试"的职业教育考试制度的核心在于对行业、岗位或专业标准的重塑,应该坚持本土化和国家化结合原则,参照现行学制和职业技能鉴定制度,重点设计职业能力等级标准,建立认证标准体系。职业能力等级标准应与国家资格框架标准保持一致,以保证不同类型教育成果与职业能力之间的可比性。其表述要有包容性和弹性,保证体系内的一致性和系统性。

其次,"资格证书+学历证书"是教育系统和职业系统衔接的桥梁。职业资格证书对于评定个人职业技能水平和职称等级具有重要作用。在某些职业中,法律或政策规定必须取得相应的职业资格证书才能获得行业准入资格。因此,职业资格证书是评价和认证一个人在特定职业领域的专业技能和知识水平的重要手段。21世纪初,我国高等职业教育实施学历证书与职业资格证书结合的双证书制度,打破了教育系统和职业系统的壁垒。双证就业情况调查表明,在广东、浙江、江苏、上海等沿海发达省市,学生持有双证书远比持单一学历证书更受企业欢迎。[①]学历证书侧重于教育阶段学习成果和能力的证明,其主要作用是获得就业的通行证和晋升的资格;职业资格证书则侧重于职业技能水平和实际工作能力证明,其主要作用是证明职业技能水平和实际工作能力。两个证书在发挥各自作用的同时互补共进,从而实现更好的职业发展。纵观欧美各国的专本衔接模式,均将职业资格证书看作是高层次职业学校升学的基本标准,通过学历证书与职业资格证书融通互认实现了不同类型、不同层次教育间的衔接和融通。我国也需要在架构国家资格框架的基础上,将资格证书纳入专本衔接体系,进一步完善以各类职业资格证书为基础的教育互通体系。

由于学历证书和职业资格证书对职业能力倾向的要求有所不同,故要在专业教学标准和国家职业标准中寻找对接点为实现两者融合奠定基础。

---

① 隋继学,王晓燕. 高等职业教育双证书制度的研究与实践[J]. 实验室研究与探索,2009(1): 177-178.

专业教学标准是指教育部门根据教育规划纲要和国家职业分类标准制定的各专业课程标准,通过课程内容来界定不同专业的人才培养目标和能力要求。而国家职业标准则是指经过国家职业技能标准化工作组研究制定、国务院批准发布的,反映工作岗位或工作任务涉及的知识、技能和素质等要素的标准。两种标准都反映了职业能力操作和知识形态方面上对人才的要求,并且在这两个方面也是相通的。但是两者在人才能力标准的倾向上有所不同。教育系统更加强调知识能力的培养,而职业系统更注重知识能力在生产实践中的应用。职业能力可以通过应用得到培养,也可以通过培养得到更好的应用。两种标准的职业能力要求虽然不完全一致,但有互相补充和相互促进的作用。由此可见,实现两种标准职业能力要求的对接,既有利于学习者具有更强的学习能力、创新能力,也能使他们获得较好地解决企业一线技术问题的能力,成为既守规矩又敢于革新,既富有个性又有团队精神的高层次技术技能人才。①因此,职业能力是实现"资格证书+学历证书"对接的良好切入点,通过课程结构与职业功能对接、学习过程与工作过程对接、考核评价与技能鉴定对接,强化教育系统与职业系统的联动互通,建立终身学习的教育"立交桥",打破职业教育与普通教育、学历证书与职业资格证书之间的制度壁垒,以实现人力资源开发的科学规范与就业人口的合理流动,激发出最大的市场活力。

最后,职业能力评价是职业教育考试制度的关键。无论是"资格证书+统一考试"路径,还是"资格证书+学历证书"路径,双方衔接的关键点是职业能力。考试是最基本和常用的职业能力评价方式,包括职业技能(资格)鉴定考试、毕业/结业考试和技能大赛等。②在高等职业教育中,限于时间、空间和条件,一般采取毕业/结业考试作为职业能力评价方式。

德国手工业协会与工商业协会的职业资格考试在考试结构、内容和组织实施方面构建了完整的体系,值得我国学习和借鉴。

在考试结构方面,德国手工业协会与工商业协会的职业资格考试在纵向上包括两个层次:基础层次和高级层次。基础层次考试分为初级考试和

---

① 李小娟. 高职院校高技能人才培养的理性思考[J]. 中国高教研究,2012(6):94-97.

② 赵志群,黄方慧. "职教高考"制度建设背景下职业能力评价方法的研究[J]. 中国高教研究,2019(6):100-104.

中级考试,高级层次考试则分为高级考试和大师考试。在横向上包括一般职业资格考试和专业职业资格考试两种。一般职业资格考试主要考察通用职业技能,如计算机应用、商务管理等;专业职业资格考试则主要考察特定行业的职业技能,如建筑、机械加工等。在考试组织方面,根据2019年修订的《联邦职业教育法》,手工业协会、工商业协会、农业协会、律师协会等各类行业协会是德国法律意义上相关职业的教育主管机构,对职业资格考试的组织与施行起主导作用。在考试内容方面,职业资格考试的内容则根据不同的职业进行设置。初级考试主要涉及基本的手工技能和职业知识,中级考试则要求考生具备一定的实践经验和技能水平,高级考试和大师考试则要求考生具备高级技能和管理能力。第一次全国统考的内容主要为在学校学习的专业理论知识,统考不合格的将取消"双元制"资格;三年或三年半后参加由行业协会组织的第二次全国统考,主要为技能测试,难度较大,统考不合格的不能取得毕业证书。两次考核都通过后,学生可以获得毕业证书、企业培训证书以及由行业协会颁发的职业资格证书,学生凭这些证书可以在原签约企业顺利就业。考试前,主管机构根据实际情况,参照《职业培训条例》中的考试要求发布毕业考试的"考试条例",成立考试委员会。考试委员会由至少三名委员组成,包括雇主和雇员方代表及至少一名职业学校教师,雇主及雇员代表至少占委员总数的2/3。考试委员会将依据"考试条例"开展考核,并对考生的单项考试成绩与总成绩进行评分,判定其是否通过毕业考试。

在我国,高等职业教育的办学目标是升学与就业并重,学生是否合格最终要由市场检验。但目前实际办学过程中,企业很少参与考核,毕业生是否能达到企业用人标准难以保证。而德国"双元制"教育模式的职业资格考试标准由各类行业协会颁布,依据职业岗位所需的能力标准制定,反映了产业变化、科技发展和就业市场的客观需求,因此通过该考试的学生能够达到企业的能力要求。在德国的职业教育体系中,企业与学校的合作非常紧密,企业参与职业教育的各个方面,包括制定职业资格标准、培训计划和实践教学等,这有助于确保学生的学习与实践能够满足企业的用人需要。

除此之外,现代社会对人才提出了更高要求,能力评价不仅关注人的能力发展结果,还关注能力发展过程。因此,职业能力评价在考试基础上发展出第二种方式,即"职业能力测评"。COMET职业能力测评建立了一个跨职业和跨职业领域的能力结构模型,不但符合认知规律,而且满足职业发展规律、社会规范以及技术标准的要求。[1]COMET职业能力测评以"从初学者到专家"的能力发展逻辑规律为基础,建立了包含级别、内容和行动三个维度的跨职业能力模型,其中级别维度为测评结果提供解释框架,内容维度确定测评内容范围,行动维度确定完成测试任务的过程。测评采用开放性测试题目,反映职业实践共同体的典型工作任务,在我国教育部高职(专科)院校专业评估方案开发研究、世界技能大赛部分赛项中得到了大规模应用。

综上所述,在专本衔接过程中,以建立职业能力评价为导向的考试制度来保证考试科目的内容有效性和考试流程的标准化,强调考生完成工作任务过程中所体现的职业能力以及协调沟通能力等,从而进一步畅通专本衔接渠道。同时,参考德国"双元制"职业教育体系中职业资格考试的经验,建立标准化考试组织流程和评分模式,包括笔试、实操和口试等多种形式,探究全方位呈现考试结果的方式。应采用过程性评价与终结性评价相结合的考试模式,引入中间考试或过程性考试作为最终考核的前测并同时作为最终成绩的一部分,两部分分别占总分的40%与60%,具有阶段性与递进性。

二、优化课程衔接体系,丰富职业能力内涵

世界经济发展、分工布局变化带来的产业领域人才需求转变对职业教育内涵建设提出了新的要求。职业教育课程作为影响职业教育内涵建设的重要因素,先后产生了模块化课程、项目类课程、一体化课程、学习领域课程和工作过程系统化课程等多种类型。[2]虽然中国有着世界上最大规模的职业教育,但不同区域、不同层次的职业学校实施的课程类型多样,专本衔接中存在的大量断裂现象多因缺乏统一课程体系。因此,只有建立课程衔接体系,才有可能在体系层面实现不同层次职业教育的衔接。

在课程体系层面,当前职业教育的课程体系在各个培养层次的衔接方式主要分为两种:一种是自上而下的衔接方式,另一种是简单合并的衔接方

①赵志群,高帆. 综合职业能力测评(COMET)的理论与实践[J]. 中国职业技术教育,2022(8):5-11.

②刘冰,闫智勇,吴全全. 职业教育课程开发模式的源流与趋势[J]. 中国职业技术教育,2018(33):5-11.

式。自上而下的衔接方式以本科阶段的培养目标和规格为起点,逐级向下推导知识或技能技术,这种方式更多出现在专业研究型高等学校。简单合并的衔接方式则是对比现有的本科层次课程体系,合并相同或相近的课程,然后在专科培养阶段设置专业技术技能应用课程,在职业教育本科和应用型本科培养阶段设置综合创新课程。两种课程体系的衔接方式以课程为最小单元构建,缺少了自身完整性和整体系统性。在课程开发层面,目前我国职业教育课程开发存在若干套不同的技术方案。但是这些方案的基本思路是一致的,就是从对行业产业的岗位工作任务与职业能力的分析,到专业(群)设置,再到课程内容的转化和体系的设计。[1]然而,在不同阶段对应的专业目录和涉及的办学主体不同的情况下,课程衔接路径往往出现错位。

因此,为了实现专业教育的顺畅衔接,关键在于专业的遴选和课程体系的架构。要以行业产业和专业群为基础,对课程进行分类一体化指导,以建立产业(群)—专业(群)—课程体系的一体化设计框架。同时,课程体系和内容要根据专业(群)需求的变化而灵活地解构、更新和重构,以形成基于不同专业标准的课程标准。这些课程标准可以引导和调整职业能力的达成,并通过优化课程标准来保障人才培养目标的实现。

首先,专业衔接是专本衔接模式的基础。对于现代职业教育而言,完整的专业体系是职业教育体系建设的前提,有机的专业衔接是各层次职业教育之间衔接的重要基础。2021年3月,教育部发布《职业教育专业目录(2021年)》,针对中等职业教育、高等职业教育专科、本科层次职业教育三个层次设置了对应的专业大类、专业类和专业,[2]而职业教育的专业目录衔接尚未形成。从专业大类层面来看,因早期职业学校的专业设置脱胎于本科专业门类,专业大类之间存在一定对应关系,但专业具体内涵却相距较大。[3]目前学界针对不同层次专业人才培养目标尚未形成统一意见,定位含糊且左右摇摆。在实际办学中,人才培养目标虽各有侧重,但培养过程中仍

---

①庄西真. 本科层次职业教育的制度需求、制度设计和制度实施[J]. 中国高教研究,2021(7):98-102,108.

②许世建. 新版专业目录支撑职业教育类型定位的逻辑理路研究[J]. 中国职业技术教育,2022(5):15-20.

③忽杰. 我国中—高—本衔接现状、问题及对策[J]. 中国职业技术教育,2016(3):68-70.

存在错位和叠加现象。中央与地方各级政府应优化产业结构布局,聚集和整合区域产业中的特色优质资源,做好产业遴选的同时,设立统一机构统筹修订各层次专业目录,科学设置专本衔接专业布局。各级学校可依据产业(群)塑造专业(群),利用好区域内既有的职业教育资源优势,立足产业(群)对技能人才的需求,坚持面向社会、面向市场,充分发挥各行业职业教育教学指导委员会、职教集团等的桥梁纽带作用,提出本行业不同职业岗位、不同层次职业教育专业人才培养目标、岗位规格和职业定位,建立专业目录动态反馈优化机制,通过人才培养的供需状况、培养规格与职业岗位的适应性等验证专业设置的科学性,及时调整,不断优化。

其次,课程体系衔接是专本衔接的内涵。在职业教育改革的推动下,教育理念率先完成转变,能力本位、就业导向等观念在教学实践中得到应用,课程体系成为人才培养方案的核心,课程体系衔接也有诸多突破。调研显示,职业学校开始根据技能衔接点梳理课程体系,初步建立专本衔接教育教学管理机制,如一体化课程体系建设、全部专业核心课程对接、部分专业核心课程对接等。

从专本衔接的角度进行课程衔接体系设计,要从两个方面入手:一是要基于不同层次职业教育协同的工作体系,由不同阶段的院校主导,教育专家、专业负责人、行业企业共同参与制定人才培养方案,构建一体化课程体系。二是采取以典型工作任务或工作流程分析为基础,以职业能力发展为主线的课程体系模式,呈现学习与工作一致性,按照确立课程体系框架、分析设计岗位职业能力、分析学习领域、构建课程体系模块结构、进行课程设置等五个环节逐步实施。课程衔接体系的具体构建还要充分考虑职业教育的层次性,合理区分各阶段职业教育人才培养目标。高等职业教育课程侧重功能性知识,解决"怎么样"问题;职业教育本科和应用型本科课程侧重系统性知识,解决"为什么"问题;专业学位研究生课程侧重设计性知识,解决"还能什么样"问题。同时,也要充分考虑职业教育体系内部的衔接要素,即通过设计合适的课程体系,让不同层次的职业教育课程能够相互衔接,高等职业教育课程可以在本科及以上的课程体系中得到延伸和拓展,使职业教育更加完整和有机,以满足不同层次学生的需求。

专本层次的课程体系可以通过构建学习成果认证机制来有效衔接。学习者在完成相应课程后经过认证,被授予等值学分,学分可长期存放于个人账户中,在符合相应要求的条件下可以作为继续学习的学分准备,或兑换为等值证书。教育部职业教育与成人教育司已经设立"继续教育学习成果认证、积累与转换试点"项目,由国家开放大学组织地方开放大学、有关行业、学校和培训机构开展学分银行的建设试点工作。当前,国家开放大学学分银行提出了学习成果互认的三种形式,已经在2020年1月完成了信息平台的建设并投入运行。(1)课程置换。这种置换一般是单向的,学习者需要持有已取得的与成人学历教育专业相符的职务证书或者工作岗位培训合格证书,在经过学分银行认证后通过认证单位可置换学历教育专业或相关课程的学分。(2)双证融通。这是一种双向互认的形式,各级办证机构根据认证单位设置的课程标准与认证标准,有机融入学历教育专业要求和对应等级的任职资格要求、技能证书要求等。(3)立交搭建。依据认证单位实现学历教育内部、非学历和学历教育内部各个层级学历教育纵向连接,非学历教育与学历教育学习成果的横向交流。其中,双证融通在职业教育领域备受关注。由湖北省教育厅、湖北省劳动和社会保障厅、武汉职业技术学院等单位承担的湖北省职教科研"十五"规划重点课题"职业资格证书与学历证书相互沟通与衔接研究"是国内最早开展"双证融通"研究和实践的。教育部门和劳动保障部门联合进行职业教育改革,在我国职教史上尚属首例。[①]

最后,职业能力衔接是专本衔接的核心。课程体系衔接的难点在于课程衔接的适度性。我国职业教育课程因缺少区分层次性的公认且统一的标准,导致不同层次学校的同类课程标准差距过大。各职业学校都是根据自己的办学水平与基础来设立专业标准与课程标准,专业建设水平与课程理解能力存在较大的水平差异,导致课程内容与科目设置存在较大的重复性或者雷同性,造成教育资源和学习时间的浪费。[②]专本衔接模式可跨越不同的办学主体、学习阶段和教育类型,存在培养对象职业能力递进、学历递升

[①]皮广洲,肖放其. 湖北探索职业资格证书与学历证书对接[N]. 中国劳动保障报,2002-07-23(1).

[②]吴婷琳. 现代职业教育课程体系建构的路径选择[J]. 江苏高教,2020(5):119-124.

的关系。从职业论的角度出发,职业能力作为职业教育的关键要素,其发展具有分层次、分阶段的特点,从"普通操作型技术工人"到"创新型技术技能人才",本质是职业知识与工作任务之间有机关联程度的深化。[①]因此,在课程衔接设计方面不能重复原有的知识体系,沿袭现有的高层次人才培养路径,而要基于职业能力进行课程标准的层次化描述,实现体系重构,使专本教育教学更加紧密。根据职业学校学生认知特点,可以将专业分为三类:一是专业对应明确的职业岗位,不同层次对应职业岗位的不同层级;二是专业不对应明确的职业岗位,但是对应职业岗位的特定工作任务或职业知识;三是专业不对应明确的职业岗位、工作任务和职业知识,但可以根据职业能力要求进行层次区分。因此,课程衔接标准的实现路径可以从专本培养目标所要求的职业能力出发,通过组织专家座谈会的形式,对一个职业的典型工作任务进行分析,将其拆分为多个子任务或步骤,并确定每个步骤所需的知识、技能和能力要素。然后,根据这些要素来安排课程内容,形成知识、能力、情感态度集成化的课程模块,使课程内容更贴近实际工作需求,以确保学生在学习过程中能够逐步掌握完成该工作任务所需的各项能力。

三、强化"双师型"教师队伍建设

"双师型"教师队伍作为教学活动的主要实施者,涉及"谁来培养人""培养什么样的人"以及"培养质量如何"的根本问题,是专本两个教育层次实现顺利衔接的关键。考虑到社会经济发展对高层次技术技能人才的需求和高职院校学生升入更高层次继续学习的需求,2019年出台的《国家职业教育改革实施方案》中明确提出从2019年起,职业学校、应用型本科学校相关专业教师原则上从具有三年以上企业工作经历并具有高职以上学历的人员中公开招聘,特殊高技能人才(含具有高级工以上职业资格人员)可适当放宽学历要求,2020年起基本不再从应届毕业生中招聘。该方案强调多措并举打造"双师型"教师队伍。陆续出台的政策表明,职业教育教师队伍从重学历层次结构,逐渐转变到重视同时具备理论与实践教学能力的"双师型"教师比例;从重教师理论知识、实践知识、基础教学能力以及实践教学能力,逐

---

①杨茜. 高等职业教育课程内涵建设的探究——评《职业教育课程论》[J]. 化学教育(中英文),2019,40(12):96.

渐演变为师德与专业理念、专业发展能力并重;从重在职师资的培养培训,逐渐扩展到职教师资准入标准和职后培养培训体系的完善。究其缘由,在技术技能人才可受教育层次得以提高的大背景下,职业学校对教师队伍的要求与之前"断头教育"下的要求不再相同。职业学校在就业与升学并重的办学导向下,对同时具备理论教学与实践教学的"双师型"教师队伍需求量大大增加,更加重视"双师型"教师队伍的规模扩张和质量提升。

首先,专本衔接模式应优先配置业务能力精湛、教学水平高、受学生欢迎、德艺双馨的"双师型"教师承担课程教学。《本科层次职业教育专业设置管理办法(试行)》中明确指出,"双师型"教师占比不低于50%。但由于以往政策从未明确"双师型"教师具体指什么,因此关于"双师"的争议一直存在。不同学校在认定"双师型"教师时存在不同标准,对"双师型"教师的概念界定曾经出现过"双证书"论、"双能力"论、"结构性双师"等。①目前,本科层次职业教育办学主体主要为民办高职(专科)院校和独立学院,这两类学校原有师资建设基础薄弱,各地区之间师资水平参差不齐。为达到管理办法要求,部分地区"双师型"教师评定门槛过低。因此,为了保证专本衔接培养的质量,首先需要明确"双师型"教师标准,加快"双师型"教师认定。2022年教育部办公厅印发的《关于做好职业教育"双师型"教师认定工作的通知》指出,国家制定的职业教育"双师型"教师基本标准,主要适用职业学校的专业课教师(含实习指导教师),对"双师型"教师能力素质进行不超过五年一周期的复核。各省级教育行政部门应结合本地具体情况,以及不同教育层次、专业大类等,严格制定修订本级"双师型"教师认定标准、实施办法,实行分层分类评价,并适时调整完善。教育部明确强调要发挥好"双师型"教师的作用,在"双高计划"建设、优质中等职业学校和专业建设计划、职业学校办学能力达标、专业设置审批和布局结构优化、现场工程师培养计划,以及教师创新团队、名师(名匠)工作室、技艺技能传承创新平台建设中,将"双师型"教师作用发挥情况作为重要指标。

其次,专本衔接模式需要高层次专业化的"双师型"教师开展教学活动。目前,本科层次职业学校的师资来源非常复杂,不仅包括接受过职业技术师

---

① 聂伟进.高职院校"双师型"教师队伍建设政策的演进逻辑与优化路径——基于36份国家职业教育政策文本的研究[J].职业技术教育,2022,43(9):49-54.

范教育的教师,也包括从其他领域招募的专业技术人员。然而,相对于教师总量来说,接受过职业技术师范教育的教师比例是相对较小的。由于本科层次职业学校的教学水平较高,为了保证教学质量,一般要求引进博士研究生及以上学历教师。然而,我国的职业技术师范教育层次长期以硕士研究生层次封顶,博士研究生层次的人才培养也仅在天津职业技术师范大学拥有试点,每年培养的毕业生十分有限。①大部分非职业技术师范学校培养的职教师资虽在专业性方面有一定优势,但普遍存在类型需求不匹配、学历层次不达标、能力结构不完整等问题。所以应该依托职业技术师范学校,建立"本—硕—博""双师型"教师队伍培养体系,对口培养本科层次职业教育师资。

　　专本衔接模式对高职(专科)院校"双师型"教师提出了更高的理论知识教学要求,对本科层次职业学校"双师型"教师则提出更高的实践能力教学要求。一方面,高职(专科)院校要积极为教师参加培训创造条件,利用岗前培训、在岗培训、专项培训、科研培训等校本培训形式和途径鼓励教师参加培训、进修。本科层次职业学校要紧紧围绕高层次技术技能人才培养目标与要求,按照职业教育"双师型"教师的要求,强化专业课教师的企业相关工作经历或者实践经验。教师应熟练掌握本专业工作过程或技术流程,在实习实训教学、设备改造、技术革新、成果转化等校企合作中得到锻炼,鼓励专业课教师获取相关的国家职业资格证书或职业技能等级证书。另一方面,由于专本衔接培养涉及高职(专科)院校和本科层次职业学校两个办学主体,如果没有成熟的双向交流学习制度,可能导致本科阶段教师根本不了解学生在高职阶段的学习状况,以及对专业知识的掌握程度。如果简单地以本科层次职业学校原有的培养方式来设置专本衔接模式下的教学内容和教学方法,会产生巨大的盲目性,影响教学效果。因此,在专本衔接模式中要增加教师的沟通渠道,可以由本科层次职业学校牵头,对接合作高职(专科)院校,并吸收行业企业技术骨干,以"1+N"模式,共建专本衔接教师教学创新团队。完善专本衔接的教学标准体系,聚焦专本一体化人才培养,制定团队建设方案,明确牵头学校、共建学校及合作企业工作职责。以教学设计、

　　①蔡玉俊,叶帅奇,赵文平. 本科层次职业教育教师产教融合能力发展探析[J]. 教育理论与实践,2022,42(6):23-27.

教学实施、教学评价为中心，提升团队教学综合能力。完善团队管理制度，实现团队师资共育共享，促进团队整体发展。组建专本衔接培养专业教研室，探索团队协作教学。集中备课，开展教学研讨，对高职（专科）院校的教学方法提出具体建议，并将本科层次职业教师引入高职课堂，实地了解高职学生的学习状况，提升教师对专本衔接培养模式的理解。引导专业课教师运用行动导向教学、项目式教学、情景式教学、工作过程导向教学等新教法，形成特色教学风格。运用大数据、人工智能等信息技术转变教学模式和育人方式，有效开展学情分析、过程监测、学业评价、学习资源开发等，推进信息技术与教学深度融合。

最后，要搭建校企合作平台，联合培养"双师型"教师。《国家职业教育改革实施方案》要求教师每年要在企业或实训基地实训不少于一个月；落实五年一周期的教师全员轮训制度。整合学校与合作企业的平台、师资、设备及场地资源，强化团队教师企业实践，不断提升教师实习实训指导和技术技能创新能力。一方面，高职（专科）院校教师可以近距离观察行业前沿动态，提升实践操作和应用开发能力；另一方面，本科层次职业学校教师可以利用自身理论和科研能力优势，与企业合作进行产品研发与技术攻关，实现互利双赢。因此，专本衔接模式下的"双师型"教师队伍建设要与当地知名企业开展全方位合作，建设"双师型"教师培训基地，分层次细化、落实培训任务，将专科层次和本科层次的个性化培养与职业教育的通用性培训相结合，引导和组织不同层次教师制定个人培训计划，并严格规范培训流程与考核标准，充分利用企业资源更新高职（专科）院校教师的知识体系，锻炼本科层次职业学校教师的实践能力，全面提升专本衔接模式"双师型"教师队伍质量。

第七章　职业教育本硕衔接模式探索

随着我国经济结构调整和产业升级,社会对职业教育提出了新的要求,需要培养更多高质量的、具备较高文化水平的、掌握最新科学技术的高层次技术技能人才。我国自1991年就开始实行专业学位研究生教育制度,然而本科层次的职业教育起步较晚。2019年,国务院出台《国家职业教育改革实施方案》,明确提出探索本科层次职业教育,2021年7月,教育部在《关于"十四五"时期高等学校设置工作的意见》中提出,以优质高职(专科)院校为基础,稳步发展本科层次职业学校。教育部表示将支持一批国家优质高职(专科)院校升格为本科层次职业学校,同时鼓励高水平应用型本科学校申请设置职业教育本科专业。我国本科层次职业教育的长期缺位,造成本科层次职业教育和专业学位研究生教育脱节。同时,一方面,社会对高层次技术技能人才需求扩大,急需职业教育向更高层次发展;另一方面,中高职毕业生学历提升的需求无法得到满足,因此,本硕衔接提供了一种可能的学历贯通路径。职业教育本硕衔接实现内部层次提升的同时,也完善了现代职业教育体系。

2010年,国务院学位委员会印发《硕士、博士专业学位研究生教育发展总体方案》,明确提出硕士研究生教育逐步转变为学术型人才和应用型人才并重培养。与学术学位研究生教育不同,专业学位研究生教育与经济社会发展密切关联,主要围绕社会特定需求,培养高层次应用型专门人才,以服务于行业产业的发展。[①]职业教育本科和应用型本科培养的是技术型人才,

---

[①]胡云进,陈忠清,吕越,等."多主体协同 产学研融合"专业学位研究生培养模式研究与实践[J].高等建筑教育,2022,31(4):71-79.

可见职业教育和专业学位研究生教育在人才培养方向上具有同质性,二者衔接是可行的。当前,我国已顺利开展了本科层次的职业教育试点,本科层次职业教育正在稳步发展,而专业学位研究生具有更久的发展历史,近年来在政策的指引下进行改革,以培养高水平应用型人才为培养目标。现阶段,本科层次职业教育与专业学位研究生教育按照各自的体系进行,尚未实现纵向贯通,职业教育作为类型教育因缺乏畅通的衔接机制而无法形成完整的现代职业教育体系。本章在对世界范围专业学位研究生现状进行梳理的基础上,提出我国职业教育专业学位研究生教育发展面临的问题,并在职业教育专本研衔接模式下提出了本硕一体化(六年一贯制)与本硕衔接("4+2")两种运行机制的探索方案,试图通过两种途径打破本研错位发展的瓶颈,实现本科层次职业教育与专业学位研究生教育的贯通。

第一节　世界范围专业学位研究生教育现状

一、美国专业学位研究生教育概况

(一)美国专业学位研究生的招生与入学

GRE 是"Gradugate Record Examination"的缩写,即美国研究生院的入学考试。美国除了 GRE 外,没有专门组织的全国统一研究生入学考试,GRE 成绩是考生录取时的必备条件,研究生招生工作由各招生单位面向国内外进行。专业学位与学术学位招生的主要区别是,前者更加注重研究生在专业领域的知识结构和实践能力,后者更加注重学术研究能力、前期的学业成绩以及对专业理论的掌握程度。专业学位面向全球招生,多重视面试,采用申请制和考核制相结合的方式,要求考生提供 GRE 成绩、以往的成绩单、英语标准化测试成绩以及推荐信等。招生过程中,学生的学业表现和沟通实践能力都很重要,虽然高校在专业学位招生方面有一定的自主性和灵活性,但申请人之间的竞争依然很激烈。美国专业学位入学考试注重学习资历和学习能力考核,考生可以自主选择适当的时间参加考试,但必须凭推荐信入学,并且要提供学士学位或硕士学位的证明材料、大学入学成绩以及GRE或TOEFL(托福)成绩单,符合入学资格的申请人通过导师面试后方可被录取。

(二)美国职业教育衔接的途径

1.技术准备模式

采用技术准备模式的职业教育层次衔接,需要不同层次的职业教育机构间签订协议,规定学分要求、目标要求、双方衔接涉及的相关内容,同时规定相同专业课程的职业定位及职业能力级别等。

2.职业生涯教育与职业群

职业生涯教育的目标包括职业意识、决策能力、探索精神、应用/适应能力等;职业群注重培养学生的工作适应能力和灵活就业能力,通过组群方式整合各专业资源,避免重复的教育行为。

3.青年学徒制

美国参照德国"双元制"教育模式,通过制定严格的技术标准并进行文化约束,衔接中等后教育的前两年以及高中后两年,在此过程中通过青年学徒制进行人才培养。学徒需要与工会或企业签订书面合同,并在美国劳动部学徒与培训局注册登记,可获得全国认可的技能证书,完成考核后获得副学士学位。

4.双向升学教育

双向升学教育项目包括职业生涯与技术教育课程以及文化课程,课程的授课地点由大学和高中协商确定,在大学或高中均可,讲授者可由大学讲师和高中教师担任。根据《帕金斯法案》,中等及中等后教育衔接可通过双向升学教育项目或通过获取中等后教育学分来实现。

二、日本专业学位研究生教育概况

(一)日本专业学位研究生的招生与入学

日本与美国相同,也没有全国统一的研究生入学考试,入学考试一般由各高校自行组织,有较大的灵活性,分为特别选考和一般选考两种,特别选考面向本校优秀毕业生，要求面试而非笔试，根据面试成绩和本科阶段成绩择优录取；一般选考则由面试和笔试两部分组成，不考虑考生的教育背景，入学考试形式和中国相类似，但高校都要求入学申请者具有学士或同等学力。非常优秀的大三学生可直接申请硕士研究生课程，在职人员攻读学位需要1—3年。从2003年起，日本国立、公立、私立大学均可设置专业学位研究生院。截至2018年，已有122所大学设置硕士专业学位，学科门类涵盖原子能、教育、会计、信息技术、公共政策、商务管理、公共卫生等十余种，涉及173个专业方向。

日本《学校教育法》中"关于专业学位研究生教育的培养目标"部分明确规定：设立专业学位研究生院，要以授予学生学术理论基础知识和应用实践技能为基础，培养具备特定职业技能和卓越实践能力的人才，以满足高层次专门职业的需要为目的。日本的职业教育体系完备，中等职业教育领域设有职业高中，高等职业教育领域设有专修学校、高等专科学校及短期大学等，但高精尖领域的社会职业资格往往要求从业者接受更高的专业教育才能获得，研究生教育作为教育体系中的最高层次，肩负着培养更高规格专业人才的职责。①日本专业学位研究生教育的目标是培养高层次、应用型、特定领域的专门职业人才，随着社会分工的细化，特定领域对从业人员的要求更加严格，原有的研究生教育体系已不能满足培养兼具专业理论知识和实践技能的人才需求，增强应用技能和实践能力成为必然趋势。日本专业学位研究生院除招收本科毕业生，也招收有工作经验或具有同等学力的社会人员，修读年限一般为两年，成绩优异者可申请为期一年的短期学制。入学资格考试对在职人员实施特殊选拔制度，对毕业生则进行一般选拔，各研究生院根据实际情况自行确定选拔条件，许多院校取消了外语考试，只要通过资格审查和面试考核即可入学，面试内容主要包括学习意愿、研究计划以及相关专业资质情况，所占分值依据学科特点而定，最终择优录取。

早期的日本专业学位研究生院招收的大多是在职人员，后期全日制研究生的比例逐年增加，近年来在职研究生和全日制研究生的数量大体相当，

---

① 李文英，陈元元. 日本硕士专业学位研究生教育的现状及启示[J]. 学位与研究生教育，2020（3）：66-70.

当然,不同学科也有差异,根据日本文部科学省《2011—2017年攻读各专业学位的社会人员比重表》,2017年公共卫生类在职研究生占比84.5%,工商管理类占比89.2%,其余各专业均不超过50%。从入学新生的数量来看,2017年日本专业学位研究生院入学的硕士研究生人数为5329人,其中,商务管理2300人,教育学1343人,占总人数的比例为68%,入学人数最多,这与该两类学科设置时间最早、办学条件较好、发展相对成熟、知名度较高相关,并且和社会发展需大量商务经营类人才及大批教师有关。

(二)日本学分互认体系下的职业教育多元化衔接

日本的职业教育有明显的多元化特征,办学机构多样化,方式灵活,不同层次衔接递进,虽然多数职业学校属于私立,但与普通教育体系能够相互沟通、协调发展。日本高中阶段的学生可以自主选择课程,为毕业后选择合适的专业打下基础,职业学校毕业的学生可以选择直接就业,也可以继续深造,在日本各级各类职业学校所获得的课程学分在进入高一层次学校或专业学习时全部能够互认。一直以来,日本的本科学校承担着专业教育和职业教育的职能,研究生院则负责专业研究人才培养,设有各专业系统的应用研究类课程供相关人员学习,学生毕业后可取得修士学位。日本职业教育办学方式有公共教育、厂校合作、企业内部培训等;授课方式有全日制、部分时间制、广播电视授课、函授等方式;办学类别有高中的职业教育、大学与研究生院的职业教育、短期大学和高等专门学校等,学生在短期大学毕业后可随时进入本科学校继续深造。日本职业学校中选择继续深造的学生达60%以上,职业高中可直接选拔或推荐优秀毕业生到本科学校深造,职业高中的大量实践项目(或科目)可直接与短期大学、高职学校相衔接。职业高中选拔学生进入本科学校学习的方式多样化,有多层次考试选拔制度以及推荐入学制度等,学生的社会活动及文体成绩等都可以在升学中发挥作用,灵活多样的衔接模式推动了日本高层次技术技能人才的培养,完善了日本的职业教育体系。①

---

①李强. 日本中职学校与普通高校本科贯通式衔接模式及借鉴[J]. 世界教育信息,2018,31(23):54-57,62.

　　高等专门学校作为人才培养的立交桥,分别与职业学校和本科学校上下衔接,形成了完整的职业教育人才培养体系,为了避免不同学校间的课程重复,采用标准的课程大纲。1990年,日本政府创立了职业高中毕业生直接插班进入高等专门学校四年级学习的制度,职业学校毕业的学生可以通过免修部分课程中途转入其他类型(层次)的学校。每年1万名高等专门学校毕业生中,插班进入丰桥、长冈两所技术科学大学学习的学生有700多名,插班进入其他本科学校的有1900名,升学人数占毕业生总数的25%左右。日本的转入学制度覆盖所有公立和私立学校,贯穿不同层次和类型的学校。同时,各地方政府教育管理机构牵头,联合相关学校组成协商会,负责学生的转校等事宜,形成了由若干初中、中职、高中、高等专门学校与本科学校组成的对话平台和运行机制,促进了教学内容的衔接。

　　日本职业资格与专业学位的衔接制度和学分互认制度也在专本研衔接过程中发挥了重要作用。职业资格往往是工作的凭证,日本约有1/3的职业需要先通过职业资格考试获得资格证书,考试内容涉及专业知识、专业技术、法律法令等。大部分资格证书不等同于学历证书,但学历证书和资格证书互相支撑,除非获得资格证书,否则即使获得了相应学历,也被认为不能达到岗位要求而无法上岗。学分互认制度指的是本科学校在一定范围内承认学生在其他专科学校或大学取得的学分,这一制度为专本研衔接提供了重要保障,《大学设置基准》第31条第2款规定,日本本科学校在尊重学校声誉的前提下,为保证学习者继续求学,承认学生在其他专科学校或大学获得的学分,但对互相承认的学分总量进行了限制,最多不超过30学分。20世纪末,日本在《21世纪转型期的大学》中明确提出,为了给学习者转到其他本科学校学习或选修课程提供便利,彻底改革学分互认机制,各校互认学分总量从以前的最多30学分提高到60学分。在学分互认体系下,学习者除了修习本校的课程以外,还可以选修其他学校的相关课程,在其他学校修完的学分可以根据相关规定转化为一定数量的本校学分,本校学分也能够被其他学校承认。

三、英国专业学位研究生教育概况

(一)英国专业学位研究生层级划分

英国高等教育的学历学位体系共有五个等级,其中本科层次有两个等级:荣誉学位(honour degree)、普通学位(pass degree),其中荣誉学位的获得者可以直接攻读博士学位,也可以自主申请转为硕士研究生。研究生层次有两个等级:硕士,也就是M级硕士学位,包括授课式硕士学位和研究式硕士学位;博士指的是D级博士学位。

授课式硕士学位,顾名思义是以授课为主的培养方式,通过研讨、交流、讲授等方式进行授课,通过课程作业的完成情况给定成绩,对研究能力的要求不高。英国授课式硕士研究生可分为转化硕士研究生和发展硕士研究生两种,修读年限均为一年。转化硕士研究生指学生在本科阶段与研究生阶段学习的专业不同,比如,从理科转到文科、从数学专业转到文学专业等,也就是说,那些不喜欢自己本科专业或本科专业就业前景不理想的学生有了重新选择的机会。英国对学生的综合素质非常重视,不论学生本科阶段的专业如何,其在学习能力、研究技能、思维方式等方面都会得到有效的训练,所以申请转化课程并不难,然而,由于专业跨度较大,完成学业也许会有困难。相较于转化硕士研究生,发展硕士研究生是指学生本科专业学习的进一步深化,本硕专业能保持较好的一致性,入学成绩要求也更高一些,一般要求学生在本科毕业时为二等上荣誉学位,即平均分为60—70分。毕业时对发展硕士研究生和转化硕士研究生的论文选题、学术性以及篇幅等要求也不同。

英国的授课式硕士按不同的专业领域有多种类别,常见的有工程学硕士、工商管理硕士、法学硕士、化学硕士、教育学硕士等。授课式研究生教育注重的是课程的学习而非科研能力的培养,主要培养的是应用型人才以满足英国社会对人力资源的需求。在政府和社会的影响下,工作和就业相关的领域一般就会在学校中形成相应的专业,因此,英国授课式硕士专业数量和就读人数不断增加,授课式硕士研究生要求在专门化的专业领域进行深入研究；有独立处理问题的能力并能在研究过程中对原有的知识体系进行创新；具备就业所需的基本素质和应变能力，这些能力主要包括可以做出正确决策以及独立承担责任等。英国研究生录取属于自主招生的范畴，不同学校可以根据自身需求自行决定录取条件并设置入学考试，专业学位研究生教育一般分为专业学位教育与研究生文凭教育，两种方式既有共性，也有差异。相较于学术学位研究生，专业学位研究生的入学门槛较低，科研能力要求也不高，另外，由于专业学位研究生的培养经费来源非常广泛，除了专项划拨和学生学费，还有企业经费等资助，因此富有工作经验和较强实践能力的申请者，即使没有学士学位也可以申请入学。

（二）英国专业学位研究生的类型

英国专业学位研究生的类型较多，有心理学硕士、计算机科学与技术硕士、教育学硕士、法学硕士等，这反映了英国的专业学位研究生涉及的领域较广，有着一定的认可度。根据英国专业学位研究生毕业时颁发的学位证书类型，可分为理科硕士和文科硕士。

理科硕士（magister scientiae）的名称由拉丁文"科学硕士"演化而来，包括计算机科学与技术硕士、工程硕士、数理统计学硕士等。然而，英国的理科硕士学位或文科硕士学位的划分并不是根据特定学科，大学会根据研究内容和属性的不同而灵活授予。以"语言学"为例，专注于语言系统科学的课程往往会被授予理科硕士学位，而关注语言本身的研究课程往往被授予文科硕士学位，其他科目也是如此。根据相关课程的重点授予理科硕士学位或文科硕士学位，因此，是否注重数学逻辑分析往往就成为理科硕士学位的授予标准，而注重创新实践或哲学分析、更加聚焦于定性分析的学科往往被授予文科硕士学位。理科硕士与文科硕士的教学方法不同，更多采用实验研究、项目研讨、实地练习和模拟仿真等方式，某些课程还会通过大型小组讲座解析背景知识和核心概念。英国的全日制理科硕士往往需要一年的课程学习，大多数学校会为专业学位的理科硕士提供兼职修读的选择，兼职修读的理科硕士课程学习时间将增加一倍，因此兼职修读的理科硕士需要增加50%的学习强度，周期往往为两年。英国的理科硕士通常需要180个学分。理科硕士与文科硕士使用同样的信用系统管理，并且拥有相同的信用值。根据课程的重要性,课程的每个部分都被赋予一定的学分权重。理科硕士的学习内容通常由一系列单独的模块组成,学生最后需要独立完成学位论文,同文科硕士一样,论文的权重通常比单个教学模块要高。英国为理科硕士提供了大量挖掘探索的机会,进而提高他们独立工作的能力,确保学生在研究中获得扎实的基础。

文科硕士(magister artium)的名称由拉丁文"艺术大师"发展而来,在大多数教育体系中起源于学术教学资格。文科硕士与"文科类"学科有关,包括教育学、艺术学、人文领域以及社会科学的多个分支,例如教育学硕士、语言学硕士、艺术学硕士、新闻传播学硕士等,但不是所有艺术或人文领域的硕士都是文科硕士,如技术人文学科(下属学科中的应用语言学或考古学)也可被授予理科硕士学位。传统艺术和人文以外,本身属于偏理学类的学科,也会被授予文科硕士学位,通常以技术性作为主要的判定标准,例如,医学学科领域侧重于伦理学和医学史的研究,计算机科学领域有关数字艺术的研究。文科硕士需要在攻读过程中完成一系列单独评估的课程模块,每门课程都会针对不同的专业情况采取研讨、讲座或实践研习等方式授课,根据不同的课程主题设置讲授重点。全日制文科硕士在校学习的时间和理科硕士相同,也是一年,包括寒暑假在内,要求在此阶段完成硕士学位论文。除全日制以外,文科硕士也允许兼职修读,这是为在职人员或因故不能在学校全天学习的人而设置的,兼职修读文科硕士课程的时间通常是全日制文科硕士的两倍,因此也需要两年时间才能获得学位。文科硕士的成绩评定采用学分制,总学分要求为180学分,通常分为四个30个学分模块和60个论文学分,硕士学位论文的比重相较于其他模块要更大。

英国根据实际情况为那些有志于完成研究生阶段课程,却又没时间攻读完整硕士学位的学生提供研究生文凭学习,研究生文凭教育包括专业学位研究生教育的内容,但该类型所花费的时间更少,很多大学在完整的硕士课程中都提供选修课,为修读研究生文凭教育者提供课程学习机会,学生完成专业学位研究生课程的特定部分便可获得研究生学历。另外,还有一种与研究生文凭教育相似的教育形式——研究生证书教育,研究生证书教育是学习时间最短的研究生教育,学生在进行完整的一个学期(约15周)的全日制学习后便可以获得该类证书,一般在英国范围内通用,其他国家不予承认。上述两类证书适合为提升专业知识和专业技能进修，却没有意愿进行论文写作的学习者。学生毕业前要接受学校关于关键技术技能以及掌握熟练程度的实际测试评估，合格后就可以获得相应证书并顺利毕业。英国本地的毕业生在取得毕业文凭及相关研究生证书后往往不会出国或去其他地区工作，更多选择在当地就业。调查发现学生在获得研究生文凭和证书后流动率很低，表明专业学位研究生依凭此文凭和证书找到了较好的工作，企业认可当地机构颁发的资格证书，这样持证人员就更倾向在本地工作，减少了高层次人才到英国以外地区工作的可能性，从而避免了人才流失。

四、澳大利亚专业学位研究生教育概况

（一）澳大利亚专业学位研究生的类型

澳大利亚的专业学位研究生教育可追溯到20世纪80年代，当时随着一系列高等教育改革，澳大利亚高等教育的双重制被废除，建立了统一的国家高等教育体系，澳大利亚专业学位研究生教育也在这个时期逐渐兴起。澳大利亚教育与培训部公布的信息显示，目前，澳大利亚硕士研究生层次可分为五种类型：学术型硕士、课程型硕士、延伸型硕士、荣誉硕士学位和哲学硕士；博士研究生层次包括哲学博士与课程（专业）博士两种类型。

课程型硕士是学生攻读课程（专业）博士学位或申请相应奖学金的基础，通过独立开展一系列富有创造性或开创性的专业型研究项目，学生能够掌握并运用实践性知识，进而获得分析并处理复杂专业问题的能力。延伸型硕士最早设立于2013年，是澳大利亚教育部为帮助学生继续攻读课程（专业）博士学位，并获得相应的专业实践知识而设立的。课程（专业）博士包括两种类型：一是传统学科领域，如神学、医学、法学以及从中衍生出的相关学科；二是与文理科相关的新兴学科领域，如企业管理、工程学等领域。澳大利亚研究生教育领域中很多学科往往同时设立专业型学位和学术型学位，二者培养目标的差异很明显，专业博士人才培养更具实践性，学制也相对更灵活。①目前，澳大利亚专业学位研究生教育的主要类型是课程型硕士，2004年到2015年，从澳大利亚专业学位研究生教育的层次规模来看，课

①肖聪. 澳大利亚专业学位设置与调整程序研究[J]. 高教探索，2018(3):55-62.

程型硕士研究生规模及数量较大,发展较快,而课程(专业)博士研究生的招生规模不但比较小,而且逐年递减的趋势明显。通过对专业学位研究生教育的类别与层次分析发现,课程(专业)博士研究生在社会、文化以及管理与贸易类的招生规模较大,而在自然与物理科学、工程与技术、农业与环境科学、创新艺术以及信息技术等领域招生规模较小;课程型硕士研究生在社会、文化、管理与贸易类招生规模较大,而在自然与物理科学、农业与环境科学以及建筑学等领域招生规模较小。2011年,澳大利亚实施了统一的课程管理模式,将课程类别与学位挂钩,不同类型的课程授予不同学位或颁发相应的证书或文凭。在澳大利亚,如果本科生前三年成绩优秀,那么第四年可以直接申请荣誉学位,在保证本硕衔接的同时有利于推进就业。

(二)澳大利亚的职业教育模式

技术与继续教育(Technical and Further Education,TAFE)学院的授课模式主要基于新学徒制的职业教育课程,技术与继续教育学院的课程由国家行业技能委员会开发的一系列培训包组成。培训包由国家行业培训咨询委员会及以行业企业为基础的机构开发,由国家能力标准、评估指南和国家资格组成,具体包括职业技能的资格框架、课程能力标准和评估要求。某个培训包就相当于我国的某个专业,培训包中包括若干个单元,单元相当于我国的课程,每个单元的学习内容有明确规定,相当于国内的课程标准,列明学习内容和学习目标。另外一种是基于学分制,在培训包基础上开发的模块式课程采用可积累的学分制形式,在国家认可的技术与继续教育学院学习课程获得的学分在不同学段之间都是相互认证和互通的,可以转移到下一阶段课程的学习中,避免重复学习。[①]

第二节　职业教育本硕衔接模式

随着我国明确提出"到2035年基本建成技能型社会的发展目标",对人

[①]肖渝琪.基于现代学徒制的中高职课程衔接比较研究[D].武汉:湖北工业大学,2020.

才的质量也提出新的要求,要构建有中国特色的技能型社会,关键在于拥有一支高素质的技术技能型人才队伍,并在技能学习深度、创新创造水平、自我发展能力等方面不断突破,以应对产业结构不断升级调整、技能要素不断变革的需求。当前,高技能人才的行业分布不均衡,制造业、服务业等产业领域存在较大缺口,在新一代信息技术、网络安全、高端装备等新兴产业领域供需不平衡的现象则更加突出。[①]因此,为加强人才的技能水平,提高人才发展的灵活性、可塑性,助力形成技能型社会,开展职业教育创新培养模式是必然需求。从人才自身发展来看,终身学习观念不断深入人心,学习者追求通过提高自我内在能力而提高外在适应性,职业教育作为全民终身学习体系的重要组成部分,应满足学生自我发展的需求,建立相应的升学渠道,做好高等职业教育中的层次衔接。[②]

本科层次职业教育的办学定位为培养高层次的专业性技术人才,设置服务于区域经济发展的应用型专业,以及探索职业教育新学制,而当前专业学位研究生教育与职业教育存在定位偏差,职业教育由本科层次衔接到研究生层次,既是职业教育发展规律的内在要求,也是社会对培养更高层次技术技能人才的必然需求。[③]本硕衔接培养模式便是构建职业教育内部上升通道的途径之一,在符合接受本科层次职业教育的学生发展规律的基础上实现职业教育向更高层次拓展,培养具有职业技术迁移能力、管理能力、发展能力的高层次技术技能人才,本节将从招生模式改革、课程体系衔接设计、教师队伍建设、培养机制探索等方面,对职业教育本硕衔接模式进行研讨。

一、本硕衔接招生模式改革

近年来,本科层次职业学校建设取得阶段性成效,学校数量逐年增加,

---

①韩永强,王莉. 中国特色技能型社会建设成就、挑战与路径[J]. 职业技术教育,2022,43(19):6-12.

②许翔杰. 功能整合视角下职业教育服务全民终身学习体系建设的逻辑和路径[J]. 教育与职业,2022(15):32-38.

③吕静. 职业教育与专业学位研究生教育同质性的逻辑及深化路径[J]. 中国职业技术教育,2021(1):22-27.

招生规模逐年扩大，招生群体不断扩展，但试点专业的分布有所偏差，甚至出现了部分专业扎堆试点的现象，未来具有较大的专业拓展开发空间。[①]职业教育专业集群的建设应坚持以市场需求为导向，顺应产业变革趋势，与产业升级和技术革命紧密对接。职业教育作为独立于普通教育的类型教育，在人才培养方面强调实践性、技术性与职业性；在学习体系方面强调知识技能的地位；在整个培养模式设计上以就业为导向，因而职业教育的招生模式同样应严格对接目标人才的选拔。本硕衔接模式，在专业设置方面应具有紧密的衔接性与递进性，因而招生模式应充分考虑与专业的培养目标相结合。

我国职业教育考试招生制度在不断丰富和完善，政策体系也日益完备，"文化素质+职业技能"的考试方式仍是职业教育升学考试的特色，考核灵活性也有提升，比如对社会生源适当提高专业技能测试比重，调整考试科目以增强考试的科学性等。[②]在各生源群体中，尽管近年来有意提升中职生的升学比例，但面向中职生的评价标准仍以文化考核为主，忽视了技能考核评价，不利于进行以能力为导向的人才选拔。综上，本硕衔接模式的招生路径改革有以下几种方式：第一，招生主体的多元化。由于本硕衔接模式的培养周期相对更长，培养更有岗位针对性，在本硕两个阶段专业技能的系统性将逐渐加强，所以招生制度设计应增强职业教育相关主体的参与度，实现跨界协同，并设立相应评价标准。教育行政部门、职业学校、企业等多主体要根据当地的职业教育发展进程、特色行业产业人才需求统筹分析，共同制定恰当的考试/考核标准，使知识与技能考核与实际岗位能力评价相关联，进而提升生源与专业的匹配度。第二，提升中职生考核中技能型评价的占比。本硕衔接模式在课程设置、学习内容、考核评价等方面具有衔接性、连续性，并且以培养高层次应用型人才为目标，因此在招生环节需提高技能考核占比，以明确考试制度中选拔人才的核心标准。中等层次职业教育在整个职业教育体系中作为基础，更应凸显职业教育类型教育的特色。2021年，中

---

①罗校清，李锡辉. 本科层次职业教育试点现状、困境及推进策略[J]. 教育与职业,2022(13):12-19.

②邱懿,薛澜. 我国高等职业教育考试招生制度现状、问题与展望[J]. 中国考试,2021(5):33-39,55.

共中央办公厅、国务院办公厅发布《关于推动现代职业教育高质量发展的意见》,明确要求中等职业教育注重为高等职业教育输送具有扎实技术技能基础和合格文化基础的生源。在生源的选拔方面,相应提升职业技能考核的占比,强调技术技能的地位与重要性,以便于后续本硕衔接培养中技术技能体系形成连贯性。第三,加强招生模式与专业需求的关联性。在招生过程中引导学生树立能力本位、技能导向的技能观。本硕衔接模式在课程体系、教学实施、评价方法等多方面均强调紧密衔接,本硕两层次人才培养目标具有连续性、一致性,因而在人才选拔阶段更应强化技能水平与专业需求能力的对接。本科层次职业教育在学位制度设计框架下注重基于实践逻辑的知识建构,对实践能力有较高的要求。[①]因此无论以统一考试,还是通过对口单招进行升学选拔,或是通过职业技能大赛获取推免资格,多种招生渠道在招生模式上均应注重与专业群、岗位群的对应性,重视提高单一专业需求能力,促进关联专业间的渗透融合,进行多种形式考察。

二、本硕衔接模式下课程体系衔接设计

技能导向的课程体系设计是本硕衔接模式的关键核心要素,学生在职业教育本科或应用型本科学习后,经资格审查或考核合格后转段升入对应的专业学位研究生阶段继续进修,课程体系在连续学习过程中成为能力发展的主轴,因此,应在注重两个教育层次课程体系重构的同时,按照职业教育的内在逻辑,打通两阶段课程体系间的壁垒。与中高职衔接相比,职业教育本硕衔接具有高等性、职业性、发展性,应确立能力本位的课程价值观,从人才培养目标、课程内容、课程结构设计、课程实施与教学管理、课程评价体系等方面进行符合本硕层次能力发展要求的整体设计。

课程衔接过程中应统一设置人才培养目标,突出高层次职业教育人才培养特色,把握本科与研究生阶段的培养目标共同点,厘清两个阶段人才培养的差异性和侧重点。其中本科层次职业教育目标定位应是培养兼具扎实的理论基础和娴熟的动手操作技能的应用型人才。研究生层次职业教育的目标定位则是培养科学素养、实践能力与创新创造思维兼备,能够适应行业发展和产业升级,具有不断自我发展与提升能力的高级应用型人才。两个

---

①施星君,余闯. 职业本科专业评价设计的逻辑与路径[J]. 中国高教研究,2022(5):102-108.

层次的目标均强调实践操作与应用能力,差异在于,本科层次职业教育中理论基础的学习占据较大比重,而研究生层次职业教育则培养学生具备更完善的科学、职业素养,在与综合性技术岗位相对应的实践应用中更具创新创造能力及知识技能迁移能力。本科阶段作为本硕衔接模式的基础阶段,为强化人才培养目标的衔接性,应在理论学习模块强调技能体系知识的建构,为学生形成自我发展的内在素养与外在能力打好基础,引导学生进行自主思考与主动实践。

　　课程内容与课程结构要与生产实践相融合,保持本硕课程的连续性。整体建立本科与研究生阶段课程的基本框架,依据社会经济发展现状以及行业产业、企业的需求,立足专业核心能力培养,科学确定课程结构,坚持课程设置的规范性与灵活性协调统一。①从本科阶段到研究生阶段逐级递增实践课程比重,在课程领域中深化校企合作,学校、企业与行业产业共同参与制定课程内容、课程大纲与标准,同时根据市场需求变化与产业结构动态调整,定期更新教学内容,增设标准条例。课程结构包括基础课程、专业课程与公共课程等,在此基础上进行课程模块式组合,构建专业集群模块化课程体系。专业群是以一个重点专业或特色专业作为核心专业,围绕某一产业链、技术链、人才链,由若干工程对象相同、技术领域或专业学科基础相近的相关专业组成的专业集合。②本硕衔接课程体系在专业群课程设置中,通过统筹本硕阶段的课程模块,实现课程的连续与衔接,有效推进岗位能力的完善与技术技能水平的升级,同时还可以避免课程重复,防止教学资源的浪费。在此基础上深入推进课证融通,将"1+X"证书制度落到实处,实现课程设置与学历证书、职业资格等级互通互认,提升课程模块的灵活性与"含金量"。

　　在课程实施与教学管理方面,坚持"以学生为中心"的教学理念。围绕学生的"学"进行教学设计,采用特色创新的教学模式,使用情景式教学模式增强学生在课程学习过程中的沉浸感、参与感、体验感,通过项目式教学方法教授模块化课程。从本科阶段过渡到研究生阶段的过程中,逐渐增加实

---

①赵旭娟."三教改革"背景下职业本科试点院校课程建设[J].中阿科技论坛(中英文),2021(4):174-178.

②王成平,王远东.高职院校专业群模块化课程体系构建探索[J].科技风,2022(16):21-23.

例教学比重与具体任务实践探讨环节，提升学生的综合能力与应用能力。将课程思政内容融入课程实施总体内容中，发挥德育的隐性教育功能，使学生在课程学习的过程中逐步形成科学的职业素养与正确的技术人才价值理念。在教学管理方面，完善本科阶段与研究生阶段教学运行管理的衔接，联合制定教学方案，及时进行统一的反馈与整改，保证课程实施的效力与质量。①

课程评价是衡量课程质量并反馈提升质量的关键。在本硕衔接课程体系中，应设立恰当的评价标准以衡量课程目标完成程度。各类课程模块化组合，具有较高的自由度与灵活性，所以与传统评价体系相比，评价的主体与重心应更多放在学生与企业层面。学生层面，可将学生各能力维度的发展情况作为课程评价的核心标准之一，尤其应在实践、实训课程中通过设置能力分析量化量表的方式直观展现课程效果。企业层面，应增加企业在课程评价中的参与力度，以课程与职业技能的匹配程度、岗位需求能力作为评价主线开展评估，其中本科阶段侧重技能实操评价，研究生阶段倾向创新思维与迁移能力评价。

本硕衔接课程体系的重难点为构建学分互认机制。通过校内制度建立、校外平台搭建等方式，进行课程互选互认、不同学段的学分互认，满足学生个性化学习以及企业对复合型人才的需求。

三、本硕衔接模式下教师队伍建设

教师是保证职业教育本硕衔接工作顺利实施的主体，应坚持以"双师型"教师队伍建设为导向，发挥师德高尚、技艺精湛、育人水平高超的教学名师、专业带头人等高层次人才队伍的引领优势，提升职业学校教师整体素质。为培养高层次应用型人才，本科与研究生两个阶段均需要提高"双师型"教师的数量，完善教师评价与培训体制，确保教师具有高水平的理论教学能力与实践实训指导能力，并且要求教师具有较高的研发与创新水平，对行业有深入的了解，或者具有丰富的企业生产经验。学校与企业实行"双导师制"，与企业内部的实训教师开展四年本科培训、两年研究生指导的长期

---

① 刘洁，耿爽，赵夏清，等."3+2"人才培养模式与课程体系改革研究——以道路桥梁工程技术专业为例[J]. 造纸装备及材料，2021，50（12）：145-147.

合作,进行产业内部项目递进式、阶段式教学,避免两个学段的实践实训课程因衔接不畅而出现学生能力发展错位的情况。

专科及以下层次"双师型"教师队伍建设是职业教育本硕衔接模式的基石,一方面,新《职业教育法》规定,"专科层次高等职业学校设置的培养高端技术技能人才的部分专业,符合产教深度融合、办学特色鲜明、培养质量较高等条件的,经国务院教育行政部门审批,可以实施本科层次的职业教育",也就是说,高职(专科)院校办本科专业成为趋势,较高水平的高职(专科)院校教师要具备本科教学水平;另一方面,2022年10月,教育部办公厅发布《关于做好职业教育"双师型"教师认定工作的通知》《职业教育"双师型"教师基本标准(试行)》,意味着中高职教师在国家标准下可分别进行初级、中级、高级"双师型"教师认定,如高职(专科)院校教师申报高级"双师型"教师要满足的条件包括:深入系统地掌握本专业基础理论,主持过重要教育教学改革项目、教学研究项目或科研项目,发表、出版过有重要影响的学术论文、教学研究成果、著作或教科书等代表性成果,作为主要参与者获得技能竞赛类、教学成果类、科技发明类等代表本领域先进水平的奖项等。通过对全国23个省份153所高职(专科)院校"双师型"教师认定标准建设与应用情况进行调查发现,我国各省份高职(专科)院校已基本具备"双师型"教师认定标准,且教师层面对认定标准建设总体满意度较高,[1]中高职层次"双师型"教师队伍建设对夯实本硕衔接模式根基、提供源源不断的师资力量、改善本硕层次教师结构、推动"双师型"教师队伍整体素质提升起到了关键作用。

职业教育"双师型"教师的内涵由于缺乏标准,出现过"双资格""双素质""双证书""双职称""双能力"等多种说法,其中典型的是2012年肖凤翔教授的界定:"双师型"教师是具备基本的教育和职业工作素质,精通特定专业工艺原理并具备专业实践能力,胜任教育和培训职业教育学习者任务的职业教育机构的教育者。[2]从基本内涵来看,早期"双师型"教师的界定更多倾向于在专业理论(教学能力)和专业实践范畴解读,如2018年,俞启定教授认为,职业教育领域的"双师型",原则上要求兼备教育教学能力和专业技

---

①张红,王海英.我国高职院校"双师型"教师认定标准建设及应用分析——基于全国23个省份153所高职院校的调查分析[J].中国高教研究,2022(7):103-108.

②肖凤翔,张弛."双师型"教师的内涵解读[J].中国职业技术教育,2012(15):69-74.

术能力。教育教学能力包括具有良好的师德,掌握科学的教育理念、教育教学知识和基本策略,与普通教师大体相同,但需要把握职业教育的特点。专业技术能力包括专业知识理论造诣、操作技能,了解企业生产和职业岗位工作实际状况等。[①]直到2019年8月,教育部等四部委发布《关于印发〈深化新时代职业教育"双师型"教师队伍建设改革实施方案〉的通知》,明确提出建设分层分类的教师专业标准体系、推进以"双师"素质为导向的新教师准入制度改革等。支持扩大职业教育领域教育硕士专业学位研究生招生规模,探索本科与研究生阶段整体设计、分段考核、有机衔接的人才培养模式,推进职业教育领域博士研究生培养,推动学校联合行业、企业培养高层次'双师型'教师",面向本硕衔接模式的高层次化"双师型"教师队伍建设成为时代命题。

　　新时期面向职业教育本硕衔接的"双师型"教师队伍建设,需要强化职业教育"双师型"教师基本标准之外的实践研究能力,具有实践性、创新性、应用性等特点。首先,实践性是专业学位研究生特有的属性,专业学位研究生往往面向特定行业职业领域,培养能够承担专业技术或管理工作,具有良好的职业素养,具备研究性解决实际问题能力的高层次应用型专业人才,面向行业领域进行充分的、高质量的专业实践是专业学位研究生教育质量的重要保证。职业教育本硕衔接模式作为向专业学位纵向延伸的本科层次职业教育类型,具有行业属性、专业属性和职业属性,这里的"实践性"是以专业为载体、以行业为依托,运用教师的知识素养和专业能力解决工程实践难题的能力。与普通职业学校教师不同,本硕衔接模式下"双师型"教师需要精通内部机理,深谙问题解决之道,而非单纯具有动手实践能力。其次,创新性是研究生层次职业教育区别于本科层次职业教育的本质特征,不同于普通高等教育的理论创新,职业教育领域要更加注重实践创新,在做中学中获得方法性突破。"双师型"教师要勇于打破传统的思维模式,从新角度、新方法思考新流程、新工艺,要深入工厂、车间,扎根研究,系统性解决工程、生产、作业中的难题,获得突破性解决方案。最后,应用性是职业教育领域实践性研究的根本目的,"双师型"教师面向生产实际开展研究,通过产教融合、校企合作等方式,采取低成本、高效益的生产方式,降低企业研发成本,

----

①俞启定."双师型"教师的定位与培养问题辨析[J].教师教育研究,2018,30(4):30-36.

改变企业工作/生产过程与应用型领域研究脱节的现状。同时，也可以进一步创新企业和学校"双导师"制度，探索项目式学习模式，让研究实践深入企业，实现培养方向与产业发展对接、课程体系与职业能力对接、培养目标与资格证书对接，扭转专业学位研究生人才培养领域闭门造车、纸上谈兵的状况，将研究成果写在工厂、车间，最终获得可复制、可推广的研究成果。

四、本硕衔接培养机制探索

本硕衔接培养机制旨在以具有实践能力的学生群体与社会人员作为培养对象，通过本科层次职业教育与研究生层次职业教育连续两个学段更具指向性与针对性的课程学习与技能训练，培养以职业能力为导向的高水平应用型、复合型人才。

本硕衔接培养机制中，协同培养机制最能体现职业教育的类型培养特色。本硕协同培养包括校企协同、校校协同及两学段协同。坚持走产教融合路线，遵循"校企共建、资源共享"的原则，深化校企合作培养模式，在地方政策指引下服务地方经济发展，以产业与企业的需求为目标，通过建立校中企、企中校、实训基地等方式进行企业与学校的联合培养，将学生的实践课与产业项目对接。学校主导课程设计，企业主导课程内容安排及技能目标设定，但应注意合理设置本科层次职业教育与研究生层次职业教育两个阶段实训课程的难度，在本科阶段以技能操作熟练度、项目合作完成度为主要考评内容与标准，研究生阶段则应着重考查学生的综合技术技能、项目合作创新情况。在转段升学考试中，联合培养基地进行的生产实践测试应占较大的分值比重，提高本硕衔接人才培养过程中校企合作紧密度的考核权重。校校协同即学校之间共建共享教学资源库，丰富网络平台的学习资源，为学生提供更多学习单元和模块的选择，从本科到研究生阶段过渡中，可在相关专业范围根据个人的兴趣与意愿选择深入研究学习的方向。两学段协同体现在，根据学生可能选择的多种相关专业组合方式，提供前后衔接的个性化培养计划，落实"以学生为中心"的培养原则。

本硕衔接培养机制内，质量保障机制在人才培养进程中起到重要的监督与反馈作用。国家层面，应通过发布政策法规宏观调控本硕衔接培养的方向，提供政策与资金支持，加快职业教育国家统一考试制度进程，完善学分银行与国家资格框架体系,实现本科阶段与研究生阶段学历证书与职业资格证书的匹配。社会层面,应建立学校与企业面向社会的信息宣传机制,将信息技术融入质量保障体系中,同时有助于提高职业教育的社会认可度。①学校内部应建立完善的组织,并与企业进行合作,不断更新完善人才培养策略、课程大纲,关注并监督课程实施情况。重视教学管理制度建设,及时评价教学质量并进行问题反馈,保障一体化人才培养模式的顺利实施。

基于本硕衔接培养机制的特性,评价机制应以技能评价为主体,趋向过程化与多元化。首先,评价主体多元化。在能力评估与课程考核过程中,应综合参考企业、教师及学生自身做出的评价,鼓励学生做出准确的自我评价有助于帮助其提高独立解决问题的能力,养成学生自我发展的意识。其次,评价方式多元化。不只以考试成绩作为课程学习成果评价依据,而是根据综合课程报告展示效果、具体项目任务完成度、小组合作探究成绩等多方面成果进行最终评价,并且在综合评价体系中,多方考虑职业技能大赛、企业实践等经历,将评价重心由终结性评价转向过程性、形成性评价。

第三节 职业教育本硕一体化模式

职业教育类型改革是我国现代职业教育体系发展中的重大变革,职业教育要服务高质量发展、促进高水平就业,就离不开全面提高人才培养质量和高层次发展。2019年1月,国务院印发的《国家职业教育改革实施方案》中提到,"职业教育与普通教育是两种不同教育类型,具有同等重要地位"。要实现职业教育对类型属性的追求,就应该把职业教育建设成具有独立形态的体系,构建职业教育体系这一目标要求我国现代职业教育的学历层次结构要完整。职业教育不仅要有中等教育和专科教育层次,也要有本科教育和专业学位研究生教育层次,只有学历层次完整,职业教育才能形成独立

---

①宋依蔓,刘影. 多元主体协同的高职院校教育质量保障机制建设[J]. 教育与职业,2022(11):40-45.

的体系。[①]自1991年3月,国家教委研究生工作办公室下发《关于进行工商管理硕士学位试点工作和进一步开展研讨工作的通知》,批准清华大学等九所高校开展专业学位研究生培养试点工作以来,截至2023年,我国专业学位研究生制度已实施32年,专业学位研究生具有学术性和职业性融通的特点,既要与传统的学术学位研究生进行区分,又要衔接高等职业教育,融入现代职业教育体系。随着我国产业转型升级和结构调整,各行各业急需高层次技术技能人才。实行职业教育本硕一体化培养是提升职业教育层次、培养高层次技术技能人才的有效途径,通过为学生提供适切的教育和培训,将人才培养目标和学生个体需求整合,从而实现人才成长不同阶段的顺利过渡,为高端产业与产业高端输送长学制高层次技术技能人才。

在构建本硕一体化模式之前,先要明确"本硕连读"和"硕博连读"的概念。本硕连读指本科阶段优秀的学生保送至硕士研究生阶段学习的培养方式,而硕博连读则是硕士研究生阶段的优秀学生保送至博士研究生阶段学习的培养方式。上述培养模式与"本硕一体化"的区别主要在于:一是是否在培养方式实施过程中按照培养目标进行整体设计;二是有机衔接的程度。[②]本硕一体化是指具备硕(博)专业学位授予权的学校与其他本科层次学校合作,根据人才培养目标要求共同设计同一专业本硕人才培养方案,实现课程与教学内容的有机衔接,共建共享师资力量、课程资源、实习基地等,学生在同一专业体系下完成本科与研究生阶段的课程并取得硕士学位。由于应用型本科与专业学位对学生的培养是按照学科体系组织课程内容,课程体系缺乏连贯性导致人才培养出现断层,而职业教育本硕一体化模式能够缓解这一问题。该模式具有连续性、高效性等特点,遵循人才培养规律,递进式设置培养目标,同时能优化专业学位研究生的培养环境,提前选拔有志于从事职业教育的学生,以培养实践能力为重点,以产教融合为途径,向企业和社会输送大量职业导向的高层次应用型人才。

为完善职业教育体系、畅通高层次技术技能人才成长通道,本节重点探讨职业教育本硕一体化模式的构建,包括招生模式、课程体系、师资队伍以

---

① 徐国庆. 确立职业教育的类型属性是现代职业教育体系建设的根本需要[J]. 华东师范大学学报(教育科学版),2020,38(1):1-11.

② 董春香. "本硕一体化"卓越中学教师培养模式研究[D]. 开封:河南大学,2019.

及培养机制等问题。

一、本硕一体化招生模式改革

本硕一体化模式整合了本科阶段和研究生阶段教育,学生可长周期学习,能够实现理论知识和实践能力的双向发展。要充分发挥职业教育本硕一体化的优势,需要科学构建合理的招生模式,对当前招生模式进行改革。当前,我国职业教育招生模式主要分为三大类:面向普通高中生的普通高考、职业学校自主招生考试和面向中职生的对口单招。我国探索建立职业教育分类考试制度时间较长,但却始终未建立全国性的职教高考制度。①基于深化招生改革的理念,进行职业教育本硕一体化招生模式改革具有重大意义。在进行招生模式改革时,要注意以下几个要点:一是在职业教育体系内部完善应用本科和专业学位研究生一体化培养的升学体系,开发新型教育和培训项目,吸引优质生源报考;二是考虑高等职业教育招生群体的多元性,不只面向职业学校的毕业生;三是面对多元化的生源结构需要设计不同的招考方案,根据考生接受职业教育本硕一体化模式培养不同的目的和需求因材施考;四是在招生录取方面要保证最大程度的公平。

本硕一体化招生模式改革,要明确六年一贯制的校内协同模式和校际协同模式。校内协同模式,即以设有专业硕士点的应用型本科学校为单一主体直接招生进行本硕一体化培养,学生毕业后获得专业学位;而校际协同模式则是未开设专业硕士点的职业教育本科和应用型本科学校与已具有专业学位授权资格的学校进行合作,共同制定人才培养方案,从而实现职业教育本硕一体化培养。由于开设专业硕士点的应用型本科学校较少,所以校际协同模式是进行本硕一体化培养的主要模式。职业教育本科和应用型本科学校在职业教育本硕一体化培养中要借助其他学校的优势补齐自身短板,在积累了一定的研究生教育经验并获得专业学位授权资格后才可以独立招生办学。

招生模式是为人才培养服务的,如何改革招生模式主要取决于生源特点和培养要求,为避免本硕一体化招生模式成为学校招生的噱头和吸引考

①廖龙,王贝.基于职业能力评价模型的"职教高考"体系构建[J].职业技术教育,2020,41(31):24-28.

生的手段,违背招生政策的初衷,本硕一体化招生模式改革要明确招生专业类型,避免招生专业的泛化问题,即同一专业既有六年一贯制模式,又有"4+2"模式,同时还有其他招生模式等。此外,明确六年一贯制模式培养的办学主体,不同的职业教育本科和应用型本科学校有不同的办学定位,职业教育本科和应用型本科学校的办学目标要与区域、行业产业发展相协调,避免招生计划名额分配不公等问题。严格专业分类,统一制定六年一贯制模式本硕一体化培养专业目录,与本硕衔接培养模式的专业严格区分,以便职业教育本科和应用型本科学校在制定招生计划时按统一的专业分类进行。本科阶段与研究生阶段的专业在结构上要保持较高的衔接度,体现知识深度和技术难度的阶段性差别,为本硕一体化衔接培养奠定基础。

二、本硕一体化课程体系整体设计与衔接

课程体系是达成培养目标的桥梁和培养方案实施的具体载体,主要包括课程目标、课程内容、课程结构和课程活动方式等,培养高层次应用型创新人才要做好职业教育本硕一体化课程体系整体设计。为保证培养过程中课程深度符合人才培养规律,在课程体系的整体设计过程中需要做好本科阶段和研究生阶段的课程衔接。当前,应用型本科和专业学位研究生分段培养过程中,存在着人才培养目标衔接不紧密、课程体系和教学标准脱节等问题。因此,本硕一体化培养需要统筹设定人才培养目标,整体规划达成培养目标所需的理论体系和实践环节,使本硕一体化培养的教学过程更具系统性、整体性和连续性。在课程体系制定过程中,要明确本科阶段和研究生阶段培养目标的定位和层次特征,使课程体系不仅能有机衔接,还能体现理论课程与实践课程体系的层次梯度。

我国产业升级和经济结构调整过程中对高层次技术技能人才有大量需求,培养兼具理论基础、管理能力和行业经验(具有特定职业背景)的高层次复合型、应用型专门人才或技术技能型人才,已成为我国当前高等教育的重要使命。[1]由于高等职业教育与行业联系更加紧密,在进行职业教育本硕一体化课程体系整体设计过程中,职业教育本科、应用型本科、专业学位研究

---

①阎为民.专业硕士培养途径研究[J].现代教育科学,2015(9):59-63.

生培养都应面向生产实践,紧跟产业发展步伐。职业教育本科和应用型本科学校主要为人力资本市场输送一般职业技术人才,而专业学位研究生培养则提供高层次应用型创新人才。职业教育本科、应用型本科和专业学位研究生培养在目标方面均以职业能力为导向,并存在衔接和递进关系。因此,课程体系设计的第一要点便是做好本科阶段与研究生阶段课程的贯通,通过应用型本科和专业学位研究生的贯通培养,有效提升应用型本科教学、实习、实践的质量,培养各行业急需的技术技能型人才。

为达成职业教育本硕一体化培养目标,本科阶段和研究生阶段课程的核心都应该围绕"文化素质+职业技能",课程内容在专业知识和专业技能并重的基础上,强调对学生职业素养的培养。本科阶段课程体系要以职业性和高等性价值理念为指导,以培养"德才兼备、内外兼修的高素质产业主力军"为目标,根据职业岗位知识、能力、素质的需求,设计适应新技术和产业变革需求的人才培养总体要求;根据专业人才培养定位,对课程内容进行重构优化,并以一定的逻辑结构划分出课程,形成相对独立、有效衔接、层次递进、理实结合、产教融合的课程体系。研究生阶段的课程体系应该是本科阶段的延续,并在此基础上进一步深入。第一,课程目标要具有职业教育的特色性,既要借鉴普通学校本硕一体化培养的经验,又要精准定位自身的培养目标。第二,课程内容在注重应用性的同时要进行多层次的优化设计,使本科阶段和研究生阶段的课程内容在一体化贯通过程中更加深入。第三,保证课程结构的衔接性,即本硕一体化培养中横向要注重不同课程的差异性,纵向注重不同课程的顺序以及逻辑结构。充分考虑多方主体的深度合作,实现专业课程和公共课程、理论课程和实践课程、必修课和选修课的有效组合。①课程设置上,可以将本科阶段选修课作为课程衔接的桥梁。第四,强调课程实施的职业性,即一体化课程应该与职业过程、生产过程对接,以真实情境培养学生的技术技能。第五,课程评价注重全面性,对一体化培养的学生从知识、素质、技能三方面进行全面评价,同时在评价形式上注意形成性评价和结果性评价并重。

---

① 谢剑虹.职业本科教育课程体系构建的内在逻辑与基本原则[J].当代教育论坛,2022(5):116-124.

课程的一体化设计要坚持职业能力导向,职业教育本硕一体化跨越不同的办学主体、学习阶段和教育类型,在课程一体化设计方面不能重复原有的知识体系,沿袭现有的人才培养路径,而要基于职业能力进行体系重构。从职业论的角度出发,职业能力作为职业教育的关键要素,具有渐进式的形成特点。从"普通操作型技术工人"到"创新型应用人才",其本质是职业知识与工作任务之间有机关联程度的深化,因此,职业能力可以被拆解为职业知识与工作任务,通过工作过程序列化解构来安排课程内容。例如,澳大利亚在国家资格框架下将职业能力拆解为关键能力与专业能力,并将后者在课程层面归纳为能力领域与能力单元,由若干能力要素构成,从而形成课程一体化设计的依据。职业能力的发展是分层次、分阶段的,一体化课程设计不能形成一成不变的固定课程结构,而是要有相对完整的阶段性课程设计。本科阶段课程依然要强化技能和实践导向,以学分积累的方式来进行职业能力认证,并将认证结果纳入升学资格考核机制当中。英国按照学分积累的原则将职业资格分为三个等级,包括认证、证书与文凭,分别需要1—13学分、13—37学分以及37以上学分。研究生阶段则要更加注重产学合作的岗位或实践导向的课程设计,利用数字化教学工厂、企业学区、工作场所学习等多样化的学习方式,开展职前职后贯通、面向终身职业教育的课程学习,将"1+X"证书制度和企业学分银行制度融入课程一体化设计,加快课证融通、双证融通的进程。

总之,为保证职业教育本硕一体化课程体系的整体性和贯通性,应划分课程等级,不同课程等级面向不同的学生群体,学生要遵循进阶式修读方式。

三、本硕一体化师资队伍建设

职业教育本硕一体化培养模式整合了本科阶段和研究生阶段教育,二者需要在人才培养定位、培养目标、方案计划、过程实施、结果评价等各个环节,全面、完整地体现贯通、融合、衔接及循序渐进的理念,既要保持层次上的差异性,遵循学习规律,保持由简入繁、循序渐进的递进关系,又要体现目标上的一致性。这要求不同阶段的教师根据人才培养定位共同设计同一专业人才培养体系，实现课程与教学、过程与方法的有机衔接，共享师资力量，共建课程资源，面向同一产业领域输送应用型创新人才。

职业教育本硕一体化是顺应产业高端化发展的必然趋势，新一轮科技革命将整个社会经济置于快速而深远的变革中，新技术、新业态不断涌现，使社会产业由低附加值、低技术水平逐步向高附加值、高技术水平演进，我国必然要从人才结构高层次化这一核心要素入手，加快培育高层次技能型、创新型人才，这就需要加快构建职业教育人才贯通体系，开辟职业劳动者结构化层次升级的"快车道"。2022年4月，教育部召开新闻发布会，宣布下一步要加快完善现代职业教育体系，加快健全中职—职业专科—职业本科一体化的职业学校体系，推进五年一贯制等培养模式。这意味着职业教育中高职一体化、中本一体化、中高本一体化贯通培养教育体系基本建成，为向上发展本硕（博）一体化教育进而构建独立类型的职业教育学历提升通道奠定了重要基础。

这一背景下，从"生态"而非单一视角审视本硕一体化下的教师队伍建设就显得尤为重要，首先，纵向要建立职业教育中高本硕专业教师协同发展共同体，有效协调中高等职业学校教师的关系，调动其积极性，发挥中高等职业学校教师的基础性作用，以基层教学组织、专业教研室为载体开展交流互动。定期采用"纵向挂职、周期培训"等方式，鼓励中高等职业学校教师到本科及以上层次学校定期、驻点研学，鼓励本硕层次教师深入基层教研室开展讲学交流，不同层次学校定期互派教师挂职交流，采用多种形式开展教师教科研能力培训。其次，横向要建立不同层次的校企研究协作共同体，鼓励企业在学校建立产业学院等育人载体，学校在企业建立联合实训基地，教师要与企业师傅、工程师定期开展最新技术、行业动态、科研成果交流，以企业为枢纽，采用企业学分、项目合作等形式，建立不同层次的校企协作研究、实践共同体，真正发挥职业教育学历提升与长学制下技能强化的耦合作用，提升专业教师的实践性研究能力。

职业教育本科、应用型本科、专业学位研究生教育层次在推进一体化建设过程中，由于高等教育的强势性，会出现遵循高等教育的逻辑而强化学科体系的取向,进而走向"去职业化"的路径,这是不可取的。要坚持"本硕层次的职业教育也是职业教育"的思想,要求教师贯彻实践导向、技能导向、课证融通的职教特色,将职业技能融入专业教学过程中,探索工学结合项目开发、一体化课程教学模式等创新路径,凸显一体化教育体系下教师职业化的内涵。教师要发挥高等职业学校专业群建设优势,外部要建立专业群和产业的对应关系,主要体现为职业联系;内部要建立各专业之间的关系,主要是知识联系。[1]教师在本硕一体化建设过程中,要善于把握产业技能需求与课程知识载体间的对应关系,能够从专业优化和课程体系架构环节入手,以产业(群)—专业(群)为抓手进行分类课程一体化指导,形成产业(群)—专业(群)—课程(群)的一体化框架设计,打破学科逻辑,从而实现真正职业化的专业人才培养。

四、本硕一体化培养机制

培养机制指人才培养过程中探索内部组织和运行变化的规律,遵循相应规律和采用相关手段,以实现特定的目标。职业教育本硕一体化培养机制应该遵循一体化人才培养规律,在一定教育理论和教育思想基础上,确定人才培养目标,并为达成这一目标采取具体且行之有效的方式。第一,制定学科基础理论和实践训练相融合的培养方案。在基础理论体系中设置本专业必需的理论课程,在专业技术体系中设置满足实际职业需要的应用技能。在培养方案中明确校企合作的培养方式,建立多元协同的产教融合、校企合作育人机制,确保一体化培养工作有序开展。第二,推行理论学习和实践指导相结合的"双导师制",这是实现职业教育本硕一体化培养目标的有效举措。"双导师制"是指选择兼具学术造诣和产业实践背景的导师担任校内导师,吸纳企业具有丰富实践经验和较强指导能力的专家担任校外导师,由校内和校外导师共同承担专业学位研究生的培养工作。[2]第三,强调以提升职业能力为导向的课程教学方式。工作岗位的基本要求应该作为教学内容,而工作实践中的职业活动方式为职业教育贯通培养的课程教学方式提供了

---

①张新民,杨文涛. 论高职院校专业群建设的组群逻辑[J]. 职教论坛,2021,37(7):6-12.

②顾越桦,叶秉良. 专业学位研究生创新实践能力培养机制的构建[J]. 教育评论,2016(2):104-106.

借鉴。在本硕一体化培养中,本科和研究生阶段的教学方式既要有相似性,又要有递进性,遵循社会个体职业活动的基本规律,使学校理论体系和企业实践有机结合。第四,建立校内校外人才培养质量保障机制。内部保障机制主要针对学校内部的人才培养保障体系,学校、学院(系、部)均要建立一体化管理机制。外部保障机制则需要国家、社会和企业相互支持合作才能建立。我国可在国家资格框架建设中强化"1+X"证书制度,以统一资格框架标准推动学历证书与职业资格证书互认互通。①推进专业学位研究生教育与职业资格认证的衔接可保障职业教育本硕一体化人才培养,推进职业教育高质量发展。第五,创新一体化人才培养评价机制。构建完整的评价体系,制定评价规范和标准,规范的评价指标有利于本硕一体化人才培养顺利进行,合理分配实践体系和理论体系的考核比例,为凸显职业能力提供保障。本硕一体化培养过程中,可以弱化本科学位论文,强化硕士毕业论文,专业学位研究生学位论文不应该刻意追求理论性和学术性,而要反映职业教育的类型教育特性以及相应的职业要求。同时,研究成果标准应该体现实践的多样性、多元化评价,鼓励专业学位研究生学以致用,取得创新性研究成果。总之,本硕一体化培养机制优化了职业教育人才培养过程,增强了培养过程的持续性和专一性,能够有效提高培养质量和培养效率,有利于大量高层次技术技能人才输出。

---

①张奕,朱泽东. 技能型社会建设背景下职业教育高质量发展审思[J]. 职业技术教育,2022,43(16):34-39.

第八章　职业教育专本研衔接制度保障

职业教育专本研衔接是职业教育延伸的重要体现,反映了职业教育人才培养适应行业产业升级发展的需求及技术革命的要求。专本研衔接是建设高质量、有中国特色的现代职业教育体系的重要举措,也是落实职业教育提质培优行动计划的重要抓手,有助于突破职业教育在空间、技术和资源等方面的制约,避免"单打独斗"或同化效应造成的劣势和不足,拓宽职业教育横纵贯通的外部渠道,进而提升职业教育转变过程中结构化、生态化的发展格局,形成专本研有机衔接、体现终身学习理念的现代职业教育体系。职业教育专本研衔接的制度保障是构建专本研衔接体系的重要基石,因此,研究职业教育专本研衔接的制度保障,需在深刻把握职业教育专本研衔接的内涵和要求基础上,多措并举探寻专本研衔接体系在国家宏观层面与学校微观层面的保障措施,推动其行稳致远地发展。

第一节　职业教育国家资格框架建设

资格框架有利于各级各类教育与培训的有效沟通和衔接,国际上资格框架可以分为三类,一是局部框架,二是综合框架,三是区域框架。①国家资格框架就是国家层面上采用统一的标准,对国内不同的学习成果予以认定,

---

① 劳赐铭. 我国国家资历框架建设的现实问题、原因分析与路径选择[J]. 教育与职业,2021(18):39-43.

以等级的形式对学习和工作中完成任务、处理问题、研究创新等方面的能力进行描述，推进普通教育、职业教育与终身教育衔接，是现代教育体系发展的必然要求。张伟远认为，国家资格框架包括三个主要部分：资格框架、学习成果认证和学分银行。资格框架是一种终身学习的传输方式，它定义了所有级别和类型教育之间的交流和衔接，是针对所有学习成果注册和标准制定的顶层设计。[①]目前，我国尚无国家层面的资格框架，职业教育资格框架属于局部框架，鉴于职业教育在国民教育体系与人力资源体系中的特殊作用，先行构建职业教育资格框架既是一种可行路径，也是职业教育高层次化发展的必然趋势。

一、国外国家资格框架制度给我国的启示

(一)国家资格框架的国际实践

国家资格框架是20世纪80年代始于欧美的一项教育质量提升策略，也是世界各国建立终身学习体系的一种创新探索。从20世纪90年代开始，全球先后有多个国家构建了各具特色的国家资格框架，其中澳大利亚、新西兰、南非等是最早建立资格框架制度，目的是提高公民的整体技能水平，改善教育培训系统与劳动力市场之间的关系。纵观近30年的发展历程，国家资格框架实施范式从"新自由主义"向"可持续发展"转变。20世纪90年代起，国家资格框架开始成为许多国家教育领域的重点建设对象，现已经从西方发达国家扩展到东南亚等发展中国家。截至2019年底，世界范围内已有160多个国家已经建成或正在着手建设国家资格框架，共建"一带一路"国家中，62个国家已经建立了国家资格框架。一些欧洲国家也成立了跨区域的欧洲资格框架。同时，欧盟还制定了不同类型的资格框架，包括高等教育资格框架、终身学习资格框架、质量保证参考框架以及相关的组织机构和制度体系，以促进区域间的人员流动和教育发展，提高区域内的教育水平。国外主要资格框架的建设情况如表8-1所示。

---

① 张伟远. 中国资历框架的构建及在职业教育领域中的应用[J]. 中国职业技术教育，2020 (6)：23.

表8-1 国外主要资格框架一览

序号	名称	发布时间	分级	管理机构	内容概要
1	新西兰资格框架	1992年发布国家资格框架,2010年改为新西兰资格框架	10	新西兰学历评估委员会	单一的10级框架
2	澳大利亚国家资格框架	1995年引进,2000年全面实施	10	澳大利亚资格框架咨询委员会(2008年之前);资格框架委员会(2008年之后)	全国统一的10级框架,涵盖基础教育领域、高等教育领域、职业教育和培训领域
3	爱尔兰国家资格框架	2003年发布	10	爱尔兰质量与资历管理局	统一的10级框架
4	欧盟资格框架	2005年发布	8	欧洲资格架构咨询小组	宏观的8级框架,不包含任何资格,是参照框架,可充当枢纽或兑换工具
5	南非资格框架	1996年发布国家资格,2009年发布国家资格框架	10	南非资格管理局	10个资格级别及3个子资格框架(高等教育,普通教育,继续教育和培训,贸易和行业)
6	马来西亚资格框架	2009年发布	8	马来西亚资格管理局	8级资格框架
7	丹麦国家资格框架	2009年发布	8	国家资格框架跨部门联合委员会	8级资格框架,涵盖基础教育、高等教育、继续教育培训
8	英国国家资格框架	2011年发布	9	英国资格与考试规范办公室	9级资格框架实现了普通教育和职业教育的融通
9	苏格兰资格框架	2001年推出,2012年修订,2015年发布新版《苏格兰资格框架手册》	12	苏格兰资格架构当局	12级资格框架,涵盖普通教育、职业教育等各类教育

从各国国家资格框架构建的路径看,可概括为三种模式:衔接型构建模式、变革型构建模式和改良型构建模式。这三种构建模式的典型代表分别是澳大利亚、南非和英国。

其中,南非的国家资格框架采用了变革型构建模式,超越了现有的各类资格、学位和证书体系,是在假设个人未来职业发展和明确目标导向的基础上,创建和定义的一个新的前瞻性的资格框架体系。南非国家资格框架的构建在某种程度上是政治因素所推动的。为了解决长期以来种族隔离政策造成的教育机会和职业选择方面不平等的问题,南非政府于1995年成立了南非资格管理局,该局由南非教育和劳工部的主要工作人员组成,负责促进和建立国家资格框架。经过多年的反复调研和论证,南非政府于2009年通过了《国家资格框架法》,以法案的形式确立了改革后的国家资格框架的法律地位。南非国家资格框架体系致力于打通普通教育、高等教育、继续教育三类教育的壁垒,基于10个维度创建了10个等级,包括知识素养、解决问题的技能、解决问题的方法、学习者的职业道德、学习者的专业实践经验和学习者的信息处理能力等10个维度。[1]其中,1—4级资格属于普通教育和继续教育体系,分别对应普通证书、初级证书、中级证书、国家证书,对应的职业资格是第一级至第四级;5—10级资格属于高等教育体系,对应的证书分别是高等证书、高级证书、学士学位、荣誉学士学位、硕士学位、博士学位,高等证书对应职业资格第五级,高级证书对应职业资格第六级,学士学位对应职业资格第七级,荣誉学士学位对应职业资格第八级,第九级和第十级资历尚未有对应的资格证书。南非国家资格框架由南非资格管理局发布和管理,而认证则由高等教育委员会、继续教育培训局和贸易与职业委员会负责。

(二)国外国家资格框架建设经验

国家资格框架的发展模式因各国各级教育发展和经济社会发展阶段的不同而不同,但框架的组成部分基本相同,等级和资格类型是关键的元素。国家资格框架涵盖各级各类教育和培训,不仅包含职业教育、高等教育,还包含继续教育及其他教育培训机构。从等级分类看,大多数国家框架把资格划分为8—12级,框架按纵横向两个维度沟通衔接了不同类型的资格成果。如何实现国家资格框架的功能与作用,不仅需要法律法规层面的保障,建立国家资格框架管理机构,明确可供认定转换的多元化学习成果,而且还

---

[1]张菊霞,张振,任君庆. 南非国家职业资格的产生、内容及启示[J]. 职教论坛,2016(7):85-91.

需要一个完善的支持系统,包括资格标准系统、资格认证系统、课程建设系统、学分转换系统、学习成果认定系统、质量保障系统及技术支持系统等。①

1. 建立立法基础上的国家资格框架管理机构

许多国家的国家资格框架的建设与实践主要通过立法渠道来实现,并且结合本国各行业固有的规范来进行标准制定或资格认定。在欧盟,就有17个国家通过法律的形式推动国家资格框架建设。从表8-1中可以看出,各国均成立了国家资格框架管理部门,如英国资格与考试规范办公室、澳大利亚资格框架委员会等,对国家资格框架进行管理和统筹。

2. 实施标准化的学习成果认证

国家资格框架的首要任务是对学习者掌握的知识、技能、能力等学习成果进行标准化评价,为不同类型、层次教育培训之间认定与转换提供制度保障。学习成果是指学习者通过学习所获得的可以实现人的各种行为的能力,它是各国国家资格框架的核心部分。国家资格框架中的各级资格都是学习成果导向的,统一划分学习成果维度、描述每一级资格应达到的学习成果。不同资格对学习成果要求不同,并分为若干等级。

目前各国家资格框架级别标准一般分为知识、技能与能力三个维度。知识指理论性和/或事实性知识,技能指认知技能(包括运用逻辑、直觉和创造性思维)和实践技能(包括动手操作和运用不同方法、材料、工具和仪器),能力指责任感和自主性。

3. 构建学分积累与转换系统

学分积累与转换系统旨在提供一种测量、比较和转换学习成绩的工具,是一个以学生为中心的系统,以实现学习项目中规定的学习成果为基础。学习者可以根据自身职业规划与发展目标,系统地积累不同课程的学分,再把学分转换成能够获得认可的资历,进而谋求劳动力市场的职业发展。学分、学时(课程培训学习量)、等级是学分积累与转换系统的三个要素特征。如何对学习成果进行积累与转换,学分银行是国家资格框架中最关键的一个制度。学分银行概念及应用起源于20世纪七八十年代的美国和加拿大,最初是高校对学生各类校外学习经历或成就进行认可、登记的一种管理机

---

① 肖凤翔,黄晓玲. 国家资格框架发展的世界经验及其对我国的启示[J]. 职教论坛,2014(16):79-83.

制。①随后，在终身教育、终身学习等理念下，很多国家建立了不同模式的学习成果认证制度，而韩国则使用了"学分银行"一词，②我国对于学分银行的理解大多来源于韩国的学分银行实践。学分银行是采用学分的形式对学习成果进行认证、积累与转换，通过银行的存储功能，将分散的学习项目（课程、培训、作业等）成果整合为相应资格。值得注意的是，国家资格框架所包含的资格不只局限于学历和培训所得的资格，还包括对先前学习经历的认可。

二、我国职业教育国家资格框架的构建

（一）我国国家资格框架建设的现实问题

作为终身教育制度建设探索的一项重要创新，党的十八大提出了"构建终身教育立交桥，畅通人才成长渠道"的综合改革任务，2016年，国务院颁布的《中华人民共和国国民经济和社会发展第十三个五年规划纲要》首次提出了制定国家资格框架，推进非学历教育学习成果、职业技能等级学分转换互认。2017年颁布的《国家教育事业发展"十三五"规划》再次指出，要制定国家资格框架，建立个人学习账号和学分积累制度。2019年，中共中央、国务院颁布的《中国教育现代化2035》也指出，建立全民终身学习的制度环境，建立国家资格框架。2020年，《职业教育提质培优行动计划（2020—2023年）》提出，推进国家资格框架建设，建立各级各类教育培训学习成果认定、积累和转换机制。"十三五"以来国家资格框架建设已被纳入我国政府的宏观规划，开始频繁出现于国家教育改革的政策文件中，学术界乃至社会各界也开展了广泛的探讨与研究，如教育部学位与研究生教育发展中心主持完成了国家社科基金教育学重点课题"国家资历框架研究"，对英国、澳大利亚、南非和欧盟等代表性国家和地区的资格框架进行比较研究，深入分析这些国家和地区资格框架建设的背景、发展历程、结构要素、支持条件和运行发展等。在此基础上，对国家资格框架的核心制度（学分转换与成果认定体系）进行研究，并提出构建中国国家资格框架的宏观目标、总体战略、实施

---

① 王海东. 欧洲非正规与非正式学习成果认证策略述评[J]. 中国远程教育，2017(6):48-54.

② 王海东，韩民. 学习成果认证制度相关概念及问题探讨[J]. 开放教育研究，2016(5):61-67.

步骤以及具体推进策略。在地方及院校层面开展有关国家资格框架建设的探索和尝试,如广东省出台《广东终身教育资历框架》,国家开放大学、广东机电职业技术学院、广东交通职业技术学院、北京财贸职业学院和浙江经贸职业技术学院等进行"1+X"证书制度试点,推行现代学徒制,但迄今为止,我国还没有出台统一的国家资格框架。

究其原因,除国家资格框架认同度不高外,主要是缺乏法律法规的支持,没有权威的统筹管理部门组织协调政府、教育行政部门、学校、培训机构、人事管理部门、企业和学习者等多个利益主体,从而影响正规教育、非正规教育、职业培训等学习成果认证标准建设、学分积累与转换系统建设等,各级各类教育与培训衔接困难。此外,实践层面也缺乏教育行政部门与人力资源和社会保障部间融合的环境与行动,各级各类职业学校以学历教育为主,公共实训基地、社会培训机构等以职业技能训练与资格认证为主,缺乏相互融合的平台与机制。借鉴国外国家资格框架建设经验,我国建立国家资格框架,要通过立法明确管理机构,由管理机构主导制定国家资格框架的级别和标准。考虑到国内地方的探索实践与国际资格框架的成熟发展,应遵循国际标准,确保与国际资格框架对接,同时又要基于我国教育和培训体系体现本土化。一方面,可以根据我国实际情况分普通教育体系、职业教育体系、继续教育体系与培训体系进行规划,同时根据我国继续教育、企业培训、业绩成果等正规教育、非正规教育、非正式学习的学习成果特征,如国家职业资格证书、专项证书、培训证书等,划分国家资格框架级别。[①]另一方面,参考国际上遵循的欧洲资格框架,通过关键指标(知识、技能与能力)的一致性,与欧盟和其他国家及地区的资格框架级别和标准实现对接,适应资格框架全球化发展趋势,融入教育资格跨境认可体系,满足跨国教育与劳动力市场需求。

(二)构建职业教育资格框架的优势与重点

相比国家资格框架,职业教育资格框架属于局部框架。国家资格框架停留在课题研究阶段,至今未能在国家政策层面有所突破。职业教育作为国民教育体系与人力资源开发体系的重要组成部分,是与产业经济发展结

---

①张伟远,谢青松. 资历框架的级别和标准研究[J]. 开放教育研究,2017,23(2):75-82.

合最紧密的教育类型，我国可以先行确定职业教育领域的资格框架，等运行成熟后再进行全面推广。比如，广东省先行建设的终身教育资格框架，在资格标准建设、学分银行建设、质量保证机制建设等方面积累了丰富经验。从国家政策层面看，2019年颁布的《国家职业教育改革实施方案》明确指出，要完善全国职业教育制度框架，并在具备条件的地方和学校探索实施试点工作，形成符合我国国情的国家资格框架。以学分银行建设为抓手，探索建立职业教育个人学习账户，实现学习成果的追溯、查询、转换，再有序开展职业技能等级证书和学历证书所体现的学习成果的认定、积累和转换，最后逐步实现学历证书和职业技能等级证书的有效对接，为技能人才的可持续发展拓宽通道。教育部发布的《职业教育提质培优行动计划（2020—2022年）》提出，把健全服务全民终身学习的职业教育制度作为重要举措，构建以学历证书+职业技能等级证书为特色的国家资格框架，建立各级各类教育培训学习成果认定、积累和转换机制；加快建设职业教育国家学分银行，引导在校学生和社会学习者建立职业教育个人学习账号，实现学习成果和技能财富的存储和积累；支持学校根据有关规定，制定出具体的学习成果转换方法，并依流程办理学分兑换，达到要求的学生可以免修一部分的课程或模块；支持国家开放大学体系创新发展，重点提高办学质量和水平，为构建全民终身学习体系提供服务，这无疑为职业教育的发展增添了强有力的政策支持。新《职业教育法》规定，实施职业教育应当根据经济社会发展需要，结合职业分类、职业标准、职业发展需求，制定教育标准或者培训方案，实行学历证书及其他学业证书、培训证书、职业资格证书和职业技能等级证书制度。尽管《职业教育法》没有明确规定职业教育国家资格框架建设，但其涉及的职业教育与培训标准建设的要求对学习成果的认定、积累与转换有较强的指导作用。现阶段我国职业教育资格框架建设可以先从学历证书和职业技能等级证书的互通衔接入手展开标准建设与学分积累、转换系统建设。第一类是教育部门颁发的各类教育证书，主要是教育部管辖的学校颁发的各类教育证书，涵盖职业学校、普通学校，也包括人力资源和社会保障部管辖的技工学校和技师学院颁发的相关证书；第二类是人力资源和社会保障部颁发的各种职业资格，也就是技能等级证书，由职业资格鉴定机构通颁发；第三类是专业部委或行业、企业或社会教育与培训机构颁发的各类职业培训证书,通常是针对特定行业或企业的、专业性强的职业资格证书或技能等级证书。教育部职业教育发展中心王扬南认为,"国家资格框架的建立,必然会加速现代职业教育体系的建设,我国各级各类教育与培训的形势较为复杂,不同地区之间的教育发展也不平衡。因此,国家资格制度的建立,将是一项复杂、长期、艰巨的系统工程,职业教育领域的'1+X'证书制度试点、学分银行建设是探索建立国家资格框架的基础工程"。

　　本书通过对我国现行各级各类教育规格及国民经济行业分类方法的分析,将资格分为学历教育资格、非学历教育资格和无一定形式学习成果。其中,学历教育资格等级划分层次相对清晰,有两个主要的子框架——普通教育和职业教育,其领域以学科和专业目录为准确定资格类型;非学历教育资格子框架则采用国家资格证书分类方式,"1+X"证书制度中的职业技能等级证书及各类考试等级证书、培训证书等均根据最新发布的《国民经济行业分类标准》确定其资格类型。①早在1993年,《关于建立社会主义市场经济体制若干问题的决议》就明确提出了实行学历文凭和职业资格两种证书制度。可以说,双证书制度为"1+X"证书制度提供了实践基础,但"1+X"证书制度在概念、定位、"X"证书开发建设主体、运行机制、管理模式等方面都发生了根本性的改变。更重要的是"1+X"作为一个整体成为学校职业教育的制度基础,"1"与"X"的教育培训对象相同、内容互补、目标同向,相比双证书制度中两种证书之间的关系有了质的区别。"X"被定义为"职业技能等级证书",与国家职业资格证书概念不同、口径不同,划分的等级层次也有不同,所以"1+X"不是双证书制度的延续,也不是双证书制度的"升级版"。为保证"1+X"证书制度的顺利实施,《国家职业教育改革实施方案》明确了人力资源和社会保障部、教育部的职责分工,"国务院人力资源和社会保障行政部门、教育行政部门在职责范围内,分别负责管理监督考核院校外、院校内职业技能等级证书的实施(技工院校内由人力资源和社会保障行政部门负责),国务院人力资源和社会保障行政部门组织制定职业标准,国务院教育行政部门依照职业标准牵头组织开发教学等相关标准",并明确"各类职业技能等级证书具有同等效力,持有证书人员享受同等待遇"。两部门还要

---

①杨艳,王辉. 国家资历框架与1+X证书制度的耦合机制与实践策略研究[J]. 长沙民政职业技术学院学报,2022,29(1):87-90.

负责建立职业技能等级证书培训评价监督管理体系,以及职业教育培训评价组织的遴选及相关管理工作。[1]实施"1+X"证书制度主要由于是我国正处于产业转型升级时期,对复合型技术技能人才的需求巨大。

为保证各类职业资格证书的转换与认可,学分银行建设是终身学习体系的核心内容和骨架。通过建立学分银行,每个人建立起自己的终身学习账户,积累和转换学分,实现个人的终身学习发展。2016年,国家"十三五"规划就提出要建立个人学习账号和学分积累制度,畅通继续教育、终身学习通道,制定国家资格框架,推进非学历教育学习成果、职业技能等级学分转换互认。2019年,国务院印发的《国家职业教育改革实施方案》明确要求加快推进职业教育学分银行建设,制定符合我国国情的国家资格框架。可见,国家资格框架建设与职业教育学分银行建设已经成为新时期我国职业教育现代化发展的战略性任务。

我国对于学分银行的研究最早起源于1996年,1996年至2003年为第一阶段,是我国学分银行建设研究的萌芽期,主要集中于两个方面。一方面基于世界成人教育,解延年提出了该趋势的特征是社会化、综合化、多样化、现代化、实用化、先进化、个性化、素质化、国际化、法治化和科学化。[2]另一方面基于域外经验,韩国在1999年提出了学分银行制度。第二阶段为2004年至2010年,是我国学分银行建设研究的初始期。2004年,教育部印发的《农村劳动力转移培训计划》中提出,"积极推进学分制改革,探索和建立'学分银行'制度,形成学分互认机制,为学习者跨区域、转专业、分阶段参与学习和培训提供良好的环境",自此学分银行的研究与实践逐渐兴起。《国家中长期教育改革和发展规划纲要(2010—2020年)》的提出,标志着学分银行建设成为我国职业教育的研究热点。第三阶段为2010年至2021年,是我国学分银行建设研究的探索期。党的十八届五中全会提出"设立个人学习账户,建立学分积累系统,畅通继续教育、终身教育通道",将学分银行的建设提到了政府层面。教育部发布《高等职业教育创新发展行动计划(2015—2018年)》,提出高职层次要逐步实施学分制,开展不同类型学习成果的认

---

[1]孙善学.对1+X证书制度的几点认识[J].中国职业技术教育,2019(7):72-76.
[2]解延年.面向二十一世纪世界成人教育发展趋势[J].比较教育研究,1996(6):26-30.

定、积累,建立全国统一的学习者终身学习成果档案,设立学分银行。[1]2019年,国务院发布了《国家职业教育改革实施方案》,明确提出"加快推进职业教育国家'学分银行'建设",加强为"终身学习服务"的要求。目前,针对学分银行概念,学界有如下五种代表性的观点:第一种观点认为,学分银行是一种模仿或使用银行功能特点的管理模式,具备学分存储功能、汇兑功能,允许学生自由选择学习内容、学习时间和学习地点。第二种观点认为,学分银行具有银行的基本功能,但它存储的不是货币而是学分,汇兑的不是货币而是学历或资格证书。[2]第三种观点认为,学分银行是学生通过在大学、教育培训机构修习课程或是通过教育部的学分认证考试等多种形式获得学分,并存入个人在学分管理系统注册的账户中,以获取高等教育学位证书的一种学分管理方式。[3]第四种观点认为,学分银行分一般学分、标准学分和有效学分,是学分制的高级形态。[4]第五种观点认为,学分银行有广义、中义、狭义之说。广义是指包括灵活与开放的入学制、转换制、学分制、课程制、学制以及评价制等在内的弹性学习与教育制度的安排,其中学分制和课程制是主要标志;中义是指学分银行可称学分积累与转换信息系统;狭义仅指学籍管理制度。[5]我国资格框架制度旨在通过建立类似国际上通用的国家资格框架的学习成果框架,通过定义学习成果的等级和所属的类型及领域,并通过学习成果等级描述,实现不同级别学习成果之间的沟通和衔接。同时,鼓励教育机构通过协议,建立学分积累与转换制度。

推进职业资格证书和职业教育学位制度的对接,不仅是国际公认的做法,也是提高职业资格证书社会认可度的一个重要方式。在构建我国职业教育学位制度过程中,需要做好与职业资格制度的衔接。就现实情况而言,

①王建滨,李培胜,孙一耕.基于文献计量学的学分银行建设研究热点分析[J].高等职业教育(天津职业大学学报),2021,30(5):85-91,96.

②杨黎明.关于创建上海市学分银行的理论与实践研究[J].成人教育学刊(八大复印),2009(7):19-25.

③覃兵,胡蓉.韩国高等教育学分银行制探析[J].比较教育研究,2009(12):65-68.

④丁鹏.学分银行:构建继续教育立交桥的基石[J].湖北大学成人教育学院学报,2011,29(1):18-20.

⑤宋东浩.学分银行在成人高等教育招生改革中的应用[J].湖北大学成人教育学院学报,2011(4):22-24.

职业资格证书与学历证书是完全分开的,分别由人力资源和社会保障部与教育部负责。尽管这两类证书具有内在的相似性,但是由于缺乏相应的制度安排,学历证书与职业资格证书之间出现了断裂。正如学者所言,国家各类职业资格证书众多,导致社会认可度不高;同时职业资格证书和学历证书的不统一或不对接也降低了它们在就业中的价值。[①]因此,我国在完善职业教育学位制度的同时,应进一步加强职业资格证书制度建设,促进二者之间的互认、兼容,建立职业资格等级与学位等级相匹配的制度,确保职业教育成为终身学习体系的中间环节。

职业教育资格框架的构建必将为专本研衔接,培养高层次职业教育人才提供理论与实践依据。众所周知,因《国家职业教育改革实施方案》的推行,我国已经建立了32所本科层次职业教育学校,新修订的《职业教育法》的实施也为高职(专科)院校开展本科层次职业教育专业人才培养提供了法律保障。《职业教育法》第4章第33条规定,专科层次高等职业学校设置的培养高端技术技能人才的部分专业,符合产教深度融合、办学特色鲜明、培养质量较高等条件的,经国务院教育行政部门审批,可以实施本科层次职业教育。职业教育资格框架首先应该建立中高本硕层次纵向的资格等级框架,为继续教育与企业人力资源培训提供对接资历与等级。目前,全国各省均在中等职业教育层次开展了中高职衔接、中本衔接、专升本等模式探索,但对不同等级之间学习成果的认定、积累与转换需要建立学分银行制度,明确认定标准,为长学制培养高层次技术技能人才提供教学内容改革的标准。

第二节 职业教育专本研衔接协作原则

随着经济结构的调整和技术进步,我国劳动力结构将发生深刻变化,未来社会对未受过职业教育和培训的劳动力的需求将逐步减少,而对受过职业教育和培训的劳动力的需求将不断增大。另外,中国人口多,经济基础薄弱,人均占有的自然资源相当贫乏。因此,我国迈向中国特色的社会主义现

[①]姜大源. 现代职业教育与国家资格框架构建[J]. 中国职业技术教育,2014(21):29.

代化征程中,必须在充分考虑就业问题的同时大幅度提高劳动者素质,变人口负担为丰富的智力资源。这就决定了中国教育的发展,必须在提高整体教育水平的同时,高度重视教育的多样化。在制度层面对职业教育进行支持是必不可少的,在发展基础教育和高等教育的同时,也要让职业教育与它们齐头并进。为加强职业教育专本研衔接的内涵建设,合作院校以人才培养模式改革为切入点,遵循"经费绩效是基础,技能培养是主线,课程衔接是中心,校企合是支撑"的协作原则,建立从高等职业教育到本科层次职业教育再到专业学位研究生层次职业教育的一体化人才培养模式,以克服和消除不同层次教学中固有差异所产生的屏障,实现不同层次分段培养之间的无缝衔接和有机融合。

一、经费绩效是基础

职业教育经费投入是职业教育事业发展的前提和物质基础。21世纪以来,在党中央、国务院的高度重视以及各级政府的积极推动下,我国的职业教育经费总量逐年增长,特别是国家财政性教育经费增幅较大,以政府投入为主,受教育者合理分担,行业、企业、社会等其他多渠道筹措的经费投入机制已经形成,有效推进了我国职业教育的快速发展,为实现高等教育普及化、提高劳动者素质做出了重大贡献。2019年,由教育部、财政部共同颁发的《关于实施中国特色高水平高职学校和专业建设计划的意见》明确提出各地新增教育经费向职业教育倾斜,从健全高职生均补贴制度,逐步提高生均补贴标准入手,优先扶持"双高计划"学校,中央财政通过现代职业教育质量提升计划专项资金对"双高计划"给予奖补支持,发挥引导作用。相关部门及产业企业通过共建、合作等形式积极参与项目建设。项目学校以服务求发展,积极筹集社会资源,增强自我造血功能。

教育与经济密不可分,教育经费投入依赖于国家财政拨款以及省(区、市)政府宏观调控。2010年,中共中央、国务院印发的《国家中长期教育改革和发展规划纲要(2010—2020年)》明确规定,要优化财政支出结构,增加国家财政性教育经费支出在GDP中的比重,并逐步完善教育经费支出精细化预算管理体系。2014年,财政部、教育部印发的《关于建立完善以改革和绩效为导向的生均拨款制度加快发展现代高等职业教育的意见》提到落实高职生均拨款制度，提高生均拨款水平。2018年，国务院出台的《关于进一步调整优化结构提高教育经费使用效益的意见》指出要调整教育经费投入，优化其结构。2019年，《国家职业教育改革实施方案》指出，督促地方政府按规定制定实施职业学校生均经费标准或公用经费标准，对高等职业教育生均财政拨款水平达到12000元的地区，逐渐提高拨款水平。2020年，教育部等九部门联合印发的《职业教育提质培优行动计划（2020—2023年）》提出完善职业教育财政支持机制，新增的教育经费倾向于职业教育。从上述政策文本不难看出，财政教育经费的改变、分配方式的改变意味着国家对于职业教育经费拨款的重视。中央财政部门按照"总量控制、突出重点、动态调整、包干使用"的原则，采用分省匡算、突出绩效、综合平衡、逐年核定的办法，不再根据具体项目类别确定拨款资金额度和比例。

通过研究美国、澳大利亚和德国的财政拨款方式，杨红荃认为这些国家的职业教育总收入约占财政拨款总额的70%，在职业教育经费投入方面形成了一套完整的筹资体制。[①]但我国的职业教育经费主要由国家财政教育经费、民办学校的举办者投资、社会捐赠、事业收入和其他收入构成。其中，国家财政教育经费是职业教育经费的主要组成部分，占总经费的74%。2020年，我国职业教育经费投入达5630亿元，较2019年增加了611亿元，同比增长12.17%。经费的增长表明国家对于职业教育的重视与支持，同时，国家发展改革委支持各地符合条件的职业学校建设一批高水平、专业化、开放型的产教融合实训基地，并指导各地利用地方政府专项债券等多种渠道拓宽资金来源，提升职业学校基础设施建设水平。为持续推动我国职业教育高质量发展，财政部会同有关部门持续采取财税支持政策，调动各方积极性，形成全社会共同支持职业教育发展的合力，构建职业教育政府统筹管理、行业企业积极举办、社会力量深度参与的多元办学格局，为我国经济社会发展提供有力的人才和技能支撑。

二、技能培养是主线

为将职业教育专本研衔接落到实处，我国根据国外经验，并结合本土实

---

①杨红荃，夏雪薇. 比较视野中的高等职业教育经费投入研究[J]. 职教论坛，2017（34）：65-73.

情,颁布了一系列保障政策,如技能保障制度。国务院在2019年印发的《国家职业教育改革实施方案》明确指出,为完善国家职业教育制度体系,亟须健全国家职业教育制度框架,提高中等职业教育发展水平,推进高等职业教育高质量发展,完善高层次应用型人才培养体系。该方案提出制定中国职业技能大赛、全国职业院校技能大赛、世界技能大赛获奖选手等免试入学政策,探索长学制培养高层次技术技能人才。为推动职业教育的发展,人力资源和社会保障部、教育部、发展改革委、财政部印发了《"十四五"职业技能培训规划》。该规划依据《中华人民共和国国民经济和社会发展第十四个五年规划和2035年远景目标纲要》编制,提出了"十四五"时期加强职业技能培训工作的指导思想、基本原则、主要目标、重点任务和保障措施,有利于推动职业技能培训高质量发展。

中国举办的职业技能大赛实行分级分类管理,具体分为国家级、省级和地市级三级。国家级分为两类:跨行业(系统)、跨地区的为一类竞赛;单一行业、系统的为二类竞赛。国家级大赛包含世界职业院校技能大赛、全国职业院校技能大赛、全国铸造行业职业技能竞赛等。目前,我国职业技能大赛的制度建设不断完善,已形成较完整的政策体系、工作体系和技术保障体系;管理模式不断创新,已形成政府部门主导、社会力量参与、企业公益性支持的竞赛组织形式,赢得了社会和企业的高度认可。全国职业院校技能大赛的核心价值在于建立一种促进发展的倒逼机制,推动职业教育循着大赛的导向发展,放大大赛的综合影响力,进而促进职业教育全方位改革和发展方式转变,引领职业教育的本质回归,实现可持续发展。

从制度设计的层面看,高水平的赛项设计,可发掘和发挥大赛的导向功能;通过高质量举办大赛,彰显和弘扬职业教育的职业性、社会性;借助大赛的倒逼机制,在职业教育制度创新方面实现一定突破,构建具有时代特征和中国特色的、与经济社会发展和人的发展相协调的高标准职业教育体系,把职业教育真正办成面向人人的教育和人人关注的教育。[1]首届全国职业院校技能大赛的成功举办,充分展示了职业学校广大师生奋发向上、锐意进取的风貌,在全社会初步形成了"普通教育有高考,职业教育有大赛"的共识。

---

①靳润成. 全国职业院校技能大赛促进职业教育发展的战略思考[J]. 教育研究,2011,32(9):56-61.

2017年,全国各省(区、市)都举办了各级竞赛和国赛选拔赛,全国近1/3的职业学校在校生直接或间接参与了各级竞赛和相关活动,"人人都参与专业大覆盖、层层有选拔"的竞赛体系已经在全国形成。

2021年,中共中央政治局委员、国务院副总理孙春兰出席全国职教大会时指出,要坚持立德树人,优化类型定位,加快构建现代职业教育体系。要一体化设计中职、高职、本科层次职业教育培养体系,深化"三教"改革,"岗课赛证"综合育人,提升教育质量。①全国职业院校技能大赛是课程教学的高端展示,中高职学校基本建立了国家、市、区、校四级技能比赛机制,形成了以教学过程为主线、以国赛标准为指导的"岗课赛"融合模式,以赛促教,以赛促学,不断深化产教融合,激励更多学生走上技能成才、技能报国之路,为国家输送更多高质量技能型人才。

技能属性是职业教育的类型特色,专本研衔接的重点是技能等级的衔接,目标是长学制培养高层次技术技能人才,职业资格证书是劳动者具有从事某一职业所必备的学识和技能的证明。它是劳动者求职、任职的资格凭证,是用人单位招聘、录用劳动者的主要依据。2021年,为贯彻落实国务院"放管服"改革要求,对2017年公布的《国家职业资格目录》专业技术人员职业资格部分进行调整。调整后,列入专业技术人员职业资格58项,其中,准入类31项,水平评价类27项。新修订的《职业教育法》第1章第11条规定:"实施职业教育应当根据经济社会发展需要,结合职业分类、职业标准、职业发展需求,制定教育标准或者培训方案,实行学历证书及其他学业证书、培训证书、职业资格证书和职业技能等级证书制度。"目前,人力资源和社会保障局为贯彻落实中共中央、国务院关于新时期产业工人队伍建设改革、加强和改进新时代人才工作等有关文件要求,畅通技能人才职业发展通道,提高其待遇水平,增强其荣誉感、获得感、幸福感,出台了《关于健全完善新时代技能人才职业技能等级制度的意见(试行)》,从2022年起,将原有的五级技能等级延伸为八级,形成由学徒工、初级工、中级工、高级工、技师、高级技师、特级技师、首席技师构成的"新八级工"职业技能等级序列,并建立与等级序列相匹配的岗位绩效工资制。"新八级工"制度出台,打破了原有高级技

---

① 张开江,苗兴国. 现代职教体系下中高本人才贯通培养路径研究[J]. 教育与教学研究,2022,36(6):81-97.

师的"天花板"现象,必将培养更多的能工巧匠、大国工匠。我国职业学校一直强调学历证书与技能等级证书或职业资格证书"双证制度",中职生可以报考初级工与中级工,高职生也可以报考中级工。"双证制度"可以较好将职业教育与用人单位岗位对接,指导职业教育将技能等级证书和职业资格证书的先进规范要求吸纳到人才培养方案与课程内容中,避免专本研相关内容重复,确保技能水平的有序递进。

三、课程衔接是中心

职业教育专本研衔接是职业教育体系建构的制度设计,需要相应的课程体系予以保障。在课程体系的建构中,专科阶段应当充分兼顾就业与升学两个方面的需求。结合职业教育人才培养的目的,开展实践性的教学与研究,在课程开设方面适当增加技术技能、创新创业类课程。首先,开展就业群组的实习实训,实现与就业岗位的对接,提升学生的实践操作技能水平;其次,开展升学群组的知识学习,实现学生的升学需求对接。

在职业教育专本研衔接中,职业教育课程作为一种有计划、有目的、有意识去培养人的社会实践活动,毫无疑问是职业教育专本研衔接的中心。在课程理念方面,要围绕职业本位的课程理念,根据学生实际情况,结合课程教学目标去构建课程体系。构建的过程中围绕五个原则进行。

一是要坚持课程建设的系统性。职业教育专本研课程衔接应当立足于实现立德树人的根本任务需要,充分考虑不同层级专业人才需求及各企业对人才的要求,实现全过程育人、全方位育人,努力开创我国职业教育高质量发展的新格局。在该过程中充分尊重知识迁移与技能形成的规律,依托校内师资与校外企业资源规划课程,实现企业与学校在人才培养上的系统连贯性,形成完整的产学研一体化教学与课程设计。

二是要坚持课程建设的层次性。专本研职业教育课程衔接的研究目的在于通过专业、科学的课程衔接体系,培养出本专业内复合型技术技能人才。基于课程的建设,以点带面,在专科阶段打牢职业教育的基础,在本科阶段提升职业教育的专业和课程质量,在研究生阶段拓宽学生的发展空间,保证各阶段职业教育能力等级明确,使职业教育专本研课程既能构成纵向贯通的完整体系,又能横向输送不同层次企业所需的技术技能人才。

三是要坚持课程建设的阶段性。职业教育专本研课程衔接要充分考虑人的身心发展规律。知识与能力的积累是循序渐进的过程。阶段性原则要求职业教育专本研衔接课程体系中的课程群要有科学合理的实施时间段。人才培养过程中，知识的积累与技能养成是一个循序渐进和逐步提升的过程。基础课程就是要夯实基础知识与技能，高端知识与技能的掌握必须有基础课程来支撑。

四是要坚持课程建设的实用性。职业教育的"教育属性"要求课程体系严密，职业教育的"职业属性"要求课程设置应当注重实用性。专科层次的专业技术技能型实用人才与本科层次、研究生层次高端技术实用人才之间的衔接与贯通，并没有改变培养专业技术实用人才的本质属性，因此，整个课程体系的设计必须坚持实用性导向，在课程体系构建的过程中，课程的设置应以就业岗位能力要求对该门知识与技术的依赖程度为依据。

五是要坚持课程建设的融合性。这里的融合性，是指职业教育过程中理论与实践相结合的原则，即"理实一体化"原则。在职业教育专本研衔接的课程体系构建中，要坚持理论与实践相结合的原则，专业学习和工作实践统一的原则，理论课程与实践课程科学合理设置。这能促使学生在实践中熟练运用所学的理论知识，在实操环境中进行整体化的感悟与反思，达到做中学的目的。

四、校企合作是支撑

校企合作教育模式最早产生于19世纪末的德国，"校企合作教育"一词最早出现于20世纪初的美国。各国对于校企合作的称呼各不相同，如美国称为合作教育，德国称为"双元制"教育，英国称为"三明治"制度，日本称为产学合作等。虽然在称呼上各不相同，但实质都是高等职业教育以市场和社会需求为导向的运行机制，以培养学生的全面素质、技术技能与就业综合竞争力为核心。

我国校企合作模式最早源于1964年。国务院于1991年10月17日提出"体长产教结合、工学结合"，自此明确职业教育要实行产教融合、校企合作的联合培养模式。该政策出台后，各职业学校采取多种措施引企入校，激发企业参与学校人才培养的积极性。在1996年《职业教育法》颁发后，又提倡产教结合;随后,2002年,国务院发布的《关于大力推进职业教育改革与发展的决定》提出:"企业要和职业学校加强合作,实行多种形式联合办学,开展'订单'培训。"2005年,《关于大力发展职业教育的决定》指出,大力推行"工学结合、校企合作"的人才培养模式。2006年,教育部发布的《关于职业院校试行工学结合、半工半读的意见》指出:"进一步加强校企合作,加快推进职业教育人才培养模式的根本性转变。促使职业教育培养模式由传统的以学校为中心转变为以工学结合为中心,鼓励企业在学校建立研究开发机构和实验中心。"这一举措,密切了职业院校与企业的联系,增强了学生的社会实践感。2010年,《国家中长期教育改革和发展规划纲要(2010—2020年)》明确要求,实行"工学结合、校企合作、顶岗实习"的人才培养模式。2011年,教育部发布的《关于充分发挥行业指导作用推进职业教育改革发展的意见》指出:"进一步提高对职业教育行业指导重要性的认识;依靠行业,充分发挥行业对职业教育的指导作用;突出重点,在行业的指导下全面推进教学改革,推进产教结合与校企一体办学,实现专业与产业、企业、岗位对接。"2014年,国务院《关于加快发展现代职业教育的决定》指出:"引导支持社会力量兴办职业教育,健全企业参与制度,坚持校企合作、工学结合,开展校企联合招生、联合培养的现代学徒制试点,完善支持政策,推进校企一体化育人。"2018年,教育部等六部门联合印发的《职业学校校企合作促进办法》提出,校企合作实行校企主导、政府推动、行业指导、学校企业双主体实施的合作机制。同年,教育部办公厅发布的《关于开展职业教育校企深度合作项目建设工作的通知》提出,深化产教融合、校企合作,进一步转变政府职能,建立健全"行政搭建平台、校企自愿合作、行业指导监督"的校企合作项目建设机制,培育产教融合型企业,提高人才培养质量,更好地服务国家战略和区域经济社会发展。

尽管国家在政策层面对校企合作给予大力支持,但校企合作仍存在合作主体之间资源供需结构性矛盾日趋凸显、合作模式低效、政策协同不足等问题。为解决上述问题,需立足自身、放眼大局,开展突破性创新,认识到长期性、高效率、高效益、高质量的产出供给是企业持续深入参与校企合作的关键所在。结合企业、院校所在地域的经济特色与产业结构,有选择地在特色领域、重点学科、优势专业上走出学校特色,企业创新,形成以点带面的校企合作新格局。

在资源供需结构上,强化顶层设计,整体推进跨区域综合性平台建设,打破区域、物理空间,发挥资源集聚效应,遵循资源集约原则,整体打造技术技能创新平台、职教集团(联盟)、产教融合大数据平台等能够服务区域、支撑产业发展的合作平台。抓住创新、高质量两大核心要素,形成省域、企业、学校等多单元、多维度、多层级、多区域链的合作平台,推动校企合作,关注产出和绩效,提高校企合作的效率。

第三节　职业教育专本研衔接评价要素

在建立职业教育专本研衔接评价体系时,基础评价要素是其中重要的一环。专本研衔接评价应立足于相关基础评价要素来进行整合,这些要素应包括校企合作、课程、职业技能大赛、就业质量等。

一、校企合作评价体系化

校企合作评价系统主要由两部分组成:评价系统指标体系和评价模型。评价系统指标体系建立的理论基础包括利益相关者理论、绩效管理理论、CIPP评价理论和客户满意度理论等;评价模型包括模糊数学综合评价模型、多级模糊综合评价模型和层析分析法评价模型等。[①]校企合作综合评价同时还需满足以下三个要点。

一是综合评价指标体系需体现评价指标的诊断功能。综合评价指标体系要能够回答"是什么、为什么、怎么样"问题,即校企合作的动力是什么,校企合作项目为什么能成功或者失败的原因是什么,怎么样才能够促成校企合作项目获得良好的成效等。因此,在设计综合评价指标体系时,一定要将大数据理念融入其中,通过校企合作各项评价结果为相关利益主体的决策提供数据支撑。各项评价设计需要明确校企合作项目的具体流程,包括基础、设计、实施和效果。首先,基础是指具体学校与企业之间在正式确定合

---

①冯凌杰. 职业院校校企合作评价系统研究概述[J]. 教育现代化,2018,5(20):277-278.

作前的情感因素、认知因素和环境协调因素;其次,设计主要包括各利益主体对未来进行的校企合作的具体规划与考量,包括硬件条件、体制机制和法律法规等;再次,实施是指各利益相关者在人才培养和科技开发等方面的实际合作过程;最后,效果是指双方通过合作最终在人才培养、技术开发、声誉影响等方面取得的成果。通过各种统计方法使用各阶段评价数据,分析各评价指标间的关系,从而实现对校企合作项目的诊断。[①]

二是综合评价指标体系要体现各类校企合作模式的要求。现代校企合作模式呈现多样化,可从不同角度进行划分:(1)以校企双方关系来划分,可分为单主体型、双主体型、新主体型和多主体型。单主体型又可以继续划分为两种类型:以学校为主体和以企业为主体。双主体型是指校企共同协商、合作办事。新主体型指校企联合成立具有独立法人资格的研究机构或公司等。多主体型指非单一学校和企业多边协同处理校企合作事务。(2)以校企合作的目的来划分,可分为教学型、科研型、生产型。所谓教学型,即指学校为企业提供师资、场地等资源,让企业为学校提供学生的实习实训基地,对学生进行实习指导等。而科研型和生产型校企合作,是企业为学校提供设备、资金等资源,主要目的是研发科学技术和进行生产活动。综合考虑现有校企合作的各种模式,可进一步确定校企合作各方面的具体内容。

三是评价指标需充分体现各利益相关者的需求及贡献。需要区分校企合作的评价主体和客体,前者应是所有利益相关者,后者是校企合作项目本身。值得一提的是,由于政府并不能等同于校企合作的所有利益相关者,所以它不是校企合作评价的唯一主体。评价学校和企业之间的合作关系,就是为了让校企之间的所有利益相关者都愿意更加深入地参与其中。因此,在设计各个综合评价指标时,需要对各个利益相关者的权力性、合法性和紧迫性进行全面考量,即要反映出在校企合作过程中,各个利益相关者利益被满足的速度、程度。

---

①文益民,易新河,韦林. 利益相关者视域下校企合作综合评价指标体系构建研究[J]. 中国高教研究,2015(9):58-62.

二、课程评价多元化

不同于普通教育的课程,职业教育课程由于和人才需求变化息息相关,需要不断进行调整以保障其实效性。而课程调整来源于课程评价,所以课程评价应贯穿于整个课程体系的发展过程中。构建一个科学合理、持续有效的职业教育课程评价体系是评价结果真实客观、高效有用的重要前提。以职业教育课程各阶段对课程改进的影响为依据,将职业教育课程评价划分为四个阶段,分别是课程资源评价、课程设计评价、课程实施评价、课程实施效果评价。每一阶段都有各自的评价方法和评价主客体,每一阶段的评价都各成体系,在评价中持续改进,把握课程评价的灵活性、动态性和及时性等特点,可为职业教育课程发展提供改进依据。[①]

(一)职业教育课程资源评价

在职业教育中,课程资源是指整个课程编制过程中一切可以利用的人力、物力以及各种自然资源的总和,既包括对课程资源的开发也包括对课程资源的利用。职业教育课程资源是职业教育课程能够实施的前提条件和基本保障,也是课程开发的重要支撑力量,因此课程开发之前要对课程资源进行具体评价。职业教育是为社会和企业培养应用型人才的教育,课程设置必须符合社会与企业的要求。职业教育课程呈现出实践性、专业性等特点,课程实施不能只局限于课堂、学校,而应该走入社会。如果缺乏相应的校外课程资源,职业教育的课程实施就会变成单一的书本知识传授。

对职业教育课程资源进行评价的主体包括职业学校、企业人员和课程专家三大类。职业学校的自我评价是一种内部评价,能够快速便捷地找到课程资源的痛点并得到快速的反馈;而企业人员成为职业教育课程资源评价的重要主体,这是区别于普通教育课程资源评价主体构成的关键。除此之外,课程专家的参与可推动评价的专业度和真实性。

职业教育课程资源的评价内容较丰富。一是对职业学校基本设施的评

---

①黄晓琴,朱德全.走向可持续:职业教育课程阶段性评价体系建构[J].职教论坛,2014,550(6):71-74.

价,职业学校应具备基本的教学设备,同时还需体现职业特色,如配备实验实训设备、实训场地等。二是对课程团队的评价,课程团队是课程实施保障的主体,需要评价课程团队的具体数量、学历层次、年龄结构和教学水平等是否分配合理。三是对"双师型教师"的评价。职业学校教师团队不仅需要理论知识丰富,更需要有丰富的实践经验和工作经验。四是对课程教材的评价,教材是否符合高校教材的基本标准,是否凸显职业教育课程特点,以及能否实现学生能力提升。

(二)职业教育课程设计评价

完成评价和调整职业教育资源后,需对职业教育课程设计进行评价。职业教育课程设计就是组织安排职业教育课程要素的过程,包括课程目标设计、课程结构设计、课程内容设计。课程目标设计是课程结构设计与课程内容设计的依据,是通过分析行业领域和职业岗位能力要求,确定职业教育人才培养目标,确定所需要掌握的职业知识、职业技能及素质要求的过程。课程结构设计通过分析社会职业岗位结构与职业学校专业结构的对应关系,确定以专业为单元的课程结构形式,使专业设置与社会需求、经济发展和生产劳动相适应。课程内容设计是对课程内容进行设计的过程,依据专业能力培养目标,通过科学分析行业领域及岗位能力需求,确定技能训练项目以及对应的教学内容,明确所需掌握的相关知识、技能、素质和能力等。

对课程设计三个层次的评价主要由职业学校、企业人员和课程专家共同实施。第一,评价职业教育课程目标设计。职业教育是一种为社会提供服务的教育,它要培养的是在一线工作的高素质的劳动人才与专业人才,因此,它的课程目标要与社会和企业的需求相匹配。第二,评价职业教育课程结构设计。目前,我国职业学校的课程大多是按照模块化、集群式的结构展开的。课程结构的合理建构需要满足学生的切实需求,密切联系社会企业的需求,体现职业教育课程的设置特点,科学分配理论课与实践课占比。第三,评价职业教育课程内容设计。不同于普通教育课程内容,职业教育课程内容指向职业生活和职业能力培养,以技术性知识为主。因此,职业课程内容的选择关系着职业教育人才的培养质量,是评价中尤为重要的环节。职业教育课程内容设计评价主要考察课程内容与培养目标的契合度、课程内容与社会发展的适切度，以及课程内容组织的合理性。

（三）职业教育课程实施评价

课程实施评价是基于一定的教育观念，对教学活动进行价值判断的过程，也叫教学评价。课程实施是教育改革实践的中心环节，直接影响着课程改革的发展进程，实施评价是促进课程发展的自身需求。职业教育课程实施评价的开展有助于教师了解教学状况，把握教学方向，改进教学方法，提高教学水平，有助于职业学校的各项管理工作向科学化方向发展，为提高学校办学水平提供依据，有助于发现问题、解决问题，提升职业学校发展的内在驱动力，为改革和发展职业教育创造条件。

学生是课程实施的直接载体，能直接快速感受课程实施状况，因此职业教育课程实施评价的主体是学生，同时也需要职业学校、企业人员和课程专家等共同参与。课程实施评价内容主要包括教学方法、教学设计、教学管理以及教学组织状况。①课程实施阶段是一个可测量的、动态性的过程，因此要灵活选择评价方法，量化为主、质性为辅。教师要对学生在学习过程中所获得的知识、技能或应用能力等进行评价，具体包括学习目标是否达成，知识与技能是否达到教学大纲所规定的要求，教学设计方案及教师的教学方法是否达到教学目标等。教师要通过学生自评、互评等方式评价学生的学习成绩，特别是要关注学生对学习过程中所发生的问题及解决问题方法与策略的思考、总结与运用等。在进行评价之后，根据反馈结果对教学活动进行调整与改进，提升教学水平与教学活动的质量，从而促进课程持续不断改进。

（四）职业教育课程实施效果评价

课程实施效果评价是对教学的效果进行检测和评定，通过客观的方式反映学生在教学过程中的学习结果和进步程度，是学校或教师了解教学效果的一种最常用、最便捷的方式。通过对教学效果的评价，可以了解学生是否达到了学习目标，学生是否获得了进步，教师是否提高了自己。课程实施效果评价也是一个动态性的过程，渗透于整个教育教学活动之中。课程实

---

① 於实，凌寿铨，陈珂. 基于实践导向的高职课程评价体系的构建[J]. 职教论坛，2012(23)：60-64.

施效果主要是从学生能力的变化中体现出来的,因此课程实施效果评价主要是针对学生进行的评价。职业教育培养目标要反映出职业导向性、知识针对性等特点,所以在对学生进行评价时要结合培养目标。

课程实施效果评价主体由学生、教师、学校、企业和社会认证机构等组成。重视学生自评,可发挥学生自我认识作用,促进学生成长成才;企业与社会认证机构参与评价,可推动实施效果具象化。职业教育以学生就业为导向,因此,要重点评价学生的专业知识水平、职业技术技能和就业状况。结合职业教育课程开展的多样性和实践性特征,评价方式也需相应匹配、灵活多样。因此,要采用终结性评价和过程性评价等方式,并结合量化评价和质性评价,在确保评价真实性的同时推动评价落到实处。通过对课程实施效果的评价与反馈,了解课程目标的达成程度,可为职业教育课程改进与发展提供有力的支撑。

三、职业技能大赛评价多维度

职业技能大赛是巩固职业教育类型特色,助力新时代职业教育高质量发展的重要考核项目。职业技能大赛的开展强调了学生的学习过程和技能掌握,突出了对教师教学设计和学生学习过程的考核,凸显了教师教学过程与学生学习过程的一致性;强化了对学生自主学习能力、实践能力和创新精神的考核,强调了教师对学生学习行为的引导;强化了对学生社会责任、人文素养和职业素养等综合素质的考核。值得一提的是,职业技能大赛中不同赛项对知识、技能和职业素养三个维度考查的内容、方式和技术指标不同。

知识维度,主要对学生的岗位认知进行评估,采用上机笔试、面试问答的方式,对学生的理论知识、岗位知识等进行考察。例如,在高职(专科)院校的学前教育专业教育技能赛项中,以选择题和资料分析题的形式,对学生的职业认知、职业道德和思品品质进行了考察。

技能维度,主要是对学生的操作过程、创新设计、才艺表演等方面进行评估,运用观察、测量、批阅等方法,对学生操作表演的规范性、材料工具使用的合理性、测量计算的准确性、产品设计的创新性等方面进行考察。例如,在中等职业学校的焊接技术赛项中,裁判利用视觉检查和射线检查的方式,对学生的焊接作品进行测量打分,以此来考查学生焊接操作的规范性和标准性。

职业素养维度,主要对学生的职业能力(组织管理能力、团结协作能力、沟通交流能力、分析与处理问题能力等)、职业意识(安全规范意识、成本质量意识、节能环保意识等)、职业态度(严谨细致态度、劳动纪律等)以及职业形象(礼仪气质等)等情况进行评估。在全国职业院校技能大赛中,对素质维度的评估主要采用了操作过程观察、面试、问答和知识笔试等方法。例如,在行销技巧比赛中,强调沟通表现、礼仪规范、团队协作;在海关业务能力竞赛中,强调团队合作、时间管理、协调、交流、逻辑思考。

从理论上来看,知识的教学价值是多维的,也就是说,知识除了拥有促进认知发展的价值之外,还拥有情感陶冶的价值,并且与知识的情感体验价值总是相伴的。如果在教学评估中,仅仅注重对知识的记忆、再现和积累,而忽视了对知识的应用、情感精神等方面的考虑,那么就会造成教学的定位偏差,同时也不利于个人的和谐发展。从实践上来看,职业岗位工作不仅仅是一种认知的实践,同时也是一种情感、价值观、态度的实践。因此,学生必须将理论基础、实践能力、理解能力、创新能力和协作能力等知识与素质相结合,更好地满足职业岗位的需求。因此,单纯以一种间接的方式来评价学生对工作岗位的认识,不是科学的评价与预测。在全国职业院校技能大赛中,有许多赛项都是利用模拟的工作环境和实际的工作岗位任务,来维持知识、技能和能力间的一种结构生态,从而达到评估维度的完整性和全面性。①

四、就业质量评价多主体

党的十九大明确提出要提高就业质量和居民收入水平。就业问题一直是党和国家关注的问题,是保障民生利益的重点,是经济发展和社会稳定的基础,是个人价值的体现。何谓就业质量,国内学者已有较为一致的观点,他们认为,就业质量指的是劳动者在从事社会劳动过程中通过与生产资料相结合获得的劳动报酬或经济收入等情况所表现出来的优劣程度。对于职

①张科丽. 全国职业院校技能大赛评价体系研究——以2019年技能大赛为例[J]. 中国高校科技,2020(8):38-41.

业学校毕业生就业质量,本书从四个方面进行了分析,即政府行政职能部门、第三方评价机构、用人单位以及毕业生。

政府行政职能部门。以高职(专科)院校为对象展开评价,评价指标具体包括了办学理念、人才培养模式、教学质量、就业质量四个一级指标以及15个二级指标,其中办学理念包括指导方针、人才培养目标等二级指标;人才培养模式包括工学结合、产教融合人才培养模式等二级指标;教学质量包括公共课教学质量、专业课教学质量、核心课教学质量、拓展课教学质量、毕业设计质量、顶岗实习、升学比率等二级指标;就业质量包括当年学生就业率、当年学生就业对口率、就业平均月薪、自主创业、就业环境等二级指标。

第三方评价机构。从第三方评价机构作为评价主体的角度来看,评价指标具体包括了用人单位反馈、毕业生反馈、社会评价、就业情况等四个一级指标以及13个二级指标,其中用人单位反馈包括学生思想素养、文化素养、职业素养、岗位适应能力、可持续发展能力等二级指标;毕业生反馈包括毕业生对学校的评价等二级指标;社会评价包括学校获得的相关荣誉、家长评价、主管部门评价、行业企业评价等二级指标;就业情况包括离职率、就业率、当年就业对口率等二级指标。

用人单位。用人单位以毕业生作为评价客体,评价指标具体包括思想素养、人文素养、专业素养、职业素养等四个一级指标及16个二级指标,其中思想素养包括思想道德品质评价等二级指标;人文素养包括公共基础知识素质、听说读写能力、英语运用能力、计算机技术运用能力等二级指标;专业素养包括专业知识、实践能力、与从业岗位相适应的身体素质等二级指标;职业素养包括职业意识、职业道德、职业行为习惯、专业动手能力、团队合作意识等二级指标;获奖荣誉包括学生技能大赛获奖、学生文明风采获奖、学校获奖等二级指标。

毕业生。以毕业生作为评价主体,评价一级指标包括就业情况及继续教育情况,其中就业情况包括就业率、对口率、就业平均月薪、自主创业、离职率等二级指标;继续教育情况包括升学比率等二级指标。

职业教育的发展始终要以社会需求和人的发展需求为导向,不断调整人才培养及各项管理措施,不断完善评价指标体系,以提高评价的有效性,实现职业教育与社会的协同发展。通过构建一套有效的现代职业教育质量评价体系，并进一步完善学校的教学监控与保障制度，充分发挥"以评促改、以评促建"效能，能为职业学校人才培养提供科学的决策依据，促进职业教育资源整合，是提升现代职业教育质量的前提和基础。

第九章　展　望

本科层次是职业教育专本研衔接的主体,既对高等职业教育起着引领作用,又为研究生层次教育输送具有高层次知识与技能的生源,承担着促进中等职业教育、高等职业教育与专位学位研究生教育纵向贯通、有机衔接的功能,是现代职业教育体系的重要组成部分,是为经济社会发展输送高层次技术技能人才的主要力量,是实现职业教育现代化的关键。尽管本科层次职业教育发展起步较晚,数量不多,但其地位与作用要求保证专业人才培养质量,保持职业教育办学方向不变、培养模式不变、特色发展不变,稳步发展本科层次职业教育是现代职业教育体系建设的重要任务。2021年4月,全国职业教育大会创造性地提出了"建设技能型社会"的理念和战略,提出以技能形成体系为基础,以职业教育为手段,最终形成"国家重视技能、社会崇尚技能、人人学习技能、人人拥有技能"的社会氛围。同年10月,中共中央办公厅、国务院办公厅在《关于推动现代职业教育高质量发展的意见》中,将"建设技能型社会"作为推动现代职业教育高质量发展的总体要求和主要目标之一。这既是职业教育对于经济社会发展作用的一种彰显,也是人们深化对职业教育规律与经济社会紧密联系的认识的一种表现。2022年12月,中共中央办公厅、国务院办公厅印发《关于深化现代职业教育体系建设改革的意见》指出,要深化职业教育供给侧结构性改革,建立健全多形式衔接、多通道成长、可持续发展的梯度职业教育和培训体系,推动职普协调发展、相互融通,让不同禀赋和需要的学生能够多次选择、多样化成才。职业教育专本研衔接既是现代职业教育体系改革建设的一种类型教育模式探索,又是拓宽学生成长成才通道,培养大批满足经济社会发展需要的高层次技术技能人才的一种重要路径,并服务现代职业教育体系、全民终身学习和技能型社会建设。

第一节　高质量现代职业教育与技能型社会建设

　　黄炎培于 1925 年在《提出大职业教育主义征求同志意见》中提出："只从职业学校做工夫，不能发达职业教育；只从教育界做工夫，不能发达职业教育；只从农工商职业界做工夫，不能发达职业教育。"职业教育实质上是满足特定职业技能需求的跨界教育，一方面，职业学校人才培养不能脱离企业，企业应深度参与技能形成全过程；另一方面，职业教育本身就是技能型社会建设体系的一部分，如果社会整体建设不好，农工商业便不会发达，职业教育就更难发达，所以技能形成不仅是教育问题，而且是社会问题。黄炎培大职业教育主义思想给我们带来的启示是技能型社会建设的本质是通过发展高质量的职业教育来有效促进技能的形成。

　　现代职业教育在服务技能型社会建设的国家战略中实现高质量发展。技能型社会通过增加技能多元化形成路径，使劳动者得以从初级劳动市场进入次级劳动市场，从而有机会接受职业教育和培训，得到工匠精神的熏陶。与此同时，现代职业教育面向不同群体、服务不同产业及产业链条，将培养大国工匠、能工巧匠和大批高层次技术技能人才作为办学目标，成为技能多元化形成路径中不可或缺的一环，推动加速建设人人崇尚技能、人人学习技能、人人拥有技能的技能型社会，营造出现代职业教育高质量发展、可持续发展的良好社会环境，彻底改变职业教育是低层次教育、二流教育的陈旧观念。

　　技能型社会在现代职业教育高质量发展中得以构建。改革开放以来，中国已经建成的职业教育体系是世界上规模最大的，在传授学生必要技术技能的同时，也在培养学生吃苦耐劳、艰苦奋斗的优良作风，从而形成劳动光荣的社会风尚和精益求精的工作风气。但从受教育主体出发，面向社会人士的职业再教育和职业培训在规模、质量上仍存在明显不足。现代职业教育高质量发展必然会扩大职业教育社会覆盖面，营造人人学习技能的社会环境。此外，随着职业再教育和职业培训途径及形式的丰富，现代职业教育终身体系逐渐形成,大量短期化、碎片化、灵活化、多元化的项目产生,社会各个年龄段的劳动者都可以持续学习技能、终身学习技能,真正实现人人拥有技能。

一、职业教育供给侧结构性改革

21世纪后,产业结构调整构成了我国产业发展政策的核心内容,"互联网+"行动计划及智慧生态发展理念的实施使我国从人力资源大国迈向人力资源强国。配第一克拉克定理中产业结构演变规律表明,产业升级主要表现为第三产业比重增加、高新技术产业比重增加、高技术技能人才增加。目前,我国产业结构中第三产业占比最大,第二产业次之,第一产业比重最小。随着产业结构的优化和升级,新一轮科技革命和产业变革兴起,各大产业相互渗透,智能制造、分享经济、数字经济等新业态不断涌现,促使生产方式、生产过程和生产组织形式发生变革,对技术技能人才提出了更高要求。

以制造业为例,目前全球主要发达国家均提出了智能制造发展战略计划,例如,德国工业革命4.0、美国工业互联网发展计划、法国未来工业计划等等。2015年起,我国陆续发布了《中国制造2025》《智能制造发展规划(2016—2020年)》《国家智能制造标准体系建设指南》《关于深化新一代信息技术与制造业融合发展的指导意见》《关于支持新业态新模式健康发展激活消费市场带动扩大就业的意见》等文件,支持制造业向智能制造全面升级。智能制造的创新场景、融合技术、丰富协同对传统制造业的高层次技术技能人才提出了更高要求。智能制造领域的高层次技术技能人才往往需要具备数字技术与生产制造的跨领域知识,能够与机器或数字化工具协同工作。人力资源和社会保障部相关数据显示,截至2021年初,我国高水平技能型人才大约为0.58亿人,占全国技能型人才总量的30%,高层次技术技能人才培育工作取得突出成效。[①]但从整个经济社会发展需求来看,高层次技术技能人才在总量、结构以及质量等方面仍存在较大缺口,一线制造业企业的高层次技术技能人才缺乏已经成为制约中国制造转型的重要因素。

从高层次技术技能人才的总量来看,据教育部、人力资源和社会保障

---

①张奕,朱泽东. 技能型社会建设背景下职业教育高质量发展审思[J]. 职业技术教育,2022,43(16):34-39.

部、工业和信息化部发布的《制造业人才发展规划指南》,中国制造业10大重点领域2020年的人才缺口超过1900万人,2025年将接近3000万人,缺口率高达48%。2022年4月,人力资源和社会保障部公布的《2022年第一季度全国招聘大于求职"最缺工"的100个职业排行》显示,近70个生产制造业、服务业直接相关的职业面临"用工荒"问题。从高层次技术技能人才的结构来看,王佳、盛立强根据《中国劳动统计年鉴》和《中国人口和就业统计年鉴》整理了2011—2019年全国19个行业就业人数中中高职学历的占比,以此表征不同行业对高层次技术技能人才的需求程度(见表9-1)。

表9-1 国民经济行业分类与高职(专科)院校招生大类的匹配及毕业人数占比

国民经济行业分类		高职(专科)院校招生大类	毕业人数占比/%		
			2017年	2018年	2019年
农林牧渔	农林牧渔业	农林牧渔大类	1.6	1.5	1.5
制造	工业(采矿业、制造业、电力、热力等)	制造、材料与能源、生化与药品大类	12.5	13.9	13.0
建筑	建筑业	土建大类;资源开发与测绘大类	8.3	9.6	8.1
交通运输	交通运输、仓储和邮政业	交通运输大类	6.3	5.0	5.6
软件信息	信息传输、软件和信息技术服务业	电子信息大类	12.3	9.2	10.4
教育文化	教育;文化、体育和娱乐业;科学研究、技术服务业	文化教育大类;艺术设计传媒大类	21.0	21.5	22.7
公共事业	居民服务和其他服务业;卫生和社会工作;公共管理、社会保障和社会组织	公共事业大类;公安大类;法律大类;医药卫生大类	14.3	13.7	14.5
水利环保	水利、环境和公共设施管理业	环保、气象与安全大类	0.4	0.4	0.4
餐饮旅游	住宿和餐饮业	旅游大类	3.1	2.9	2.9
财经商贸	金融业;房地产业;租赁和商业服务业;批发和零售业	财经大类;轻纺食品大类	20.1	22.3	20.8

来源:王佳,盛立强.我国高技能人才供需结构的产业差异性及协调性分析[J].教育与职业,2021(11):35-41.

　　调查发现,全国高职(专科)院校毕业生中文化教育大类和财经商贸大类占比最高,而传统吸纳高职(专科)院校毕业生最多的制造类、建筑类、运输类等行业比例下降明显,呈现负增长趋势,与制造业高端化、精细化发展趋势不相协调。从高层次技术技能人才的质量来看,智能制造属于前沿性新领域,旨在应用新技术解决庞杂的实际场景问题,需要大量能够进行独立工作的中高层次技术技能人员,仅依靠单一的中等或专科层次职业教育难以满足这一需要。[①]智能制造更注重复合型人才的培养,一方面,需要跨专业的复合型人才;另一方面,需要自学能力与创新能力强的复合型人才。[②]

　　面对百年未有之大变局,为适应新一轮科技革命和产业变革对高层次技术技能人才的需求,职业教育需要深化技能供给侧结构性改革。一方面,要优化职业学校布局与专业布局,围绕国家重大战略与区域经济社会发展,紧跟产业人才需求变化动态,优先发展先进制造业、新能源、新材料、人工智能、现代农业、现代服务业等产业所需的一批新兴专业,加快建设学前、护理、康养等紧缺专业,淘汰供给过剩、就业率不高的专业。了解技能人才市场准入要求,明确人才培养规格与定位,吸引优质企业参与职业教育人才培养,深化产教融合、校企合作,提高专业与产业的适配度,推动职业教育与普通教育横向融通、纵向贯通的现代职业教育体系建设,不断提升职业教育人才培养的适应性与精准性;另一方面,多种形式大力发展高层次职业教育,培养更多高素质、高层次技术技能人才、大国工匠与能工巧匠,发挥职业学校在技能型社会建设中的主体作用。目前本科层次职业教育发展已进入快车道,国家与省级层面在政策上对中长期本科层次职业教育规模有一定的规划。职业教育专本研衔接可拓宽本科层次职业教育甚至研究生教育层次发展的通道,推动高水平本科学校参与职业教育改革,推进职普融通、协调发展。

---

　　①何文明,毕树沙. 畅通我国技术技能人才成长通道的现实路径[J]. 中国职业技术教育,2021(2):59-62.

　　②王利改. 高职人才培养与"中国制造2025"环境下人才需求特点的融合分析[J]. 河北职业教育,2018,2(3):38-41.

二、高层次技术技能人才培养的问题

技术技能人才是技能型社会建设的主体力量，也是支撑现代职业教育高质量发展的重要力量。长久以来，职业教育为我国以制造业和服务业为主的现代产业培养输送了数以亿计的高素养劳动者和高层次技术技能人才。智能制造生产技术的变革通过影响技术技能人才的职业能力间接影响了职业教育人才培养模式的变更。当前，职业教育对高层次技术技能人才的培养不论从标准还是从路径出发都难以满足智能制造发展的需求。一方面，职业学校与企业的人才供求关系存在结构性失衡，职业教育培养出来的低层次、单一技能结构的人才过剩，企业需要的高层次、复合性技术技能人才却存在巨大的缺口；另一方面，职业学校培养的技术技能滞后于产业技术的发展，数字化技能教授尚存在大量问题，高层次技术技能人才培养模式急需革新。

在培养目标方面，首要问题是缺乏引领性。大部分职业学校制定的高层次技术技能人才培养目标只能反映当年产业的需求情况，而培养目标的实现与培养目标的制定存在3—7年的时间跨度，很难保障人才培养周期结束时，原定的培养目标还具有先进性。这要求职业学校在制定高层次技术技能人才培养目标时强调原理知识的学习和核心素养的培养，实现人才知识与技能的动态适应性变更。

在课程体系方面，高等职业教育和中高贯通培养模式课程主要包括公共必修课、专业必修课、限定选修课以及独立的实践教学课程。落实到具体学校层面，高等职业教育和中高贯通培养模式下课程结构相对较为灵活，不同学校会根据其人才培养的目标定位，制定个性化的课程结构，但是课程内容却参差不齐。大多数高职（专科）院校缺乏对区域高层次技术技能人才需求的深入调查研究，盲目模仿其他学校的专业和课程设计，没有将智能化环境下的复杂要素环境纳入课程实训模拟，对课程内容的开发严重滞后于真实工作情景。智能化时代所需的高层次技术技能人才不是在某一个学段或者短期培训培养出来的，而是需要多个学段相互衔接，进行系统化培养。目前，职业学校不同层次课程衔接非常薄弱，只有一体化规划不同教育层次的课程内容才能实现高层次技术技能人才培养的可持续性,实现知识与技能的持续积累。课程体系应围绕人才培养目标进行整体规划,不能仅仅把各个学段机械地衔接起来,也不能仅仅是对重复的课程进行整合,而是要围绕统一的人才培养目标,根据所建立的技术技能人才职业能力标准系统地进行课程体系规划,使各学段既在人才能力的培养上有所侧重,又能实现人才能力的持续提高与系统构建。

在教学模式方面,项目教学已经成为各职业学校的主要教学模式,但仍存在认知和操作误区。有些职业学校在开展项目教学时仅仅将教材的章、节替换成项目、任务,浮于表面、形式,程序化地开展项目教学。虽然按照项目教学的步骤开展,但在教学过程中缺少学生主动学习的行为,缺乏深度的学习体验,知识和技能没有得到内化。另一问题则是在开展项目教学时将工作任务简化为单一技能,与真实世界复杂、开放的工作相比,课程实训模拟时的工作过程被简单切割为局部操作技能,缺乏完整规划和设计,使学生无法处于复杂情境进行知识技能的判断和应用。

三、技能型社会的技能生态系统建设

从产业升级对高层次技术技能人才的需求分析和目前高层次技术技能人才培养存在的问题中均可以发现,现阶段我国劳动力市场中存在技能供求不均衡现象,技能短缺问题严重。对技能短缺的治理不能只依靠职业教育和培训政策的调整,要有完备的现代职业教育体系和革新国家技能形成体制,包括重建企业治理机制与社会保障和职业教育培训的协调关系。通过对地方政府产业政策、社会保障政策和职业教育培训政策的整合加快构建面向全体人民、贯穿全生命周期、服务全产业链的现代职业教育体系,形成包括教育链、人才链、产业链、创新链的技能生态系统,构建"国家重视技能、社会崇尚技能、人人学习技能、人人拥有技能"的技能环境,为全面建设社会主义现代化国家提供有力的技能和人才支撑。

生态系统概念最早由英国植物生态学家坦斯利在19世纪初提出,随着应用研究的不断深入,逐渐扩展到人类社会经济领域。[①]芬格尔特最早对技

---

①李援越,吴国蔚.高技能人才生态系统相关研究[J].经济经纬,2010(1):81-84.

能生态系统展开研究，认为高技能生态系统和自然生态系统之间存在着触发发展的催化剂、教育机构供应的持续性营养、友好的支持性环境和通过合作达成深层次相互依存关系等四大要素。澳大利亚基于芬格尔特的研究，将技能生态系统的应用环境拓展到了低技能环境，同时澳大利亚职业教育与培训委员会资助成立了技能生态系统国家项目，旨在通过项目试点、经验归纳、质量提升，推动国家层面职业教育与培训的技能生态系统建设。[①]

技能生态系统是一个多主体协调、动态开放、自适应的整体。对区域集群的研究表明，创新和竞争力在组织集群协同工作时会增强。政府、行业产业、学校和个体等参与主体在技能生态系统中承担着相应责任，在每一个环节表达观点，在合作竞争中提高效率、刺激创新。在发展过程中，多方主体相互交流关于行业需求和技能供应的及时、准确信息，使人才需求和技能供应达到高度适应、协调和统一的动态开放状态，共同参与技能生态系统建设。在教学实践方面，技能生态系统中的学习任务均来源于现实社会中所出现的问题。学习者在互帮互助的学习模式下将所学知识按照一定的思路与方法灵活应用于实践中，加快熟练掌握速度和程度。与此同时，互联网的冲击促使不少新技术、新理念、新名词出现在工作中，学习任务涉及的范围不断拓宽，这就需要学习者借助网络这一媒介自学部分知识，在工作中不断学习，打下终身学习的基础。除此之外，一些成功的试点项目能够为整个技能生态系统提供成熟的制度或政策，既有利于技能生态系统的自我运转，达到需求、供应、应用和发展的平衡，也能为其他项目提供成功经验。

在我国，技能形成模式依据培养主体的不同可分为学校技能形成模式、企业技能形成模式、校企合作模式。[②]各培养主体之间相对独立，虽有部分校企合作模式成功的实践，但仍存在企业参与不积极、校企合作不稳定等问题。而高层次技术技能在技能生态系统中需要通过一系列机制（如劳动力发展战略、工作结构、创新工作环境和职业发展）得到应用和发展。这要求技能生态系统发挥的作用不仅局限于提供简单的规划设计方案，更要求以

---

①刘辉,陶凤云. 构建技能生态系统:澳大利亚职业教育与培训改革的新趋势[J]. 教育发展研究,2010,30(11):45-50.

②祁占勇,宋宇. 澳大利亚技能生态系统:背景、内容与特征[J]. 职教论坛,2022,38(3):118-128.

高质量建设现代职业教育体系为着力点,推进产教深度融合,提高职业教育系统、政府、行业、企业集群合作的能力。政产学多元主体根据现阶段实际发展状况,经过细致、全面的调查研究和充分交流协商后提出阶段发展方案,强化法律和制度保障,积极输出塑造崇尚技能的价值观,拓宽个人学习技能的途径,营造良好氛围,实现技能生态系统的持久变革和健康发展,最终建成技能型社会。

第二节 高层次职业教育与现代职业教育体系建设

一个国家的现代化产业发展和社会经济水平提高,与健全的职业教育体系密切相关。当前我国职业教育体系与世界先进国家相比还有很大的差距,纵向贯通人才成长通道的中职、高职、本科、研究生等职业教育层次需要完善,横向搭建人才培养立交桥的职业教育与普通教育协同需要深入。我国已经建成世界上最大规模的教育体系,相对普通教育而言,职业教育体系的"天花板"仍然存在,特别是本科层次职业教育刚刚起步,学校数量、在校生规模、办学质量与发展水平都有较大差距,高层次职业教育在推动职业教育体系转型升级方面的效果还未呈现。在我国经济从高速发展阶段过渡到高质量发展阶段,产业结构进一步优化调整和升级的时期,职业教育是与经济发展关系最为紧密的一种教育类型,应顺应时代要求加快发展本科及以上高层次职业教育,完善现代职业教育体系,培养产业升级需要的高层次技术技能人才。

一、本科及以上层次职业教育发展困境

2014年6月,《关于加快发展现代职业教育的决定》中明确指出,今后我国将探索发展本科层次职业教育,构建中职、高职、本科、研究生一体的现代职业教育体系。2019年1月,《国家职业教育改革实施方案》提出开展本科层次职业教育试点。2022年4月,修订通过的《职业教育法》更是以法律形式明确指出要设立实施本科及以上层次教育的高等职业学校。开展本科层

次职业教育试点是推动我国现代职业教育高质量发展的关键环节,是提升职业教育社会地位的必经之路。自我国开展本科层次职业教育试点三年以来,全国已有32所本科层次职业学校、60余个本科层次职业教育试点专业开始招生,近13万名学生接受了本科层次职业教育,形成了以专业大类、专业类和专业组成的三级专业结构体系。①然而,针对我国现实状况而言,本科及以上层次职业教育还是一个新生事物。

在理论层面,本科及以上层次职业教育依然面临办学理念转变困难、人才培养定位不清、内涵建设支撑不足等困境。我国高等职业教育长期囿于专科层次,对于本科层次职业教育开展的理论研究存在一定的局限性,易于参照普通本科教育和国外职业技术大学的理论研究进行。在高等教育的研究框架下,学界对高等职业教育的层次结构和形式结构进行了分析,指出我国高等教育存在层次结构偏低、办学类型定位不清晰等问题。2014年,国家提出本科及以上层次职业教育发展规划后,本科层次职业教育的相关研究增加,主要针对其内涵、定位等进行阐述,但仍较为模糊。2019年出台的《国家职业教育改革实施方案》虽然真正拉开了本科及以上层次职业教育大发展的序幕,在理论上加快了对职业教育类型属性的建构,但是相关支持政策中并未提到具体的工作细则和保障措施,本科及以上层次职业教育的建设工作面临资金短缺、工作推诿的风险,最终影响其进展。

在实践层面,本科及以上层次职业教育相应的法律制度保障依然缺乏,学位制度、招生制度和评价制度仍不完善,办学质量保障机制和专本研衔接机制尚未建立。2019年,教育部针对高等职业教育层次低、没有升学渠道的问题,允许部分民办高职(专科)院校升格为本科层次职业学校,甚至开设专业硕士学位试点。但目前我国本科层次职业教育试点学校仅有32所,其中一所由独立学院转设,九所由独立学院与高职(专科)院校合并转设,本科及以上层次职业教育的相关实践经验较少。相关研究在对实践探索进行具体案例分析时,发现本科及以上层次职业教育的推进遇到转型意愿不强、校企合作困难等问题。此外,由于教育部没有明确本科及以上层次职业教育的办学目标,没有厘清普通本科教育、本科层次职业教育、高等职业教育三者

---

①罗校清,李锡辉. 本科层次职业教育试点现状、困境及推进策略[J]. 教育与职业,2022(13):12-19.

培养目标的异同,在实际办学过程中经常出现学术漂移等现象,人才培养质量较低。调查发现,职业学校毕业生专业对口就业率62%,比学术型学校毕业生专业对口就业率低10%;职业学校毕业生的平均薪酬比学术型学校本科毕业生的平均薪酬低19%,三年后差距扩大到24%。[①]较低的专业对口就业率与回报率直观体现了人才培养效果的不佳,必然导致职业学校招生困难。

本科以及上层次职业教育从生源到人才培养质量再到人才培养效果都比较差,根本原因是现代职业教育体系中高层次职业教育部分缺失。发展本科及以上层次职业教育是纵向提升职业教育层次、横向促进职普融通,巩固职业教育类型地位,构建现代职业教育体系的内在需要,同时也有利于促进职业教育办学质量、职业教育吸引力及办学效果的提升。

二、完善现代职业教育体系的教育结构

体系建设是加快推进职业教育现代化的基础工程。我国现代职业教育体系是伴随着经济社会转型发展起来的。1985年,中共中央发布的《关于教育体制改革的决定》中提出,要逐步建立职业教育体系,对职业教育体系的层次结构、职业教育与其他教育形式的关系、职业教育与经济社会发展的关系进行了规定。1996年,《职业教育法》出台,从法律层面提出构建职业教育体系,这是首次在国家文件中使用"职业教育体系"这一概念。2002年,国务院颁布《关于大力推进职业教育改革与发展的决定》,首次提出要构建现代职业教育体系。2010年以来,伴随着经济社会发展进入新常态,产业结构升级转型对高层次技术技能人才及复合型人才的需求不断提升,现代职业教育体系进入大发展时期。2010年颁布的《国家中长期教育改革和发展规划纲要(2010—2020年)》从顶层设计上实现了职业教育体系与普通教育体系的纵向完整、横向无缝对接。2014年出台的《关于加快发展现代职业教育的决定》和《现代职业教育体系建设规划(2014—2020年)》两份文件标志着现代职业教育体系设计基本完成。

虽然在理论层面上已经明确职业教育作为一种教育类型,应贯通中职、

---

①王艳梅,徐明祥. 技能转型下地方本科院校开展本科职业教育的困境与解决策略——基于麦肯锡全球研究院《中国的技能转型》报告的解读[J]. 成人教育,2022,42(4):72-78.

高职、本科到研究生层次的教育体系，但是，这仅仅代表我国现代职业教育体系静态层面的层次及类型结构基本确立。从动态层面可以发现，现代职业教育体系在运行过程中仍然存在较多问题，如各级各类教育之间的沟通、衔接机制并不畅通，无法实现学习者在不同层次、类型教育之间的自由转换等。①此外，产教融合、校企合作还处于浅层次，企业在发展职业教育、培养技能人才方面未发挥出应有的作用，造成专业设置与产业需求、教学过程与生产过程不能形成有效对接，职业学校的专业设置滞后于产业发展对人才的需求。由于传统升学观和择业观的影响，社会上一直存在重普教轻职教现象，加之生产、建设、服务一线的劳动者工作环境较差、劳动强度较大、劳动报酬较低等问题，家长不同意报考、学生不愿意就读、企事业单位不愿意聘用，进一步阻碍职业教育体系现代化进程。职业教育是国民教育体系与人力资源开发的重要组成部分，完善现代职业教育体系需要从学科专业结构、人才培养结构改革切入，推动职业教育高质量发展，从而促进不同类型教育配套衔接，实现教育结构整体优化。一方面，完善现代职业教育体系要以类型观为指导，从层次结构、类型结构和专业结构三个静态层面展开构建。首先，要实现现代职业教育体系结构的完整，尤其是本科及以上层次职业教育结构的完整。现代职业教育体系的层次结构包括初等职业教育、中等职业教育、高等职业教育，其中高等职业教育体系包括专科教育、本科层次职业教育、专业学位研究生教育，并且要建立与普通教育学历制度体系相对应的职业教育学历制度体系。这是从静态层面确保实现职业教育与普通教育等值的基础和前提。其次，要持续完善现代职业教育体系的类型结构。党的十九大报告对于职业教育论述的一个重要变化就是官方文件中出现"职业教育与培训"。职业教育的界定应从广义的大职业教育观角度理解，即职业教育是一种包括职业教育与培训体系在内的阶层、类型完善的类型教育。因此，现代职业教育体系也应该包括职业启蒙教育、职前教育与职后培训。最后，职业教育与普通教育的最大区别是其独有的职业性，现代职业教育专业结构的完善与否直接决定了职业教育与经济社会发展的联系程度。目前我国处于经济社会转型阶段，不同区域经济发展差距较大，更要求

---

① 朱新生，闫智勇. 中等和高等职业教育有效衔接机制研究[M]. 南京：江苏教育出版社，2014.

现代职业教育通过产教深度融合紧密联系不同区域发展需求进行专业设置,确保高层次技术技能人才的供需平衡。

另一方面,要借鉴发达国家的成功经验,借助国家资格框架制度,打通学历制度体系和资格制度体系,从动态层面促进现代职业教育体系的完善。近年来,我国对职业教育资格框架的试点实践在统筹进行中。2016年印发的《中华人民共和国国民经济和社会发展第十三个五年规划纲要》中明确提出构建国家资格框架,并将其列入我国建设终身教育制度的关键任务。部分地区、机构通过试点项目也开始进行局部、有益的实践尝试,如广东省终身教育学分银行、开放大学学习成果框架等。但目前相关试点工作的推进并不顺利,更多关注认证工作,而对各类资格互转互通的实践探索较少,且尚未在国家层面建立起统一、完整的职业教育资格框架。但是,我国对职业教育资格框架的构建并不是完全的重构,普通教育、职业教育和培训、高等教育等领域内部已各自形成了较为清晰的资格框架,只是彼此之间缺乏沟通和联系的桥梁。因此,在构建职业教育资格框架前,首先要建成职业资格标准体系,为各教育及培训职业资格之间的沟通衔接提供通道。从横向维度来看,国际上多数国家普遍采用"知识、技能、能力"三维分法。其优势在于关注并聚焦学习成果的内部组成要素,在术语表达和内涵理解方面实现统一,体现了明确的学习成果导向。采用"知识、技能、能力"三维分法既便于实现我国职业教育资格框架与国际对接,也有利于与国内现有各领域的资格框架融合。从纵向维度来看,要坚持学习成果导向,厘清学习成果的内部结构和发展过程,以学习成果的垂直变化为主线,充分体现各层级职业资格的复杂程度和各层级间的衔接递进关系。此外,职业教育资格框架制度得以运转的核心在于各类学习成果的认证与转换。因此,构建职业教育资格框架不仅要开发统一标准,而且要实现职业资格在框架体系中的互认互通。从国际趋势来看,建立学分认证机制,以学分作为连接各类教育的中介是各国资格框架良好运转的关键。我国应依据职业资格标准制定通用学分标准,将不同类型的学习成果所蕴含的知识、技能与能力和资历等级对应,为其积累、互认、衔接奠定基础,为加快构建纵向贯通、横向融通的现代职业教育体系提供相关配套制度支持。

三、建立专本研纵向贯通的学科专业体系

学科专业是高等教育的核心支柱，具有战略性、基础性、先导性。专本研衔接是职业教育人才贯通培养体系建设的中枢，也是影响专本研贯通培养机制建设的关键性因素。[①]2019年以来，教育部先后批准建立22所本科层次职业教育学校、九所独立学院与高职（专科）院校合并转设，以及一所独立学院转设本科层次职业学校，最终组织专家论证，形成16个专业大类和80个试点专业。2020年，又对职业教育专业目录进行一体化修订。2021年1月，颁布了《本科层次职业教育专业设置管理办法（试行）》。2022年9月，教育部发布新版《职业教育专业简介》，覆盖新版专业目录全部19个专业大类、97个专业类的1349个专业。其中，中等职业教育358个，高等职业教育专科744个，高等职业教育本科247个，但是与专业学位研究生层次衔接不畅。长期以来，我国职业教育和普通教育在专业建设层面缺乏交集，本科层次职业教育专业建设直到2019年才得到重视，更遑论专业学位研究生教育专业建设。这种办学实践与办学要求之间的矛盾客观上造成了专本研学科专业体系衔接不畅，阻碍专本研贯通培养机制的构建。

当今世界新一轮科技革命和产业变革方兴未艾，行业产业人才需求发生深刻变化，新生学科专业需求不断涌现，存在固化、细化倾向的学科专业设置，对知识创新和经济社会发展需求的回应不够及时。学科专业目录作为学科专业的制度性呈现，为规模化培养人才、学科专业建设、培养质量评价、学位授予和学位授权审核等工作提供了基本依据。但是现有的职业教育学科专业目录最高仅涵盖了本科层次职业教育，专业学位研究生层次教育的学科专业直接关系到高层次技术技能人才供给的基本结构和类型，但其地位不够凸显，类别、层次还需要完善。2020年，教育部进一步对职业教育学科专业目录进行一体化修订，同年9月14日，国务院学位委员会、教育部印发了《研究生教育学科专业目录（2022年）》和《研究生教育学科专业目录管理办法》，明确学术学位与专业学位并重，改变过去专业学位类别目录以附表形式呈现的方式，将主要知识基础相近的一级学科和专业学位类别

[①]李坤宏. 类型教育视域下职业教育人才贯通培养的原则、问题及路径[J]. 教育与职业，2022（2）：13-20.

统筹归入相应学科门类,进一步强化了高层次技术技能人才的培养。

人才培养目标和教学标准的统一是专本研教学体系贯通的前提。但是现阶段我国专本研人才培养目标和教学标准割裂问题较为严重,学界对高等职业教育、本科层次职业教育和专业学位研究生教育的人才培养目标尚未达成完全共识。而且,由于缺乏国家的宏观统筹指导,不同层次学校对人才培养目标进行定位时出现不同程度的差异化解读,造成专本研人才培养目标错位。在此基础上,不同层次学校根据自身对区域行业、产业发展状况的了解来规划专业,按照各自的专业建设模式进行专业设置,参照原有的教学标准进行教学,造成人才培养在教育功能、教育内容和教育面向等方面都存在明显差异,不同层次课程体系的匹配度较低,远不能满足专本研贯通培养的要求。

现代职业教育体系应该建成从中职、高职、本科到研究生层次的学科专业体系。围绕党中央国务院决策部署、国家发展和区域经济需求,学科专业设置应与产业链、创新链、人才链紧密衔接。根据学科专业的基本规律,坚持需求导向,对培养目标、师资、课程、教材、评价等进行体系化、规范化调整,形成横向融通、纵向贯通,精准、灵活的学科专业体系,以增强高层次技术技能人才的职业胜任力,支撑行业产业高质量发展。

第三节　职业教育现代化与教育现代化建设

根据《职业教育法》,职业教育的定义是:为了培养高素质技术技能人才,使受教育者具备从事某种职业或者实现职业发展所需要的职业道德、科学文化与专业知识、技术技能等职业综合素质和行动能力而实现的教育,包括职业学校教育和职业培训。国家优化教育结构,科学配置教育资源,在义务教育后的不同阶段因地制宜、统筹推进职业教育与普通教育协调发展。教育现代化的根本目的是实现人的现代化。职业教育是现代教育的重要组成部分,一方面,从职业教育教育性上看,它不仅是一种谋生的技能教育,而且是一个将技能教育与受教育者的个性、兴趣、爱好等方面相结合,最终帮助受教育者实现个体的全面可持续发展的教育,服务于人的全面发展。另一方面,职业教育是与经济社会发展联系最紧密的跨界教育,与普通教育不同的是,职业教育必须立足地方、立足产业,产教融合,校企合作,为支撑地方经济转型和产业升级,扩大中等收入群体,促进高质量发展和共同富裕,提升国家竞争力贡献力量。职业教育现代化,就是从传统的职业教育向现代的职业教育升华的过程,其根本意义在于职业教育的高质量发展,从而形成一种与现代工业发展相契合的新型职业教育形态。职业教育现代化的根本追求是培养适应现代产业和具有全面发展能力的高层次技术技能人才,立足于对高水平、现代化育人模式的探索,注重自上而下的顶层设计和系统实施,解决人才培养过程中长期存在的教师缺乏动力、理念缺乏引领、设计缺乏理论、过程缺乏体系等顽瘴痼疾。①因此,《国家职业教育改革实施方案》指出"没有职业教育现代化就没有教育现代化",在中国教育现代化进程中必然要求不断完善现代职业教育体系,协调规模、结构、质量与效益,全面提升现代化水平,向世界职业教育强国迈进。

一、职业教育现代化与教育现代化的关系

现代化是社会、经济、政治和文化变迁的特定总和,以现代性来表征其社会生活和文化的特定形态。②现代化是工业革命以来人类社会所发生的深刻变化,这种变化包括从传统经济向现代经济、传统社会向现代社会、传统政治向现代政治、传统文明向现代文明等各个方面的转变。2017年1月,国务院颁布了《国家教育事业发展"十三五"规划》,进一步明确加快推进教育现代化是我国"十三五"期间教育发展的重要目标。党的十九大报告提出到2035年基本实现社会主义现代化,到2050年全面建成社会主义现代化强国的两步走重大战略总体部署。2019年2月,中共中央、国务院印发了《中国教育现代化2035》《加快推进教育现代化实施方案(2018—2022年)》两个重要文件,提出到2035年总体实现教育现代化,迈入教育强国行列的总体目标。这一目标表明,教育现代化走在整个国家现代化前面。尽管人们普遍认识到,教育现代化是指伴随着教育现代性不断增长,教育形态不断变迁

---

① 李政. 谋高质量发展为现代化奠基——我国职业教育"十三五"回顾与"十四五"展望[J]. 中国职业技术教育,2021(10):5-10.

② 马蒂内利. 全球现代化:重思现代性事业[M]. 李国武,译. 北京:商务印书馆,2010.

的历史过程,①但是学界对教育现代化的内涵还尚未形成共识。有学者从特征出发,认为教育现代化应该包括教育的生产性和社会性、教育的民主性和公平性、教育的个性和创造性、教育的终身性和全时空性等特征。②另一些学者则以教育现代性来描述教育现代化,认为其实质是教育现代性的增长。但是无论从哪个角度进行阐述,教育现代化都是遵循教育的本质发展规律,与社会、政治、经济同步协调发展的过程。职业教育是与经济社会联系最为紧密的教育类型,现代职业教育本身就是伴随工业化兴起的产物,是建设教育强国、人力资源强国和技能型社会的重要基础,在我国教育现代化进程中,承担着服务国家战略与区域经济社会发展,促进产业升级与服务人民教育的重大责任,职业教育现代化具有极为特殊的地位和作用。没有职业教育现代化就没有教育现代化,职业教育现代化是支撑教育现代化、现代化强国建设的"压舱石"。

从理论角度来看,职业教育是一种直接服务经济发展的特殊类型的教育,③可以被视为教育与经济同步协调发展后的产物,承担着为国家兴旺发达而培养优秀人才的重任。这是任何教育都具有的最原始的本质属性。但是,从现代职业教育研究和发展起源来看,一切的劳动和培训都是以职业的形式在进行。④参加学习的学生获得具体的、实际的技术技能和知识,以便他们能够从事某种职业、某种行业,甚至是特定职业、特定行业。职业教育本质上既不是单纯的学校教育,也不是纯粹的企业培训,而是一种跨界教育。我国职业教育现代化发展是基于消除贫困、全面建成小康社会背景提出来的,这就进一步明确了相比于普通教育,职业教育与经济社会的发展以及其他学科的联系更加密切。因此,职业教育现代化是教育现代化的重要组成部分,是教育面向经济社会发展的必然需要。

从历史发展的角度看,国外对教育现代化的研究往往涉及教育与经济、教育与产业、教育与社会的关系。世界各国实现现代化的进程与程度存在差异,并且在历史、政治、经济、社会以及文化等方面也存在差异。但从各国

①褚宏启.教育现代化的路径[M].北京:教育科学出版社,2005.

②顾明远.试论教育现代化的基本特征[J].教育研究,2012,33(9):4-10,26.

③南海.职业教育的逻辑[M].太原:山西人民出版社,2012.

④姜大源.论职业教育专业的职业属性[J].职业技术教育,2002,23(22):11-12.

发展历程来看,职业教育的发展都是受经济发展过程影响的。世界各国教育现代化、社会化过程中,都把大力推进和发展职业教看作是最直接、最有效、最现实的途径。近代职业教育始于18世纪的工业革命。1747年,法国建立了第一所工程师学校,随后德、法等国家也陆续建立了矿业学校、农学院、技术学院等。这些学校把工作经验变成了需要学习的理论,把学徒们每天所学的东西变成了教室里的课本,把工作任务变成了实用的知识,这就是工业革命的本质。[1]同时,在工业革命的背景下,社会生产技术从手工制作向机器生产过渡,要求劳动者必须掌握一定技术技能和文化知识,助力教育发展。除此之外,随着工厂制度和劳动雇佣体系的确立,生产社会化程度不断提高,分工越来越细、职业越来越多,促使劳动的专业化程度越来越高,倒逼职业教育发展。我国现代职业教育同样是在工业化兴起之后而出现的,最早是洋务运动中兴办的各种新型技术学堂,以"前厂后校"或"前校后厂"等企业办学为开端,拓展到各个实业部门。新中国成立后,专业技术教育取代旧职业教育,以培养技术工人为主,但其规模与质量不高。改革开放后,职业教育发展进入了一个新阶段,以就业为导向。进入新时代,职业教育如何为经济社会发展提供高层次技术技能人才成为职业教育现代化的使命。

综上所述,没有职业教育现代化就没有教育现代化。职业教育现代化很多时候是在经济快速发展的影响下产生的,通过"教育"这一路径,提高劳动者技术技能和知识水平,进一步传承技艺、应用技术和坚持创新,加快促进科学技术技能转化,并将其贯穿到产业中去,从而推动和促进国家现代化和教育现代化进程,全面促进和推动经济社会的健康发展。

二、职业教育现代化之时代适应性

实践证明,职业教育是推动产业转型、区域发展的重要力量。随着新一轮产业变革与科技革命的蓬勃兴起,目前劳动人口的素质、结构还难以适应高端制造业和现代服务业的发展需要。《中华人民共和国国民经济和社会发展第十四个五年规划和2035年远景目标纲要》提出,坚持把发展经济的着力点放在实体经济上,加快推进制造强国、质量强国建设,提升劳动者职业

---

[1]唐智彬. 比较视野中的职业教育现代演进[J]. 河北师范大学学报(教育科学版),2016,18(2):60-65.

适应能力。随着教育现代化和职业教育现代化的深入推进,我国目前职业教育体系存在的问题得以暴露,中等职业教育和高等职业教育发展相对成熟,但本科及以上层次的职业教育目前还处于探索状态。在经济转型、产业升级、核心竞争力提升的多重考验下,我国人才供求的结构性矛盾已经非常突出,高层次技术技能人才奇缺。增强各级职业教育尤其是高层次职业教育适应性,培养更多高层次技术技能人才、能工巧匠、大国工匠是职业教育现代化的新使命与新任务。

党和国家一直高度重视职业教育,尤其是党的十八大以来,习近平总书记从全局高度就"办什么样的职业教育""怎样办职业教育"做出了重要论述,形成了具有中国特色的"一种类型、两个面向、三种精神、四合模式"职业教育理论体系,对推进职业教育现代化、办好人民满意的职业教育、加快建设技能型社会等提供了根本原则。如前所述,现代化已渗透到社会的政治、文化、思想等各个领域,表现出多层次、多阶段的历史过程。中国特色社会主义进入新时代,我国社会主要矛盾已经转化为人民日益增长的美好生活需要和不平衡不充分的发展之间的矛盾,增强职业教育的适应性就是新时代下职业教育走向现代化的必经之路。当前,我国已经初步建立了现代职业教育体系,并以法律形式予以确立,优化职业教育类型定位成为下一步的重点。随着经济社会发展和国家综合竞争力对职业教育提出更高要求,职业教育改革与发展进入了深水区,外部发展环境与内部发展质量呈现出诸多难点与痛点。高鸿将其归纳为五方面:一是区域职业教育发展不均衡,办学规模和人才培养质量参差不齐,全面提升职业教育发展水平的任务十分艰巨。二是质量和规模发展不均衡,规模扩大而质量未提升,不仅无法满足人们对高质量职业教育的期待,也无法适应不断加速的产业升级和经济结构调整下各行各业对技术技能人才越来越迫切的需求。三是人才培养结构体系还不健全,没有建立起以学历教育和培训为主的现代职业教育体系,技术技能人才的成长渠道还不畅通,难以满足学习型社会对多样化、终身化职业教育的需求。四是服务现代化经济体系、支撑经济社会发展的作用还不够强,产教融合还不够深入,科技服务水平不够高。五是社会各界尤其是企业的作用发挥还不够充分,企业重要办学主体作用没有完全发挥,参与办学的积极性不足,社会力量的职业教育参与率低,职业教育办学缺乏活力。推进我国职业教育现代化涉及学校、企业、政府与社会各层面，核心是人才培养质量现代化和服务区域经济社会发展能力现代化。

职业教育是面向人人、面向终身的教育。人才培养质量现代化要求职业教育让每个人成为经济社会发展需要的德智体美劳全面发展的人才，人尽其才，才尽其用，美美与共。目前，尽管本科及以上层次职业教育招生数量偏少，但高等职业教育每年的招生数已占高等教育招生总数的半壁江山。值得关注的是2019年以来每年近100万人的扩招导致高职(专科)院校在校生多元化，全面覆盖了退役军人、下岗职工、农民工等非传统生源群体，如何确保其成为高素质劳动者与技术技能人才，如何为高一级学校输送合格的生源是人才培养的另一个问题。基于2035年职业学校的现代化发展战略目标，要为广大人民群众提供更加灵活多样、更加公平、更加优质的职业教育和培训机会，为我国的现代化建设培养出更多高素质的劳动者和技术技能人才。要达到这一目标，亟须通过职教高考改革衔接中高职，融通普职，强化高技术技能型人才供应链，推进贯通、衔接、融合的现代职业教育体系，特别是高层次技术技能人才。高层次技术技能的现代化人才应掌握三种基本技能：基础技能、可转让技能和专业技能，特别是可转移技能，包括交流、数字能力、问题解决、团队合作、企业家精神等。更为重要的是，树立大职业教育观，以融合发展理念为引领，深入推进产教融合、校企合作、工学结合、知行合一的职业教育发展模式，校企"双元育人"，实现以人为中心的发展，积极适应社会发展，促进产业升级。

三、职业教育现代化发展方向

《中国教育现代化2035》提出了推进教育现代化的总体目标，其中要求职业教育服务能力显著提升，对未来我国职业教育现代化发展做出了宏观指导。这就要求职业教育不仅要通过技能积累、普及教育、技术创新来服务国家的现代化，还要通过职业体验、技能传承和价值传承来推动人的现代化。[1]因此，职业教育现代化主要体现在两个方面：一是职业教育的信息现代化。信息技术变革驱动职业教育在虚拟实训基地、数字化教学资源开发、

---

①吴忠，朱德全. 中国职业教育现代化改革的目标框架与行动路向——《国家职业教育改革实施方案》的现代化蓝图与实践方略[J]. 高校教育管理，2020，14(1)：115-124.

"双师型"教师队伍信息素养提升、大数据信息化管理等方面进行嵌入重构，职业学校办学条件从标准化向现代化迈进。二是职业教育的内涵现代化，涉及发展战略、思想理念和具体改革等。这建立在职业教育作为一种类型教育，与普通教育具有同等重要地位的基础上，需要从顶层设计和底层跟进出发，通过职教高考改革畅通职业教育内部发展通道，强化高层次技术技能人才培养目标，彰显职业教育类型属性。同时，建立学历证书与各类职业技能等级证书并行互通的国家资格框架制度，实现技术技能人才培养质量标准化管理，横向建起职普融通桥梁，增加高层次技术技能人才供应链，推进建成现代职业教育体系。

职业教育现代化对治理格局提出新要求，由单向管理转为多元治理。目前，尽管在政府的相关政策要求和扶持下，行业、企业开始参与职业教育办学，但是由于职业教育长期以来模仿普通教育办学的倾向，"政府—行业—企业—学校"多元协同治理格局并未真正形成。在政策上，针对积极参与校企合作的企业，利用财政、税收、土地、信用等手段进行激励扶持，强化行业、企业办学的主体地位，发挥行业引导、企业参与的重要作用，形成产学政协同共治的治理网络，进一步吸引更多行业、企业参与职业教育办学。与此同时，职业学校以专业群建设为着力点，根据产业链或职业岗位群对相似或相近的专业重新组合，优化专业布局，确定核心专业，以共同利益为纽带，引入政府人员、行业企业专家、课程专家等在课程设置、人才培养、平台建设、师资培养、成果转化等方面组建有序且稳定的利益共同体，通过建立协同治理的长效运行机制，促使多元主体在治理过程中对话协商。

职业教育现代化更是技术技能人才培养的现代化。从职业教育现代化发展目标来看，现代技术技能人才的培养既要有整体的顶层设计，又要重视学生的个性化发展。一方面，以教育部发布的《职业教育专业简介》和《研究生教育学科专业目录（2022年）》为专业设置基础，通过制定人才培养方案、完善课程衔接等方式，优化专业结构与层次，打造专业技能培训、实训平台，实现中职、高职、本科和研究生层次的衔接与课程标准、内容的有机统一。另外，在课程体系结构上，既要考虑科学性，又要考虑灵活性，先分类再分段，先基于专业群与岗位群形成以某一核心职业能力为基础的课程群，再在课程群中设置若干项目群，形成专业模块课程，并在此基础上将模块课程细分为不同水平层，结合"1+X"证书制度和学分银行制度，增强分段培养的灵活性和多元性，为学生提供双证毕业、单证结业、达标转段等多种出口，[①]聚焦学生专业知识体系的构建、技术技能实践逻辑的形成，重视培养学生职业能力和全面发展能力，为其多样化选择、多途径成长搭建"立交桥"，进一步变革国家、社会和个人的学习观念，逐渐营造终身学习和自我驱动学习的社会氛围，为技能型社会建设创造良好环境。

展望中国职业教育的现代化发展进程，我们深刻认识到，在国家经济体制的转型和现代化进程中，对教育特别是职业教育的迫切需求。现代职业教育应打破技术技能人才成长发展的"天花板"，建立健全适应经济社会发展需求，产教深度融合，职业教育与培训并重，普职相互融通，不同层次职业教育有效衔接，服务全民终身学习的现代职业教育体系，培养支撑产业体系、市场体系、收入分配体系、城乡区域发展体系、绿色发展体系、全面开放体系等建设中所需的高层次技术技能人才，为我国加快建设世界重要人才中心和创新高地、顺利实现国家战略目标提供重要支撑；要加大对技术技能人才培养的重视和支持力度，提高技术工人的社会地位、工资待遇等，营造人人皆可成才、人人尽展其才的社会环境，吸纳更多技术技能人才加入职业教育和培训体系，使广大青年能够通过多元、多样的道路成功成才，使职业教育成为扩大我国中等收入群体、实现全体人民共同富裕的重要途径。总而言之，职业教育现代化应优化职业教育类型定位，坚持主动适应与服务社会现代化和经济社会发展的办学方向，坚持"面向人人，面向终身"，坚持培养具有"劳模精神、劳动精神、工匠精神"的高素质劳动者和高层次技术技能人才的培养目标，坚持产教融合、校企合作、工学结合和知行合一的培养模式，以现代职业教育高质量发展促进各级各类教育之间的平衡与协调，实现教育结构整体优化，全面实现教育现代化。

---

①胡慧慧，曹石勇.《中国教育现代化2035》战略背景下职业教育分段培养研究[J]. 教育与职业，2020(18)：45-50.

参考文献

[1] 陈志忠,魏宿玢.论美国高校服务学习理念的思想源流[J].高教探索,2020(11):81-89.

[2] 程舒通,徐从富.本科层次职业教育的价值、困境和策略[J].成人教育,2022,42(6):63-68.

[3] 程天君,陈南.中国教育现代化的百年书写[J].教育研究,2020,41(1):125-135.

[4] 褚宏启.教育现代化的本质与评价——我们需要什么样的教育现代化[J].教育研究,2013,34(11):4-10.

[5] 杜连森.高等职业教育分类考试的功能分析、问题表征及改革建议[J].职教通讯,2022(3):20-26.

[6] 段晓聪,曾绍玮.职业教育助力技能型社会建设的价值内蕴、机制构建与实践路径[J].教育与职业,2022(11):5-12.

[7] 高鸿.加快推进职业教育现代化 迈向职业教育强国[J].教育与职业,2019(9):10-15.

[8] 高毅哲.专业学位研究生教育迈向新征程[N].中国教育报,2020-10-20.

[9] 胡志强,牟伊,朱禹,等.中职应用型本科(3+4)应用化学专业人才衔接培养模式研究[J].化工管理,2022(25):25-27.

[10] 黄朔.高质量发展背景下技能型社会建设的价值基础、内在要求及实现路径[J].教育与职业,2022(9):5-12.

[11] 姜蓓佳,徐坚.构建职教高考制度的动因、意义与行动[J].国家教育行政学院学报,2022(2):54-62.

[12] 金炳雄.欧洲资历框架对我国国家资历框架构建的启示[J].中国职业技术教育,2019(22):76-82.

[13] 李玲玲,张照旭.双重注册课程:美国衔接中学与中学后教育的策略[J].比较教育研究,2017,39(10):20-25,45.

[14] 李胜,徐国庆.职业本科教育发展背景下职业专科教育定位研究[J].中国高教研究,2022(2):102-108.

[15] 李玉静,程宇.美国中等后教育学分转换:政策、制度和保障机制[J].职业技术教育,2015,36(6):11-16.

[16] 李正风,朱洪启,王京春.新时期推进高层次科普人才培养的思考[J].科普研究,2021,16(4):87-91,111.

[17] 李政.职业教育1+X证书制度:背景、定位与试点策略——《国家职业教育改革实施方案》解读[J].职教通讯,2019(3):30-35.

[18] 梁鹤.澳大利亚职业资格框架及其启示[N].光明日报,2016-11-29.

[19] 林焕新.大幅增招博士专业学位研究生[N].中国教育报,2020-10-01.

[20] 刘晓,刘婉昆.扩招百万背景下高职教育发展的挑战与应对[J].教育与职业,2019(14):5-11.

[21] 刘晓,陆宇正.我国职业教育现代化:框架、困境与愿景[J].职业技术教育,2020,41(28):40-45.

[22] 刘艳琴,杨慰萱,黄道主.分流与交流:荷兰学制及对我国职教设计的启示[J].武汉职业技术学院学报,2018,17(2):67-71.

[23] 柳燕,张鑫.中美中高职衔接的比较与启示[J].职教通讯,2016(13):44-50,55.

[24] 马燕.我国本科层次职业教育发展研究[D].天津:天津大学,2015.

[25] 马永红,朱鹏宇,杨雨萌.学位条例实施以来我国硕士研究生培养模式演进——基于三元逻辑的视角[J].学位与研究生教育,2021(9):18-28.

[26] 莫志明.现代职业教育层次衔接模式建设研究[J].教育与职业,2015(7):21-23.

[27] 彭斌柏.用终身教育思想发展职业教育[N].光明日报,2020-06-09.

[28] 沈陆娟.供给侧改革背景下高职专业结构与产业结构的适配分析——

以浙江省为例[J].职业技术教育,2017,38(17):25-30.

[29] 孙琳,李刚,孙鹏.我国职业教育师资队伍类型结构的演变与分类管理逻辑[J].中国职业技术教育,2021(30):65-69,74.

[30] 王春絮,张春明,邵长兰.类型观视域下"专本衔接"高层次技术技能人才培养现状与对策研究[J].中国职业技术教育,2022(13):19-25.

[31] 王贺元,乐传永.论成人教育学分银行制度建设中学分转换体系的构建[J].教育学术月刊,2010(6):92-94.

[32] 王斯迪.学术视角下职业教育类型发展与技能型社会建设——"2021年中国教育科学论坛职业教育论坛"综述[J].职业技术教育,2021,42(33):47-50.

[33] 王晓雪.生源多元化背景下高职院校学生管理工作研究[J].连云港职业技术学院学报,2018,31(1):78-81.

[34] 王英龙,韩金学,张巍,等.幼儿师范类高等专科学校立体化办学模式构建探索[J].陕西学前师范学院学报,2022,38(8):102-110.

[35] 吴扬,谢莉花.德国"双元制"职业教育职业资格考试分析——兼谈对我国"X"证书发展的启示[J].职业技术教育,2021,42(34):66-72.

[36] 徐国庆,石伟平.中高职衔接的课程论研究[J].教育研究,2012,33(5):69-73,78.

[37] 徐国庆.职业教育课程地位的理性思考——基于宏观政策的视角[J].教育研究,2013,34(10):44-49.

[38] 杨磊,朱德全.职业本科教育的"中国模式"探索:基于德国、英国、日本实践经验的启示[J].中国电化教育,2022(8):51-60.

[39] 杨天平,金如意.博洛尼亚进程述论[J].华东师范大学学报(教育科学版),2009,27(1):9-22.

[40] 袁钢,何欣,万青.我国法律博士专业学位的探索与实践——以中国政法大学改革试点工作为例[J].法学教育研究,2021,32(1):74-88.

[41] 张海容.德国职业教育对我院高职教育课程考核模式的启示[J].北京劳动保障职业学院学报,2010,4(3):41-44.

[42] 张开江,苗兴国.现代职教体系下中高本人才贯通培养路径研究[J].教育与教学研究,2022,36(6):81-97.

[43] 张帅.英国专业硕士学位研究生教育研究[D].保定:河北大学,2020.

[44] 张伟远,傅璇卿.试析欧盟构建资历和学分跨国互认终身学习体系的运作[J].中国远程教育(综合版),2013(11):20-26.

[45] 张伟远.国家资历框架的理论基础和模式建构[J].中国职业技术教育,2019(18):28-35,45.

[46] 张小梨.区域职业教育现代化研究[D].天津:天津大学,2020.

[47] 赵晓燕,袁二凯,马建华.高素质技术技能人才贯通培养的现状、问题与对策[J].中国职业技术教育,2021(22):18-24,59.

[48] 郑坚."整合与衔接"理念下的美国职业教育培养模式探析[J].职业技术教育,2013,34(7):77-82.

[49] 周金堂.职业教育改革背景下本科层次职业教育试点工作的观察与思考[J].职业教育研究,2022(5):61-67.

[50] 周丽娟.我国专业学位硕士研究生招生制度改革研究[D].开封:河南大学,2016.

[51] 周庆,桑爱民,高建林."4+3"医学人才培养模式可行性探讨[J].中国高等医学教育,2017(11):17-18.

[52] 朱德全,熊晴.职业教育现代化发展的逻辑理路:价值与路向[J].云南师范大学学报(哲学社会科学版),2021,53(5):103-112.

[53] 朱军,张文忠.基于能力层次结构理论的职业教育中高本贯通教学衔接探究[J].职教论坛,2020,36(8):54-58.

[54] 朱山立,韩玺.类型教育视野下中职学生学业评价的类型意蕴与革新路径[J].教育与职业,2022(17):28-34.

[55] Alexander K,Salmon R G,Alexander F K. Financing Public Schools:Theory,Policy,and Practice[M]. New York:Routledge,2015.

[56] Apling R N. Vocational education:Legislation to reauthorize the Carl D. Perkins Vocational and Applied Technology Education Act[J]. Nutrición Hospitalaria,1998,23(1):529-530.

[57] Blalock L B,Strieter L,Hughes L. The SCANS Skills and Competencies Checklist:An assessment tool for youth work readiness programs[J]. Journal of Youth Development,2006,1(1):89-99.

[58] Broggia R. The Australian qualifications framework and lifelong learning: An educator's perspective[J]. The Studyof Food, Tourism, Hospitality and Events, 2018(2):47–57.

[59] Carl D. Perkins Career and Technical Education Act of 2006[R]. Washington, DC: U.S. Department of Education, 2013.

[60] Carleton D. Landmark Congressional Laws on Education [M]. Westport: Greenwood Publishing Group, 2002.

[61] Crouse J D, Allen J. College course grades for dual enrollment students[J]. Community College Journal ofResearch and Practice, 2013(38):500.

[62] EFA Global Monitoring Report Team. Youth and Skills: Putting Education to Work[R]. Paris: UNESCO, 2012.

[63] Finegold D. Creating self-sustaining, high-skill ecosystems [J]. Oxford Review of Economic Policy, 1999, 15(1):60–81.

[64] Fischer M, Rauner F, Zhao Z. Kompetenzdiagnostik in der Beruflichen Bildung— Methoden zum Erfassen und Entwickeln beruflicher Kompetenz: COMET auf dem Prüfstand [M]. Münster: LIT, 2015.

[65] Gagne R M. Essentials of Learning for Instruction[M]. New York: Holt, Rinehart and Winston, 1974.

[66] Kanny M A. Dual enrollment participation from the student perspective[J]. New Directions for Community Colleges, 2016, 2015 (169):61.

[67] Oliver M. From openness to permeability: Reframing open education in terms of positive liberty in the enactment of academic practices[J]. Learning, Media and Technology, 2015, 40(3):365–384.

[68] Singh M. National Qualifications Frameworks (NQF) and support for alternative transition routes for young people [J]. Vocational Education and Training in Times of Economic Crisis, 2016(24):3–23.

[69] Spöttl G. Permeability between VET and higher education: A way of human resource development[J]. European Journal of Training and Development, 2013, 37(5):454–471.

[70] Stewart B R, Bristow D H. Tech prep programs: The role and essential ele-

ments[J]. Journal of vocational and technical education, 1997, 13(2): 54–69.

[71] Wood R, Johnson C, Blinkhorn S, et al. Boning, Blanching and Backtracking: Assessing Performance in the Workplace [M]. Sheffield: Training Agency, 1989.

[72] Young M. National vocational qualifications in the United Kingdom: Their origins and legacy[J]. Journal of Education and Work, 2011, 24(3–4): 259–282.

[73] Zirkle C. A qualitative analysis of high school levelvocational education in the United States: Three decades of positive change[J]. Vocational Education and Training inTimes of Economic Crisis, 2017(24): 321–337.

后　记

　　本书是由长三角产教融合与职业教育发展研究院职业本科教育研究中心统一规划的"职业本科教育研究丛书"的主要成果之一,也是浙江省高校重大人文社科攻关计划项目"职业教育专本研衔接研究:模式与路径选择"(课题编号:2021GH027)的研究成果,同时得到了浙江工业大学社会科学研究院的项目基金支持。经过两年多的团队集体攻关,本研究得以协同完成。

　　本书由浙江工业大学教育科学与技术学院院长吴向明研究员整体设计,确定写作思路与总框架,并对全书进行了统稿审定。本书共九章,各部分执笔人为:前言,吴向明;第一章,朋腾;第二章,王兴;第三章,吴向明、王兆义;第四章,王兴;第五章,朱心怡;第六章,杜学文、吴向明;第七章,赵磊;第八章,刘思晴、吴向明;第九章,吴向明。

　　本书的顺利完成,得到了浙江省教育厅职业教育与成人教育处的大力支持,高等教育学科的研究生参加了调研与写作,特别要感谢浙江工业大学管理学院的赵磊博士对本书的完成提供了许多有益的建议,也要感谢浙江工业大学教育科学与技术学院的杜学文博士,与团队合作共同完成课题研究与写作。

　　本书得到浙江大学出版社宁檬编辑的大力支持,她对本书的出版付出宝贵心血,在此一并感谢。

　　最后,本书在撰写过程中参考和引用了国内外专家、学者的有关著作、论文和科研成果,因篇幅有限,书中未能一一注明,在此表示诚挚的感谢!

　　由于著者研究水平有限,书中难免存在疏漏和不妥之处,恳请专家、研究人员、同仁和广大读者批评指正。